普通高等教育"双一流"建设物流管理专业数字化精品教材

物流学导论

（第二版）

Introduction to Logistics

沈小平　卢少平　聂伟　编著

华中科技大学出版社
http://www.hustp.com
中国·武汉

普通高等教育"双一流"建设物流管理专业数字化精品教材

编委会

主　任：马士华

副主任：崔南方　刘志学

编　委：（以姓氏笔画为序）

王长琼　王　林　王海军　卢少平　沈小平　李延晖

李昆鹏　周水银　林　勇　徐贤浩　海　峰　鲁耀斌

总 序

随着我国经济的迅猛发展,企业为消费者提供的商品和服务日益丰富和多样化,极大地提高了我国人民的生活水平。但与此同时,企业面临的竞争环境也日趋严峻。人们已经认识到,要想提高企业的整体竞争力,企业不仅要在产品开发、生产、销售等核心领域取得竞争优势,在物流管理乃至整个供应链管理上也应该而且必须拥有自己的优势,单凭个别企业的能力已经不能适应当今的竞争要求了。在这种情况下,企业表现出对物流管理越来越强烈的需求。传统上,企业不是很重视物流管理,甚至不十分了解物流管理存在的意义和价值。现在,企业已经认识到物流在整个企业竞争力中的重要地位,更希望能够通过实施有效的物流管理为提高企业竞争力增添力量。为了满足企业对物流管理人才的需求,我国高等教育体系中重新设立了物流管理专业,为社会和企业培养急需的专业管理人才。

从我国物流管理专业管理教育的发展历史来看,虽说过去也有少数高等院校设有物流管理或类似物流管理的专业,但是,无论是从这一专业的系统性,还是学科的先进性,以及专业的基础理论研究方面来看,均与社会发展对物流管理专业的要求相去甚远,所具有的专业教育基础性资源远远不能满足当前的发展需要,这就需要我们尽快确立能够适应当今社会发展需要的物流管理专业人才的培养体系,而教材无疑是这个体系中最为重要的组成部分。"21世纪物流管理专业本科系列规划教材"就是在这样一种背景下策划出版的。

为了编撰好这套教材,我们特地组织了编委会。经过认真研究,编委会在组织本套专业教材时突出了如下几个特色定位。

第一,将国际上先进的物流管理理论与我国有特色的物流管理实践充分结合,在体现中国具体国情和社会现实的基础上,吸收和借鉴国际上比较成熟的理论、方法、概念、范式、案例,体现本土化特色,使读者可以在学习、借鉴和研究的基础上发现问题、解决问题,获得理论上的发展与创新。

第二,加强案例分析和配套教学课件建设。物流管理学科是实践性与应用性很强的学科,只有通过对大量典型的、成熟的案例的分析、研讨、模拟训练,才能拓展学生的视野,积累学生的经验,培养学生独立分析问题、解决问题、动手操作的能力。同时,为方便教师教学,每种教材都配有教学课件,免费赠送给相关任课教师。

第三,寻求编写内容上的突破与创新。结合当前已经出版的物流管理专业教材存在的不足之处,结合当前学生在学习和实践中存在的困难、急需解决的问题,积极寻求内容上的突破与创新。

在考虑本套教材的整体结构时,编委会参考了大量国内外著名大学的物流管理专业设置资料,认真分析了课程设置和配套教材的构成情况,然后结合中国实际,提出以《供应链管理(第二版)》《采购与供应管理》《第三方物流》《物流园区规划的理论与方法》《物流运输组织与管理(第二版)》《物流管理基础》《仓储管理》《物流配送中心规划与运作管理(第三版)》《物流系统建模与仿真》《物流信息技术与应用》《物流网络规划与设计》《物流项目管理》为主体的系列教材体系。本套教材所确定的体系,涵盖了物流管理从操作层、运营层到战略层的综合需要,涉及定性分析和定量分析的各个层面,试图给读者一个完整的理论与实践体系。当然,考虑到一套系列教材的容量和实际教学学时数的具体要求等情况,这里所说的"完整体系"只是相对的,还有一些比较重要的内容没有被选入。这并不意味着那些内容不重要,只是因为取舍的原则所致。

本套教材的作者都具有比较丰富的教学经验,这些教材都是作者在已经试用过多次的讲义的基础上扩充编撰而成的。他们将自己在教学中的心得和成果毫无保留地奉献给读者,这种奉献精神正是推动我国物流管理专业教育发展的动力。

在本套教材的写作过程中参考了大量国内外最新研究和实践成果,各位编著者已尽可能在参考文献中列出,在此对这些物流管理的研究者和实践者表示真诚的感谢。由于多方面的原因,书中难免有疏漏不妥之处,作者表示万分歉意,并愿意在得知具体情况后予以纠正。

编撰一套教材是一项艰巨的工作,由于作者的水平有限,对本套教材所涉及的先进企业物流管理理念的理解还不是十分透彻,成功的运作经验也有限,故此,真诚希望广大读者批评指正、不吝赐教。

2009 年 6 月 10 日
2021 年 6 月修改

第二版前言

本书以 2010 年 5 月正式出版的《物流学导论》为基础进行修订重编。《物流学导论》出版以来,主要供高等学校物流管理专业以及经济类与管理类相关专业的本科生作为教材使用,使用情况良好。但是,随着经济社会的发展和科学技术的不断进步,物流与供应链相关理论与实践都在与时俱进。物流对国民经济的影响和贡献越来越大,各行业物流出现了许多新理念、新思想、新概念,物流实践中也产生了许多新模式、新方法、新技术。为适应发展的需要,本书在内容上进行了更新,在整体结构不变的基础上,重点对部分概念、原理、技术以及案例等内容进行了增删,调整了部分章节的内容,加强了物流信息化与数字化发展、物流信息技术的应用,拓展了供应链管理的基本思想、主要内容和方法。为配合各章节的教学,增加了阅读专栏、观察思考等教学数字资源。阅读专栏包括新数据、新动态、新趋势等内容,观察思考涉及物流新理念、新观点、新概念、新思想、新模式等内容。

为满足物流管理、供应链管理以及经济类、管理类其他相关专业本科生教学的需要,本书博采众长,借鉴和吸收国内外物流学的理论与实践发展成果,结合我国物流与供应链发展的实际,内容具有针对性和创新性,且自成体系。其特点在于:第一,内容体系多维度,从微观、中观到宏观;第二,知识体系体现综合性、系统性、前沿性和实用性;第三,呈现方式上增加了配套的数字资源,包括观察思考、延伸阅读以及实践案例等内容,便于教学参考。

第一、二、八、九、十章由聂伟、沈小平修订,第十三章由卢少平修订,其余各章由沈小平修订;沈小平负责统稿全书,并组织完成修订工作。在本书的修订过程中,罗浩、弋泽龙提供了教学案例等宝贵的资源和建议。本书的出版得到了赵宜和赵登峰教授以及供应链与物流概论教学组各位老师的大力支持。

编 者
2021 年 8 月

目录 | Contents

第一篇 物流的基本概念与理论

第一章 物流概述 ... 3
- 第一节 物流的基本概念 ... 3
- 第二节 物流的性质、作用及地位 ... 7
- 第三节 物流的发展历程 ... 10
- 第四节 物流的分类 ... 16

第二章 物流学说与基本理论 ... 20
- 第一节 物流学简介 ... 20
- 第二节 物流学说与基本理论 ... 25

第三章 物流系统与网络 ... 31
- 第一节 物流系统 ... 31
- 第二节 物流网络 ... 40

第二篇 物流的功能要素

第四章 物流的功能要素与主要功能 ... 47
- 第一节 物流的功能要素概述 ... 47
- 第二节 运输 ... 50
- 第三节 储存 ... 54
- 第四节 配送 ... 57
- 经典案例 ... 62

第五章 物流的辅助功能要素 ... 65
- 第一节 装卸搬运 ... 65
- 第二节 包装 ... 69
- 第三节 集装化 ... 72
- 第四节 流通加工 ... 77
- 第五节 物流信息处理 ... 79
- 经典案例 ... 84

第三篇 企业物流与行业物流

第六章 企业物流 ... 89
- 第一节 企业物流概述 ... 89

第二节　企业物流的主要环节 ·· 92
第三节　生产企业物流运作方式 ·· 104
经典案例 ·· 114

第七章　行业物流

第一节　行业物流概述 ·· 117
第二节　现代制造业物流 ··· 118
第三节　批发零售业物流 ··· 121
第四节　农产品物流 ·· 125
第五节　图书出版业物流 ··· 126
经典案例 1 ··· 128
经典案例 2 ··· 133

第四篇　现代物流产业

第八章　物流服务与物流企业

第一节　物流服务 ··· 139
第二节　物流企业 ··· 144
第三节　第三方物流 ·· 149
经典案例 ·· 153

第九章　物流园区

第一节　物流园区概述 ·· 157
第二节　物流园区的规划与建设 ··· 162
经典案例 ·· 168

第十章　物流产业

第一节　物流产业的概念 ··· 174
第二节　物流产业的构成 ··· 176
第三节　物流产业发展概况 ··· 179
经典案例 ·· 185

第五篇　现代社会物流

第十一章　城市物流与区域物流

第一节　城市物流概念与特征 ·· 191
第二节　城市物流节点与平台 ·· 193
第三节　城市物流发展规划 ··· 197
第四节　区域物流的概念与特点 ··· 202
第五节　区域物流的地位与作用 ··· 203

第十二章　国际物流……207
第一节　国际物流概述……207
第二节　国际物流与国际贸易……209
第三节　国际物流中的业务环节……211
第四节　国际物流合理化……215
经典案例……218

第六篇　供应链与现代物流发展动态

第十三章　物流信息化……225
第一节　物流信息化概述……225
第二节　物流信息化的主要任务……229
第三节　物流信息化的主要信息技术……231
第四节　物流信息化的发展趋势与新动向……235
经典案例……237

第十四章　供应链管理概述……240
第一节　供应链管理产生的背景……240
第二节　供应链管理的基本概念……242
第三节　供应链管理的内容与方法……244
经典案例……251

第十五章　面向供应链的物流管理……254
第一节　供应链环境下的物流管理……254
第二节　供应链环境下的库存管理……257
第三节　面向供应链的第四方物流……265
经典案例……276

参考文献……282

第一篇

物流的基本概念与理论

❖ 物流概述

❖ 物流学说与基本理论

❖ 物流系统与网络

第一章 物流概述

本章重点理论与问题

> 物流是与社会生产和生活最为密切相关的社会经济活动之一,也是国民经济中创造利润的主要领域,被视为企业的"第三利润源"。随着经济全球化、市场全球化以及全球供应链分工的格局逐步形成,物流在全球经济中的地位将越来越重要。本章主要围绕"什么是物流"这一问题展开。通过本章的学习,掌握物流的概念、性质、作用、地位及分类;同时,了解物流在国内外发展的主要历程。

第一节 物流的基本概念

自物流概念传入我国以来,人们对物流理论与实践的研究在不断深入。为了更好地理解物流,本书从物流概念的起源及相关定义入手来认识其含义。

一、物流概念的起源

回顾物流的发展历程,有利于了解物流的发展规律,理解过去不同时期人们对物流赋予的定义;也有利于全面深入地理解物流概念的内涵。

以詹姆士·约翰逊(James C. Johnson)和唐纳德·伍德(Donald F. Wood)为代表的学者认为,"物流一词首先用于军事"。1905年,美国少校琼斯·贝克(Chauncey B. Baker)认为,"那个与军备的移动和供应相关的战争艺术的分支就叫物流(logistics,国内也翻译为'后勤')"。

英国克兰菲尔德物流与运输中心(Cranfield Center for Logistics and Transportation,简称CCLT)主任、资深物流与市场营销专家马丁·克里斯多夫(Martin Christopher)教授认为,阿奇·萧(Arch W. Shaw)是最早提出物流(physical distribution)概念并进行实际探讨的学者。阿奇·萧在1915年哈佛大学出版社出版的《市场流通中的若干问题》一书中指出:"创造需求与实物供给的各种活动之间的关系说明存在平衡性和依赖性两个原则""物流是与创造需求不同的一个问题……流通活动中的重大失误都是因为创造需求与物流之间缺乏协调造成的"。

1916年,威尔德(L. D. H. Weld)在《农产品的市场营销》中指出,市场营销的效用中包括时间效用、场所效用、所有权效用和营销渠道的概念,从而肯定了物流在创造产品的市场价值中的时间价值及场所价值中的重要作用。

1922年,克拉克(F. E. Clark)在《市场营销原理》中将市场营销定义为:影响商品所有权转移的活动和包括物流的活动。

1956年,日本派出"流通技术专业考察团",由早稻田大学宇野正雄教授率领专家学者一行12人赴美国考察,了解到在日本所谓的"流通技术"就相当于美国的"physical distribution"(PD),日本亦将在流通中设计的物流活动改称为PD,由此PD的概念被传入日本。1964年,池田内阁"五年计划"制定小组的平原直谈到PD这一术语时,将其翻译为"物的流通",随后这一术语被简称为"物流",并在1965年的政府文件中正式采用。从物流概念的传入到20世纪70年代的近20年间,日本的物流产业逐渐发展成为在世界上领先的产业。

第二次世界大战期间,围绕战争物资的供应问题,美国军队有两个创举:一是建立了"运筹学"(operation research)的理论体系;二是提出并丰富了"后勤学"理论,并将这些理论运用于战争活动中。"后勤学"的英文是"logistics",其含义是军事用语"兵站",是指供给各种军需品的据点,它的业务包含军需品的订货、生产、储存、供应、通信等。由于当时前方战线变动很快,如何组织军需品的供给,即军需品的供应基地、中间基地、前线供应点合理配置,各级供应基地合理库存量的确定,由后方向各级供应基地运输的路线和运输工具的合理使用,这些问题形成了综合性的研究课题。军需品的供应不足将影响战争的顺利进行,而军需品的过量储存又将造成浪费。为了合理解决上述问题,美国军事部门运用运筹学和后勤学理论同电子计算机技术进行科学规划,较好地解决了这一问题。

战后,"后勤"一词在企业中得到广泛应用,并出现了商业后勤、流通后勤的提法,使后勤的外延推广到生产和流通等领域。经过长时间演变之后,后勤学的范围已经远远超出了原先"后勤"的范畴,其内涵也比民用领域的PD更为丰富,后勤学的严密性使它逐渐取代了PD在企业中的地位。

1970年,美国空军在一份技术报告中对后勤学下的定义是:后勤学即"计划和从事部队的输送、补给和维修的科学"。日本将引进的后勤学译为"兵站学",并将其涉及的内容表述为"除了军需资料的订购、生产计划、采买、库存管理、配给、输送、通用外,还包括规格化、品质管理等军事作战行动所必需的资料管理"。

1974年,美国学者鲍尔索克斯(Donald J. Bowersox)在出版的《后勤管理(Logistical Management)》一书中,将后勤管理定义为"以卖主为起点将原材料、零部件与制成品在各个企业间有策略地加以流转,最后达到用户期间所需要的一切活动的管理过程"。这时后勤一词已经不仅仅是军事上的含义了。

1981年,美国出版的《后勤工程与管理(Logistics Engineering and Management)》是用于大学生和研究生课堂教学的教科书,书中引用了美国工程师学会(The Society of Logistics Engineers,SOLE)对后勤学的定义,即"对于保障的目标、计划及其设计和实施的各项要求,以及资源的供应和保持等有关的管理、工程与技术业务的艺术与科学"。

1986年,美国物流管理协会"National Council of Physical Distribution Management"更名为"The Council of Logistics Management"(CLM),将Physical Distribution(PD)更换为Logistics。美国物流管理协会成立于1963年,是全球最有影响力的物流专业组织,一直致

力于推动物流业的发展。

我国1978年从国外引进物流概念,主要有两条途径,20世纪70年代末到80年代初,直接从日本引入"物流"这个名词,并随着欧美的市场营销理论传入我国。欧美的"市场营销"教科书中,几乎都使用Physical Distribution来称谓"物流",使我国的营销领域逐渐接受物流观念。20世纪80年代后期,当欧美国家用"Logistics"取代Physical Distribution之后,日本随之把"Logistics"翻译为"物流",日文"物流"一词非常符合中国汉语的直观性描述,因而中国直接将日文中的"物流"称谓引入,于是成为现行"物流"名词。1988年,中国台湾地区开始使用"物流"这一称谓。1989年4月,第八届国际物流会议在北京召开,"物流"一词的使用日益普遍。

二、物流的定义

(一)历史上的物流定义

长期以来,由于学者们不同的学科背景和学术偏好,形成了不同的物流学派,比如军事学派、企业学派、工程学派、管理学派等。这些学派对物流的定义都有各不相同的阐述,即便是在同一学派内,也经常会出现不同的物流定义。事实上,随着实践的发展和认识的深入,人们也会对其所下的物流定义进行修订和改进。以下是较有影响的一些物流定义。

在日本,关于物流的定义有多种。其中,1981年,日本日通综合研究所对物流的定义:"物流是货物由供应者向需求者发生的物理性位移,是创造时间价值和场所价值的经济活动。它包括包装、搬运、保管、库存管理、流通加工、运输、配送等活动。"日本通商产业省物流调查会对物流的定义:"物流是制品从生产地到最终消费者的物理性转移活动。具体是由包装、装卸、运输、保管及信息等活动组成。"

日本早稻田大学教授西泽修在定义物流时提出,物流是指"包装、输送、保管、装卸工作,主要以有形物资为中心,所以称之为物资流通。在物资流通中加进情报流通,于是称之为物流"。

1985年,加拿大物流管理协会(Canadian Association of Logistics Management,CALM)对物流的定义:"物流是对原材料、在制品、产成品库存及相关信息从起源地到消费地的有效率的、有效益的流动和储存进行计划、执行和控制,以满足顾客要求的过程。该过程包括进向、去向和内部流动。"

1994年,欧洲物流协会(European Logistics Association,ELA)对物流的定义:"物流是在一个系统内对人员及商品的运输、安排,以及与此相关的支持活动的计划、执行与控制,以达到特定的目的。"

在美国,物流概念的形成与发展经历时间较长,在不同时期对物流的定义有不同的阐述。1935年,美国市场营销协会对PD的阐述:"PD是销售活动中所伴随的物质资料从生产地到消费地的种种活动,包括服务过程。"

1960年,美国物流管理协会(CLM)对PD的阐述:"PD是把完成品从生产线的终点有效地移动到消费者手里的广范围的活动,有时也包括从原材料的供给源到生产线的始点的移动。"这意味着,PD所表达的物流内涵并不包括生产过程中设计的物流活动,即现在所谓的"生产物流"。

1976年,美国国家物流管理委员会在定义物流管理时指出:"物流活动(logistics activity)包括,但不局限于为用户服务、需求预测、销售情报、库存控制、物料搬运、订货销售、零配件供应、工厂及仓库的选址、物资采购、包装、退换货、废物利用及处置、运输及仓储等。"

1985年,美国物流管理协会对物流的定义:"物流是对货物、服务及相关信息从起源地到消费地的有效率、有效益的流动和储存进行计划、执行和控制,以满足顾客要求的过程。该过程包括进向、去向、内部和外部的移动,以及以环境保护为目的的物料回收。"

1998年,美国物流管理协会对物流的定义更新为:"物流是供应链运作中,以满足客户要求为目的,对货物、服务和相关信息在产出地和消费者之间实现高效率低成本的正向和反向的流动和储存所进行的计划、执行和控制的过程。"

上述物流定义的各种表述的主要区别在于对物流的对象、职能和范畴等方面存在差异。为了便于将物流理论与我国物流的实践相结合,在本书中推荐使用《中华人民共和国国家标准物流术语》(简称《物流术语》)中给出的定义。

我国国家质量技术监督局于2001年4月17日发布的《物流术语》(GB/T 18354—2001)对物流的定义:"物流是物品从供应地向接收地的实体流动过程。根据实际需要,将运输、储存、装卸、搬运、包装、流通加工、配送、信息处理等基本功能实施有机结合。"2006年,修订发布了第2版的《物流术语》(GB/T 18354—2006);2020年,修订发布第3版《物流术语》(GB/T 18354—2020)(征求意见稿)仍然维持了该定义。

(二)物流中"物"的表述

物流概念中包含着"物"和"流"两个基本要素。其中,"物"指一切有价值或使用价值的并需要通过空间位移而实现其价值或使用价值的物质资料,它通常与以下几个概念相关。

(1) 物资　物质资源的简称,包括可以直接满足人们需要的生活资料和间接满足人们需要的生产资料。物资是物流中"物"的组成部分之一,但部分生产资料不属于物流对象的范围,如土地、厂房。

(2) 物料　是生产领域中的一个专业术语。工业企业中除最终产品之外,在生产领域流转的一切原材料、燃料、零部件、半成品、外协件,生产过程中必然产生的边角余料、废料及各种废物等统称为"物料",它是物流中"物"的一部分。

(3) 货物　是交通运输领域中的一个专门概念。交通运输领域将经营或服务的对象分为"物"和"人"两大类,除"人"之外,"物"统称为货物。它是物流中"物"的主要组成部分。

(4) 商品　是用于交换的劳动产品。商品中的一切可发生物理性位移的物质实体都是物流研究的"物"的范畴(即不包括无形商品和"不动品")。

(5) 物品　有形物的通称。我国物流术语标准将其定义为"经济与社会活动中实体流动的物质资料"。

虽然我国的《物流术语》中将物流的"物"界定为"物品",但在物流实践活动中,针对不同的物流对象有不同的目的和要求,需要不同的物流组织方式,在不同的应用场景下可使用上述不同的称谓。

人们对物流的认识是随着经济社会的发展而不断深入的。人们在实践中从不同的视觉来认识物流、解释物流,对物流的概念赋予了丰富的内涵。

20世纪60年代的物流硬技术曾经使物流的发展产生过一次大的飞跃。当今已出现和使用的大型专用船舶、集装箱、自动立体仓库、以互联网为代表的高速度的通信网络,以及各种先进的物流信息技术和物流设备,在未来将会大幅度增加,物流水平和功能将会进一步提高。

未来的物流概念将会得到不断的更新,物流概念所涉及的范围也会在现有的基础上扩展。从社会经济的生产、分配和消费等环节中的物质运动到生产环节内部的原材料、半成品、产成品的位移,从实体移动的技术手段到组织运动的方法都将会发生"质"的飞跃。总之,物流的内涵与外延必然随着经济社会的进步而不断演进。

第二节 物流的性质、作用及地位

一、物流的性质

(一)物流的生产属性

物流具有生产属性,从事物资包装、运输、储存、配送、流通加工等物流活动与从事物质资料的生产活动,虽然在内容和形式上有所不同,但都具有生产的属性。

1. 物流是社会再生产中的必要环节

物流虽然不能使物资的使用价值增加,但是能够保持已创造的使用价值不受损失,解决产品的生产和消费在时间上和空间上的矛盾,从而为物资使用价值的最后实现创造条件。从这个意义上说,物流活动同物资的生产一样能够创造价值。正因为物流活动所付出的劳动与实现物资的使用价值直接联系,所以它也是社会必要劳动。

2. 物流活动同样具备生产力的三要素,即劳动力、劳动资料和劳动对象

为了保证物流活动的正常进行,就必须具备各种机械设备和劳动工具,这就是物流的劳动资料要素;物流的劳动对象是流动着的各种实物;从事物流工作的人是物流生产的劳动者。从这个意义上说,物流活动是具有一定物流工作技能的劳动者通过各种物流设施、物流设备或劳动工具对物质资料进行时间和空间转移的一种社会经济活动。

物流的生产性是由物资供求的时空矛盾,以及物资自身的物理、化学性能即自然属性所决定的。因此,它与生产力发展有着直接的联系,称为物流的自然属性。

(二)物流的社会属性

物流的社会性是由一定的社会生产关系决定的。物流活动除受到其自身运动规律的影响之外,也经常受到不同社会经济形态中物资所有者和物流组织者个人意志的影响。这种由社会形式和生产关系所决定的物流的社会属性,提醒人们在研究物流时应注重社会形态的研究,要使物流能满足我国社会主义市场经济的需要,能反映出我国社会主义市场经济的交换关系,并为从事物流活动的主体提供相应的经济效益。

(三)物流的服务属性

物流是创造时间、空间价值的现代服务活动。物流的劳动形式主要是以服务活动形式表现的使用价值或效用,物流活动的劳动成果不物化在任何耐久的对象或出售的物品之中,以提供服务产品来满足消费者和社会经济活动的需要而创造价值。正如前文所述,军事后勤为部队和战争服务,工业后勤为制造业的生产和经营服务,商业后勤为商业运行和顾客服务。企业物流是企业生产和经营的基础,为生产和销售产品满足消费者需要提供服务支撑。国际物流既是国际贸易最终的实现手段,也是经济全球化的基石。总之,物流是为社会经济中的其他活动提供支撑与保障的服务性活动,物流的本质是服务。

二、物流的作用和地位

(一)物流是国民经济的动脉,连接产业链和供应链的纽带

国民经济是一个国家社会经济活动的总称,是由各行各业构成的各个经济部门的总和,即各社会生产部门、流通部门和其他经济部门所构成的互相联系的总体。物流成为各经济环节良性循环的动脉,连接国民经济各部门并使之成为一个有机整体。在现代社会经济活动中,由于社会分工的日益深化和经济结构的日趋复杂,各个产业部门投入产出联系、企业之间的供需关系和相互依赖程度也愈来愈紧密和复杂,物流是联通和维系产业链和供应链关系的纽带,它把国民经济各部门、众多的产业链上中下游以及供应链网络连接起来形成一个整体。同时,物流也是国民经济的基础,它是实现资源配置的辅助手段,资源配置不仅要解决生产关系问题,而且必须解决资源配置的有效实现问题。

(二)物流是商品生产和流通的前提与保证

社会再生产的各个环节依次从生产开始,经过分配,达到最终使用的不断循环的过程,物流联通生产、交换、分配、消费各环节。首先,物流是企业生产运行的保证,支撑企业生产过程的连续性和衔接性。企业生产的正常运转,一方面,要保证按企业生产计划和生产节奏提供和运送原材料、燃料、零部件;另一方面,需要不断将产品或制成品进行包装、储存、配送等以达成预定目的,需要依靠物流及有关的延伸活动提供保证和支撑。

商流、物流、资金流、信息流共同构成了现代商品流通的运行基础,也是必不可少的前提条件。没有物流就无法完成商品的流通过程。物流能力的大小,包括运输、装卸搬运、包装、储存等能力的大小强弱,都直接决定着商品流通的规模和速度,也影响着流通的深度和广度。要达到"货畅其流",物流是其坚实的基础。

这就是说,物流既是保证物质资料不间断地流入生产企业的条件,又是生产企业生产的产品不间断地流向国民经济各部门的保证。

(三)物流在特定条件下是国民经济的支柱

物流产业为全社会提供全面、多样化的物流服务,并在物流全过程及其各个环节实现价值增值。当物流活动从生产过程和交易过程中独立出来后,物流就不再是一个简单的成本因素,而成为一个为生产、交易和消费提供服务的价值增值因素,其中也蕴藏着巨大的商业潜力。专业化物流企业可以提供货物运输、配送、流通加工等有形服务,这是商业企业、运输企业、仓储企业等传统流通部门所难以企及的。相对于产品的生产过程而言,物流服务创造的是产品的空间价值和时间价值,是产品价值的重要组成部分。因此,物流产业是国民经济中创造价值的产业部门。在经济全球化的今天,有些国家处于特定的地理位置或特定的产

业结构条件下,物流在国民经济和地区经济中发挥带动和支持整个国民经济的作用,成为国家或地区财政收入的主要来源,成为科技进步的主要发源地和现代科技的应用领域。例如欧洲的荷兰、亚洲的新加坡、美洲的巴拿马和我国的香港特别行政区等,特别是日本以流通立国,物流的支柱作用显而易见。经过30多年的发展,物流业已经成为我国国民经济的支柱产业和现代服务业的重要组成部分。

(四)物流是改善社会经济效益的有效手段

所谓经济效益一般是指对社会实践活动中的各种劳动占用和物质消耗有效性的评价。合理的物流不仅能够节约大量的物质资料,而且对于消除迂回运输、相向运输、过远运输等不合理运输,节约运力,具有重要的作用。合理的物流,还可以减少库存,加速周转,更充分地发挥现有物资的效用。

此外,物流的装卸搬运、流通加工、包装等功能对提高社会经济效益的作用也是显而易见的,在此就不再一一论述。

(五)物流的发展有利于产业结构调整

发展物流产业是我国经济结构全面调整的现实要求,加快经济结构的战略性调整是当前扩大内需、促进经济增长的迫切要求,也是适应我国经济发展阶段性变化、应对日趋激烈的国际竞争的根本性措施。

国内外市场环境发生了新的变化,国内正面临着低层次的商品过剩,由于市场需求不足,大量产品滞销,生产能力闲置,使就业压力日渐突出,经济增长缺乏动力,许多产业处于分散化和盲目化的过度竞争中,从而形成了大批没有市场规模、没有产业升级能力的企业组织。其主要原因是多年来结构性矛盾的积累。面对我国经济发展阶段性的变化和国际竞争的要求,我国必须完成调整传统产业结构和企业组织结构这两个重要任务,必须解决我国经济战略性调整中出现的流通环节的重要"瓶颈"问题。由于我国经济缺少大规模的流通组织和流通网络来支撑工业的产业结构调整,分散的流通加剧了分散的企业之间的盲目竞争,使得我国大公司进行大规模产业整合没有合理的、低成本的流通环节的保障。20世纪90年代末期,国外跨国公司和国内一批流通企业纷纷进军我国连锁商业和市场网络,但我国的物流产业基础不足以支撑全国网络的运营,使得各种异地发展的商业网络纷纷出现运营黑洞和网络陷阱。因此,可以说,没有大流通就没有大产业,没有大物流就没有大流通,大力发展物流产业对完成我国经济结构的调整至关重要。

(六)物流的发展有利于强化城市功能

经济的发展以城市为中心,这是许多国家工业化过程中的一个客观规律,中国也不可能违背这一客观规律,提高城市化率是必然的选择。城市不仅体现了社会的发展,更体现了经济的发展。而经济的发展离不开商流、物流、信息流、资金流。城市就通过这些向外辐射。物流系统是城市系统工程中一个非常重要的子系统。通过这个系统,保障着生产,保障着建设,也保障着人们的生活。物流系统质量的高低、效率的高低,决定着这个城市的经济水平和竞争能力的高低。

(七)物流的发展有利于带动固定资产投资

改革开放以来,国家对物流基础设施进行了大量投入,但由于原有基础太落后,仍然不能满足物流需要。物流基础设施的落后,加上物流基础设施布局不合理,江河治理不到位,使我国交通运输矛盾日益突出,再加上管理粗放,又造成我国物流运输与仓储等效率与效益低下。据统计,仅2020年全年我国就完成交通固定资产投资34752亿元,比上年增长7.1%。其中全年完成铁路固定资产投资7819亿元,公路固定资产投资24312亿元,水路固定资产投资1330亿元,公路水路支持系统及其他建设投资241亿元,完成民航固定资产投资1050亿元,为我国新冠肺炎疫情下的经济复苏做出了重要贡献。

第三节　物流的发展历程

一、国外物流的发展历程

(一) 美国的物流发展

从理论和实践相结合的角度对物流活动和物流管理加以认识最初起源于美国,因此,美国物流管理的研究和实践最为先进和丰富,并成为其他国家学习和仿效的榜样。美国的物流产业是在第二次世界大战后经济高速成长的基础上发展起来的。用以计算机为代表的先进技术武装的物流业,在整个社会再生产过程中的地位越来越重要。

1. 物流业的初创阶段

1945年至1960年为美国物流业的初创阶段。在第二次世界大战中,美国军队运用运筹学的理论方法卓有成效地调运军用物资,统筹安排人力运力,解决了一系列物资供应中出现的矛盾和问题,被概括为"后勤供应"。战后,这种组织管理手段被应用于企业的生产管理,取得了很好的经济效益。这实际上是美国物流业的初创阶段,也是世界范围内最初萌生的"物流"现象。在这一阶段中,仓储业主要是储存货物,储存期一般为半年到一年,年周转率1~2次。但大量的库存须建大批仓库,许多生产厂、个人都在建造"储备仓库"。

2. 物流理论体系的形成与实践推广阶段

1960年至1978年为物流理论体系的形成与实践推广阶段。进入20世纪60年代以后,对物流的重视程度和研究有了飞跃性的发展,其背景是现代市场营销观念的形成,彻底改变了企业经营管理的行为,使企业意识到客户满意是实现企业利润的唯一手段,客户服务因此成为经营管理的核心要素。随着这种经营哲学的发展,物流活动被认为担当了提供客户服务的作用。

在1960年至1978年的阶段中,仓储业发生了很大变化,由于生产的产品越来越多,周转越来越快,储存期越来越短,仓库已由"储备型"转向"流通型"。同时,随着科学技术的发展,对物流提出了新的要求,提出了"配送"的概念,出现了高架仓库,周转率大大提高。

3. 物流理论的成熟与物流管理现代化阶段

1978年至1990年为美国物流理论的成熟与物流管理现代化阶段。20世纪70年代末,物流活动的经营环境发生了巨大的变化,这表现在一系列运输规制的缓和为物流的迅速发展提供了广阔前景。首先是《航空规制缓和法》的制定拉开了规制缓和的序幕,加速了航空产业的竞争,从而对货主和运输产业产生了巨大影响。紧接着通过了汽车运输法案和铁路法案,根据这两项法案,运输公司可以灵活决定运费和服务。此后不久,随着海运法案的通过,运输市场已全面实现了自由化。

这一阶段,物流方式有了很大改变,特别是计算机的发展,使物流企业的作业状况发生了质的变化。配送中心已不是简单的货物搬运,而是融入了通信和信息处理,发展成综合物流。1945年至20世纪60年代建的仓库,大多被拆除,取而代之的是单层高货架仓库。

4. 物流理论和实践的纵深化发展阶段

1990年至今为物流理论和实践的纵深化发展阶段。20世纪80年代中期以后,随着人们对物流管理认识的提高,以及经济环境、产业结构和科学技术迅猛的发展,物流理论和实践开始向纵深发展。

在理论上,人们越来越清楚地认识到物流与经营、物流与生产的紧密关系和相互的影响力,物流已成为支撑企业竞争力的重要支柱之一。从实践来看,电子计算机技术和物流软件的发展日益加快,进而更加推动了现代物流实践的发展,这其中的代表是EDI的运用与专家系统的利用。EDI使计算机之间不需要任何书面信息媒介或人力的介入即可传递信息,是一种结构化、标准化的信息传递方法。这种信息传递不仅提高了传递效率和信息的正确性,而且带来了交易方式的变革,为物流向纵深化发展创造了契机。

此外,专家系统的推广也使物流管理提高了整体效率。现代物流为了保障效率和效果,一方面通过POS系统、条码、EDI等收集、传递信息,另一方面利用专家系统使物流战略决策实现最优化,从而共同实现商品附加价值。

5. 美国物流发展的新趋势

应该说,美国物流理论体系和实践应用已经比较完善,近几年及未来一段时期内,其发展的方向主要是不断提高物流服务的水平,主要表现在以下方面。

1) 加强物流安全管理

《海运货物扫描法》已于2007年8月正式通过,于2012年生效。该法旨在防止恐怖分子利用货运集装箱向美国走私武器或爆炸材料。欧洲和亚洲的港口官员表示,该法将对全球航运业产生重大影响。

2) 供应链管理成为主流趋势

2006—2007年物流界关注的重心,是将传统的物流环节纳入供应链的框架之内。对零售、仓储、运输等物流环节的作用,要从零售在供应链中角色、仓储与供应链相关问题、运输在供应链中的角色等角度进行认识。供应链管理将在未来相当一定时期内成为主流趋势,围绕供应链管理的流程、绩效、考量标准、技术手段、企业战略等问题,将会成为业界研究和讨论的重点问题。

3) 加快现代化技术应用

加快现代化技术应用具体包括无线射频识别技术(RFID)实施进程的加快、声控技术的持续改进和应用等,将为物流活动效率的提高提供重要帮助。

4) 新的物流理念不断发展

包括第三方物流、第四方物流、绿色物流等在内的各种物流理念不断出现,同时在政府和企业层面得到体现和应用。

（二）日本物流的发展

日本物流观念形成的历史较美国要晚得多，但是发展十分迅速，并形成了自身独特的管理经验和方法，已成为现代物流管理的先进国家。

1. 物流概念的导入和形成（1956—1964年）

物流概念在20世纪50—60年代传入日本，到1965年"物流"一词已正式为理论和实业界所全面接受。在物流概念传入日本的过程中，物流已被认为是一种综合行为，即"各种活动的综合体"。也就是说，物流既被理解为商品从生产到消费的流通过程，又被认为是流通过程各种活动中物理商品的取送活动，因此，"物的流通"一词包含了"运输、配送""搬运""保管""在库管理""包装""流通加工"和"信息传递"等各种活动。

这一思想突出表现在20世纪50年代中期，流通领域计划委员会委员等一些人的有关车站、码头的搬运研究。当时他们在搬运研究中将搬运活动看作一项工程，应用了"统合"这一理念，亦即不把搬运等活动看成个别行为，而是多种要素的组合。与此相对照的是日本方面对此阶段的认识，他们认为这个阶段是切实保证运输与保管的时代。在这一阶段，生产的东西均能卖出，货物的陆路运输主要是靠铁路，但铁路不能灵活适应经济迅速发展的需要，企业必须千方百计地解决运输、保管、包装等问题。

2. 物流近代化（1965—1973年）

这是日本大量进行物流设施建设、构筑的时代，同时也是日本经济高度成长、大量生产、大量销售的时代。随着这一时期日本生产技术的进步和销售体制的扩充，物流发展的不足已经不断显现，从而成为企业发展的制约因素。

1965年日本政府《中期五年经济计划》中，强调要实现物流的近代化。之后，日本政府开始在全国范围内开展高速道路网、港湾设施、流通聚集地等各种基础建设。与此相对应的是，各厂商也开始高度重视物流，并积极投资物流体系的建设。

这一时期是日本物流建设的大发展时期，原因在于社会各个方面都对物流的落后及其对经济发展的制约性有着共同认识。这一阶段的发展在1973年第一次石油危机爆发才告一段落，日本方面却认为这一时期是物流成本管理的时代。这一时期，经济稳步发展，需求扩大。产业界由于生产的合理化而降低了成本，但市场竞争日益激烈。为确保收益，企业把目光投向了物流费用，企业用降低物流费用的办法来弥补在市场中失去的利益。

3. 物流合理化时期（1974—1983年）

第一次石油危机后，经营成本的降低成为经营战略的重要课题，从而要求物流能有所作为，这一时期便成为物流合理化的时期，担当使物流合理化的物流专业部门开始登上了企业管理的舞台，从而真正从系统整体的角度来开展降低物流成本活动。总体而言，物流合理化主要是改变以往将物流作为商品蓄水池或集散地的观念，从而在经营管理层次上发挥物流的作用。也就是说，在企业第一利润源销售额无法增加的情况下，物流成为企业增加利润的唯一来源，很显然"物流利润源学说"揭示了现代物流的本质，使物流能在战略和管理上统筹企业生产、经营的全过程，并推动物流现代化发展。

日本国内认为这一时期是建立物流管理系统的时代。此阶段物流逐渐成为一门科学体系,企业不是只把物流看成运输、保管等个别功能的工作,而是将它作为一个整体来把握,先进的企业为提高物流效率,独自积极地建立起物流体系。同时,不仅仅考虑物流的成本,而且考虑物流本来具有的战略功能。

4. 面对需求差异化的时期(1984—1996年)

20世纪80年代中期以后,物流合理化的观念面临着进一步变革的要求。主要原因是此时日本的生产经营发生了重大的变革,消费需求差异化的发展,尤其是日本泡沫经济的崩溃,使以前那种大量生产、大量销售的生产经营体系出现了问题,生产的多品种化和少量化成为新时期的生产经营主流,这使得市场的不透明度增加,库存控制的观念越来越强,其结果使整个流通体系的物流管理发生了变化。

物流服务作为竞争的重要手段在日本得到了高度重视,这表现在20世纪80年代后期日本积极倡导高附加价值物流、JIT物流等方面。但是,随着物流服务竞争多样化,物流成为这一时期的特征,在日本有人把这一时期称为"物流不景气"时代,即由于经营战略的要求,使物流成本上升,出现赤字。因此,如何克服物流成本上升、提高物流效率是20世纪90年代日本物流面临的一个重大问题。

5. 进入"物流战略化"时代(1997年至今)

20世纪90年代末期,日本进入"物流战略化"时代,即向物流现代化、纵深化发展的时期。其标志是1997年4月4日,日本制定了《综合物流施策大纲》,该大纲是根据1996年12月17日日本政府制定的《经济构造的变革和创造规划》中有关"物流改革在经济构造中是最为重要的课题之一,到2001年为止既要达到物流成本的效率化,又要实现不亚于国际水准的物流服务,为此各相关机关要联合起来共同推进物流政策和措施的制定"这一指示而制定的。这个大纲是日本物流现代化、纵深化发展的指针,对于日本物流管理的发展具有历史意义。

6. 日本物流发展的新趋势

与美国类似,由于日本已经建立了比较完善的物流体系,未来的主要发展方向就是进一步完善和提高已有的物流系统。具体包括:①进一步实现供应链物流管理,注重社会资源的优化整合,提高物流管理的能力和效果;②企业进一步向产品的个性化和市场的细化方向发展,扩大物流市场的占有率;③物流的共同化和信息化将进一步促进新技术的发展;④在环境方面,构建良好的绿色物流系统;⑤社会化发展方面,构建更加安全稳定的物流系统,如为应对老龄化社会,日本物流业界已积极为女性和老龄劳动者创造适宜的工作环境。

(三)欧洲物流的发展

欧洲在欧共体时期的行政管理改革已经在为欧洲的运输贸易提供便利。国家间的装运现场检查已替代了系统的海关正式手续,因此加快了交通流速,防止在边境长时间耽搁。对于大型的跨国公司来说,由于单一市场的创建,跨越边境的运输障碍被排除了,生产和配送系统得以合理化。同时也改善了其内部的配送、仓储和基础结构,许多厂商正在加强遍布欧洲的设施网络建设,使之无论在战略上还是在作业上都成为泛欧的设施网络。

欧洲物流重新配置的首要问题是运输战略,它受人口和地理影响很大。欧洲人口密度是美国的3倍,其商务中心更易获得汽车运输服务,覆盖了整个公路网络的拖挂运输承担提供了全部货物运输的70%。

欧盟的建立、欧元的推出,以及为推动经济发展而采取的其他的相关措施,比如资金、货物、人员等在欧盟内的自由流动,运输管制的解除,加快了欧洲一体化进程,客观上也促进了物流的全球化。

二、我国物流的发展历程

经历了20世纪繁荣,世界文明的发展重心重又转向古老的东方。960万平方千米上13亿人民的社会再生产、流通与消费所构成的物流实践是中国物流思想发展和理论研究最深广的基础。中国物流在改革开放和世界经济一体化的浪潮中迅猛发展和不断创新与丰富,中国现代物流初见端倪。

(一) 中国早期的物流思想与实践

物流的概念由来不久,而深深扎根于神州沃土的"物流实践"却源远流长,中华民族5000年的文明史处处闪现着"物流思想"的灵光,一项项绝无仅有、伟大的"物流工程"充分展现出我们先人的智慧,并为世界范围内的物流理论和物流技术的发展奠定了深厚的基础,提供了良好的借鉴。例如:

(1) 世界上工程量最大、修建时间最长的工程——万里长城;

(2) 世界上最早、最长的物流和军事通道——京杭大运河;

(3) 经济全球化最早的物流通道——丝绸之路;

(4) 中国西部最早的国家级"高速公路"——古栈道;

(5) 水利工程史上的璀璨明珠——都江堰;

(6) 闪现先进物流工程技术最早的人工隧道——石门隧道;

(7) 现代快递的鼻祖——驿运与八百里快递;

(8) 中国综合运输的主体,最早的水上物流网——漕运制度。

从以上中国古代的物流实践可以看出,虽然我们的祖先并没有明确地提出物流或类似的概念,但是这些伟大的成就却一一闪耀着我国古人关于物流的智慧。可见,在中国发展的历史内涵中,积累了丰富的早期物流实践经验和潜在的物流思想,这也为中国现代物流理论的形成和发展提供了有益的基础和借鉴。

(二) 中国现代物流的发展历程

中国物流事业的发展是与不同经济发展阶段相联系的,国富民强必然导致物流业的蓬勃发展。中国物流事业大致在下述几个阶段中得到不同程度的发展。

1. 现代物流发展的萌芽期(1949—1965年)

1949年至1965年期间,国民经济尚处在恢复性发展时期,工农业生产水平较低,经济基础较薄弱。由于我国借鉴了苏联的经济管理体制模式,物流功能按行业、按部门形成条块分割的局面,企业物流的各环节各自为政而无系统可言,物流业远远不能适应工农业生产和人民生活水平发展的需要。

在该阶段,国家按行业组建成立众多的科学研究院,如铁道科学研究院、交通科学研究院等进行本行业的总体规划设计;在上海交通大学、北京科技大学、大连理工学院、太原机械学院等高等院校中设置了起重运输机械、港口机械、工程机械、包装机械等与物流技术装备相关的专业,进行服务于某一行业单项物流活动的理论和技术研究与开发。

此阶段,"物流"还只存在于人们的潜意识,"物流功能被动地服务于工商企业,还没有形成真正的物流理念,系统的物流理论还处于空白阶段"。

2. 物流发展的蠕动期(1966—1977年)

1966年至1977年期间持续10年的动乱给国家在政治、经济方面都造成了严重的损害和制约,物流业的发展基本处于停滞状态,流通渠道单一化,但从整体上看物流基础设施还是取得了一定的发展。这期间修建了迄今还足以引为自豪的一些物流基础设施项目,如南京长江大桥,以及一些铁路、公路、港口等,此外,还修建了大批"小三线"仓储设施。

3. 现代物流启动期(1978—1990年)

1978年至1990年,我国实行了改革开放政策,国民经济特别是物流业随着国内商品流通和国际贸易的不断扩大而得到了较快发展,取得了显著成绩,尤其是运输业、仓储业、包装业的发展较快,不仅新建了大量的铁路、公路、港口、码头、仓库、机场等物流基础设施,而且提高了物流技术装备水平。

1984年成立了我国第一个专业物流学术团体——中国物流研究会,并于1987年召开第一届年会,揭开了中国物流研究的序幕。之后,其他物流学术团体相继成立,积极有效地组织开展国内国际物流学术交流活动,了解和学习国外先进的物流管理经验。物流学作为一门独立的学科研究悄然兴起。

1986年至1990年间,北京科技大学邀请日、美、德、澳等国物流专家来华讲学,并组织八届物流研讨班,对企业物流、生产物流、物流技术装备等进行了较深入的探讨。在此阶段,我国经济界、产业界和学术界结合我国国情和长期广泛的物流实践,借鉴国外先进的物流理论和经验,研究和探索我国物流学的发展,我国物流学框架基本形成。

4. 物流的系统化研究与发展时期(1991—2000年)

1991—2000年,我国实施"八五""九五"建设,国民经济进入高速发展时期,我国物流理论体系初步形成。在此期间,国家为高速发展物流业而采取了一系列重要措施。

北京科技大学、北京交通大学、北京工商大学、北京物资学院等高等院校相继设立物流专业,组建物流研究所,开展国内外广泛的、大规模的、开放性的物流学术交流、政策研讨、专项研究活动;诸多媒体纷纷开辟物流专栏报道物流动向和开展物流研讨;电子商务、区域经济、第三方物流、配送中心和物流园区的蓬勃发展推动和加速了相关物流理论的研究和应用。

中国物流与采购联合会、中国仓储协会、中国连锁经营协会、中国电子商务协会等物流专业学术组织相继成立,有效地进行了本行业的物流研究和物流现代化的推进工作。《物流学》《物流学导论》《现代物流学》《供应链管理》《高级物流学》《军事物流》等一大批有关物流的著作或译著出版,对普及宣传物流理念、发展物流理论和物流科学的建设发展起到极大的作用。

5. 我国物流进入快速发展时期

中国加入WTO后(2001年至今)已融入经济全球化,现代物流已迅速影响和扩展到国民经济各个领域,第十个五年计划将物流列为要大力发展的新型服务业,2001年3月,国务院六部委联合下发《关于我国现代物流发展的若干意见》的通知,一系列国家最高级的物流活动的开展表明我国加快发展物流业的决心,标志我国物流现代化的全面启动。

连续几届的"中国国际电子商务大会""中国国际物流工程论坛""中国国际物流高峰会"的召开,以及各种物流论坛、物流研讨会、物流技术展示会在物流理论探讨、物流体系建立、物流运作模式、物流管理等方面取得了长足进展。

北京、上海、广州、天津、安徽等一大批省市结合区域经济发展进行物流系统规划,并投巨资建设物流基础设施,筹建大型物流港和物流园区,建设物流中心城市等。

2001年8月,《物流术语》(GB/T 18354—2001)发布实施,该标准是我国制定的第一个物流类国家标准。由于物流术语标准属于物流领域最基础的标准,许多后续的国内相关标准都纷纷引用该标准,国内高校也利用该标准进行物流学科专业建设,并以此标准为基础进行相关课程及人才培养方案开发,对国内物流产业发展起到了极大促进作用。该标准于2006年进行了一次修订,即《物流术语》(GB/T 18354—2006)。2020年,根据行业发展的实践和成果,新一轮的《物流术语》更新工作正在快速推进,目前已经进入征求意见阶段。这些物流的标准化的基础工作都极大地推进了我国现代化物流的发展,并为与国际接轨和交流奠定了基础。

近十年来,我国物流产业发生翻天覆地的变化,物流对国民经济的影响和贡献越来越大,高铁、高速公路、港口、机场、物流枢纽、配送中心等一系列大型物流基础设施在全国全面建设并投入运营,电子商务全面渗透并改变社会生产和生活方式。"一带一路"倡议在国外快速推进并发挥明显的战略作用,自贸区、自贸港等不断扩容,我国正在实行更大范围、更高层次的对外开放。国家实施"三去一降一补"策略进行经济增长方式转变,供应链成为经济增长新动能。互联网、移动互联网、互联网+、物联网、云计算、大数据、区块链、人工智能等新技术、新方法在电子商务、先进制造及民生服务行业物流领域普遍应用,出现许多新模式、新方法、新技术、新装备、新理念、新思想、新概念,中国物流业发展进入了标准化、自动化、网络化、信息化时代。物流业呈现前所未有的良好发展势头。国内物流产业的发展带来产业从业人员受教育程度的提高,尤其是物流产业管理层和知识界物流专业水平的提升,极大地带动和促进了全社会物流认识水平的提高。目前,我国不仅只是从国外引进新概念,本土实践产生了许多全球领先的最佳实践,经过产学研合作提炼形成了新的概念,并在实践中加以应用,产生了良好效果。

第四节　物流的分类

由于不同物流活动的对象、目的和形式各不相同,因而形成了不同类型的物流。目前国内外在物流分类标准方面尚无统一的认识,对物流的分类和称谓也都比较混乱。为了以下介绍和研究的需要,这里有必要澄清几类物流概念。

一、传统物流与现代物流

(一) 传统物流和现代物流的含义

国内的理论界和实务界对物流内涵与外延的认识还存在诸多分歧,其中关于传统物流和现代物流的区分就是争论的热点之一。本书根据我国颁布的《物流术语》来对传统物流和现代物流加以区分。

通常而言,传统物流和现代物流的划分,主要根据发展历程、阶段、特点和内涵等特征,传统物流一般是指以运输和仓储为核心的物流活动,而现代物流则强调各功能的有机结合。

从广义上理解物流,认为"现代物流"代表了"logistics"的含义;与"现代物流"所对应的"传统物流"就是对传统运输、仓储等所谓"类物流"活动的一种统一认识,相当于"physical distribution","传统物流"与"类物流"之间并无本质内容的区别,而"物流"则是对所有这些概念的总称。

(二) 传统物流和现代物流的区别

现代物流与传统物流之间的区别列表1-1进行比较。

表1-1 现代物流与传统物流的区别

内　　容	传　统　物　流	现　代　物　流
物流活动范围	销售过程中的物流活动	采购、生产、销售、逆向回收等全过程的物流活动
物流服务特点	各种物流功能相对独立 无物流中心 不能控制整个物流链 限于地区物流服务 短期合约	广泛的物流服务项目 第三方物流被广泛采用 采用物流中心 供应链的全面管理 提供国际物流服务 与全球性客户的长期合作
物流服务管理	价格竞争 提供单一的标准服务	以降低总物流成本为目标 增值物流服务 为顾客提供"量身定做"的特殊服务
物流信息技术	无外部整合系统 有限或无 EDI 联系 无卫星定位系统	物流信息化、数字化 EDI 联系 卫星定位系统 智慧物流
物流管理	有限或无现代管理	服务质量管理 成本竞争、时间竞争 业务过程管理

二、自营物流与第三方物流

在物流活动出现的早期,绝大多数物流活动都是由需求者自己完成的,即使在今天,仍然有相当多的企业自建物流系统和物流渠道,自己运作物流活动满足生产销售的物流需求,通常把这类物流称为企业自营物流。

随着市场竞争的加剧、社会分工的细化,商品的供给主体和需求主体作为市场上的第一方和第二方逐步退出物流操作领域,而由专业的物流企业以第三方的身份来完成买卖双方之间的物流任务,这种类型的物流就属于外购物流。外购物流的市场需求除了来自企业外,还有一部分来自个人、家庭、社团、政府或其他机构,统称为物流需求者,物流企业亦可称之为物流供给者或物流服务商。物流企业面向社会,为需求者提供物流服务。

专业的物流企业如果采用了现代物流管理的方法和手段,并以合同的形式为客户提供个性化服务,则可以称为第三方物流(third party logistics,TPL)。第三方物流是独立于物流服务供需双方之外且以物流服务为主营业务的,这类物流企业便称为第三方物流企业。因此,第三方物流首先应该具有现代物流的特征,传统物流企业所提供的服务不能称之为第三方物流。

三、社会物流、行业物流、企业物流

(一)社会物流

社会物流一般是指流通领域发生的物流,是全社会物流的整体,所以有人也称之为大物流或宏观物流。社会物流的一个重要标志是:它伴随商业活动的发生而发生,也就是说社会物流过程与商品所有权的更迭密切相关。

从总体上看,社会物流的流通网络是国民经济发展的命脉。社会物流的网络分布是否合理、渠道是否畅通,对国民经济的发展至关重要。因此,宏观规划和管理部门应该对社会物流进行科学的管理和有效的控制,尽量采用先进的物流技术和手段,以保证社会物流的高效能和低成本运行。对社会物流的优化,不仅可以带来良好的经济效益,更重要的是可以产生巨大的社会效益。

(二)行业物流

同一行业的不同企业,虽然在产品市场上是竞争对手,但是在物流领域内却常常可以相互协作,共同促进行业物流的合理化,因为行业物流合理化可以使所有参与企业都得到相应好处,实现真正意义上的"共赢"。

例如在日本的建筑机械行业内,行业物流合理化的具体内容就包括:各种运输工具的有效利用;建设共同的零部件仓库,实行共同集配送;建立新旧车辆、设备及零部件的共同流通中心和技术中心,共同培训设备操作和维修人员;统一机械设计标准和规格等。在大量消费品方面,他们还倡导采用统一的发票、统一的商品规格、统一的法规政策、统一的托盘规格、统一的陈列柜与包装模数等。

(三)企业物流

一般来说,在一个企业的范围内,由于生产经营活动的需要而发生的物流称为企业物流。《物流术语》(GB/T 18354—2006)将企业物流定义为:生产和流通企业围绕其经营活动所发生的物流活动。

企业是通过提供产品或服务满足顾客需求以实现盈利目的的一种经济组织。市场上区别于企业的其他经济主体还有政府、家庭、个人或社团等。按照性质的不同,企业还可以细分为制造性企业(生产性企业)与流通性企业两大类。制造性企业的主要任务是购进原材料,经过若干道工序的加工,形成特定产品,再通过销售渠道销售出去,收回投入并赚取相应的利润。流通性企业的主要任务则是根据客户的要求和供应商的条件,有针对性地组织商流和物流,并赚取相应的利润。

四、其他分类

除了以上几组物流概念外,实践中,人们还常常根据物流发生的先后次序及其对企业的作用,将生产企业物流细分为供应物流、生产物流、销售物流、回收物流和废弃物流;按照物流活动范围的大小将宏观的社会物流分为区域物流、城市物流和国际物流;也可以以企业边界为标准将物流区分为企业内物流和企业外物流;按物流活动的适用性分为一般物流和特殊物流等。

【本章关键术语】

物品　　(article)
物流　　(logistics)
物流活动　(logistics activity)
传统物流　(physical distribution)
现代物流　(logistics)

【本章思考与练习题】

1. 什么是物流?
2. 物流具有哪些性质?
3. 物流的作用是什么?
4. 如何理解物流在国民经济发展中的地位?
5. 我国物流的发展经历了哪几个阶段?每个阶段的主要特点是什么?
6. 物流的分类方式有几种?各自如何分类?
7. 什么是现代物流?如何区别传统物流和现代物流?

第二章 物流学说与基本理论

本章重点理论与问题

虽然物流活动在人类历史上早已存在,但是物流学却是一门新兴的学科,它的产生和发展不足百年,研究理论和研究方法也主要来源于其他学科。通过本章的学习,能够了解物流学产生的过程及其学科性质和属性,了解物流科学的发展过程及其主要特征;同时,也能够理解物流的基本理论和学说。

第一节 物流学简介

一、物流学的产生与发展

(一)物流学的发展背景

物流活动具有悠久的历史,从人类社会开始有产品的交换行为时就存在物流活动,而物流科学的历史却很短,是一门新学科,以系统的观点来研究物流活动则是从第二次世界大战末期美国军方后勤部门的科学研究开始的。

在20世纪50年代,由于机械化生产的发展,产品数量急剧上升,生产成本相对下降,从而刺激了消费,使得市场繁荣、商品丰富,在流通领域出现了超级市场、商业街等大规模的物资集散场所。在这种背景下,流通成本相对于生产成本而言有上升的趋势,即流通费用在商品总销售价格中的比重逐渐增加,影响了商品的竞争能力。因此,人们不得不对各种物流活动的规律进行认真的研究,试图找出降低流通费用的途径,开始着眼于流通费用的整体而不是局部来考察运输、保管、装卸搬运等物流活动,这样就结束了各种物流活动处于孤立、分散、从属地位的历史,使得原来在社会经济活动中处于潜隐状态的物流系统显现出来,并且以此为中心开展研究活动,形成了现代物流的学科,并且日臻完善。

物流活动作为客观存在的实体具有久远的历史,在人类社会的生产活动和交易行为形成的同时,就伴随着物流活动的发生,但是物流学的形成与发展却只有几十年的历史。物流学产生和发展的动因主要有以下几个方面。

1. 物流功能在商品经济时代的附属性使然

运输、仓储、搬运等是在生产活动和社会经济活动中产生的,它们被作为辅助环节来完成特定的功能,彼此没有发生联系,它们相互孤立地处于从属地位。只有到了生产高度发展、产品较为丰富的 20 世纪 50 年代,流通成本相对上升的矛盾突出以后,物资流通学说的重要性才被人们所认识,从而促进了物流学的研究和产生。也就是说,物流学是在生产高度发展之后为适应社会的需要才产生的。

2. 物流学的综合性特征使然

物流学是在融合了许多相邻学科的成果以后逐渐形成的,诸如运筹学、技术经济学、系统工程等都是物流学形成的重要基础。现代物流学对实践的指导作用,对社会经济和生产发展的价值体现,也必须依赖于电子计算机技术才能得以实现。因此,物流学只能在这些科学技术发展之后才得以诞生和发展。了解这一点,能使人们不会由于物流学的新颖性望而却步,也不致使人们因为物流学所研究的对象是久已熟悉的客观事物而不予重视。

3. 物流的服务特性使然

物流的本质特征是服务,但在没有充分认识和理解物流服务是一种产品,并具有价值和使用价值之前,物流服务不可能被作为一种战略来考虑,也不可能作为企业核心竞争能力的重要组成部分,更缺乏在各个领域、各个层面对物流服务进行更加深入和广泛的理论研究与实践。

随着物流服务竞争的日趋激烈,任何短期行为都会招致企业的损失。面对激变的环境、多样化的需求,物流服务作为企业经营的一个重要方面,自然也就必须对其服务战略进行策划,即分析物流服务环境、选择细分市场,进而确定物流服务的战略。

4. 经济体制的改革使然

对物流理论和实践问题的研究往往受产业部门和行业的自身局限,因而只是孤立地研究某一范围、某一方面的问题。如对密切相关的生产与流通问题分别进行研究;把商品流通中的商流(business flow)、物流、资金流(fund flow)、信息流(information flow)割裂开来进行研究;对同属于物流系统要素的储存、运输、装卸搬运、包装、流通加工等,也各自研究自身的问题。这样就不可能实现整体优化的目标,也不可能进行积极、富有成果的具有中国特色的物流理论与实践的研究。尤其是在国家这个层面上,更缺乏对物流学研究的统筹规划、指导和具体的举措。随着社会主义市场经济体制的建立,现代物流学的研究日益受到人们的重视。

5. 企业经营的市场定位使然

企业作为社会经济活动的细胞,是市场交换的主体,在完全竞争的市场状态下,其经营行为受竞争和供求关系的调节,但由于垄断、信息不对称等原因,市场不可能是完全自由竞争状态。从计划经济向市场经济过渡时期,我国企业都是以产品销售额进行市场定位,以生产产值作为衡量企业绩效的最高指标。在采用美国福特汽车为代表的"以量取胜"的大量生产方式时代,在精益生产和"准时制"以及个性化定制时代,物流的规模与速度、适时与适量如何相适应?保证生产连续、准时、高效的企业生产物流如何能起到重要的作用?这些来自市场的现实问题促使现代物流学的理论与实践研究日益深化。

(二)物流学发展及名称来由

由于物流的概念是随着时代的发展而变化的,物流的英语名称对应词又由 PD 变为"logistics",对物流概念及其发展的认识也应该发展地看待。表 2-1 将物流、PD 以及

logistics 与物流学发展的关系列出简表,以供对照参考。

表 2-1 物流学发展及名称来由简表

时期	PD	logistics	物流
物流学产生以前	1935年作为分销的定义,未明确提及物流活动,未涉及物流作为独立的系统概念	该单词已有很长历史,用于表述军事后勤活动,有兵站含义	未出现"物流"之类的词汇,但是作为物流活动的运输、仓储、搬运等是存在的
物流学萌芽期	—	第二次世界大战后期,应用运筹学、预测科学、计算技术解决美军后勤问题	—
物流学形成期	大批量生产,物流成本相对上升,形成物流系统概念,物流学诞生。因主要解决流通领域问题,以PD作为新学科的代名词,和PD原意已不相同	—	日文引进PD概念,译为"物的流通",后来又简约为"物流"(PD),用语及概念被中文引进
物流学发展期	根据本来意义,PD译为"分销",和物流有所区别	进入个性化消费时代。物流系统范围不限于流通领域,包括了生产和供应的全物流系统,重视服务水平。用"logistics"代替PD作为物流科学的代名词	日文"物流"对应PD概念不变,"logistics"另用音译的外来语表达。我国于1989年决定将"物流"和"logistics"对应
供应链管理时代	—	"logistics"新定义引进供应链概念,物流是供应链的一部分	我国在物流名词术语标准中,根据国情对"物流"进行了定义

二、物流学的学科性质和属性

物流学以物的动态流转过程作为研究对象,揭示了物流活动的内在联系,如多个物流环节的集成化运作,已成为一门独立的研究领域和学科。物流学应用了系统学、运输学、经济学、统计学、管理学、计算机网络等方面的最新成果和内容,也应用了现代科学方法论,是社会科学与自然科学、经济科学与技术科学的交叉。

物流学是在现代科学技术基础上,研究社会经济活动和人们日常生活中各类物质资料生产、流通、消费过程的流动及综合集成规律,以及相应的系统规划、设计、运营、组织与管理规律的综合性应用性的学科。

(一)物流学的性质

1. 物流学是综合性交叉学科

物流就其本质而言是一种客观存在的社会现象,物流学的产生就是由"解决社会经济活动中的矛盾——流通成本上升"而开始的,因此,研究物流必然涉及经济学的有关内容,特别是技术经济学和数量经济学,它们的兴起也都与物流研究有密切关系。

在对作为物流要素的对象物的研究中,以及对对象物产生时间维和空间维物理性变化的方法、手段的研究中,又涉及工程技术科学的许多领域。在运输技术、搬运装卸技术、仓储技术和包装技术中融合了机械技术、电子技术、自动化技术等学科的内容和成果。对物流系统进行定性和定量分析时,必须以应用数学、运筹学等数学知识和方法为基础,也要以电子计算机作为手段来达到分析和控制的目的。

互联网技术的出现使得物流学进入了一个全新的阶段。当前物流现代化最突出的成果大多是互联网技术在物流领域中应用的结果。

综上所述,物流学可以说具有管理科学、系统科学和工程技术科学交叉学科的特点。

2. 物流学具有系统科学的特征

系统性是物流学的最基本特性。物流学产生的标志,亦即现代物流学极为重要的观念之一就是认为各项物流活动之间存在着相互关联、相互制约的关系,它们都作为统一的有机整体的一部分而存在,这个体系就是物流系统。物流学和系统科学的融合,使其很快形成了完整的研究体系,这是物流学能在短期内迅速壮大并走向成熟的重要因素。

3. 物流学属于应用科学的范畴

关于物流的研究成果丰富多彩,但就其性质而言,绝大多数是相关学科的研究成果在物流领域中的应用。如物流系统计算机模拟技术、运输规划、库存控制理论等。物流学的强大生命力在于它的实践性。它的产生和发展与社会经济实际和生产实际密切相关,其研究的出发点和归宿都在于社会实践需要。只有从实践中提出问题,紧密结合具体研究范围内的自然资源、经济基础、社会条件和技术水平,提出正确的方法和结论,有效地改善物流系统,取得应有的经济效益和社会效益,物流学的价值才能为人们所认识和重视。物流正是以它在实际应用中所体现出的巨大的经济意义而受到人们高度评价的。

(二) 物流学的属性

1. 经济学属性

物流学研究物流资源配置优化、物流市场的供给与需求、政府对物流的管理、物流的发展与增长等问题,而解决这些问题依赖经济学原理与方法的应用等。

2. 管理学属性

物流活动离不开计划、组织、协调、指挥与控制等管理的基本职能。企业的物流战略规划、物流业务运作、物流作业的控制、物流绩效管理等,需要管理学理论与方法指导。物流与许多管理学类专业有关,如工程管理、工业工程、信息管理、工商管理、市场营销、会计学、财务管理等。

3. 工学属性

物流系统分析、设计和管理都涉及大量的工程技术原理与方法,因此,物流学涉及工学类的许多专业知识,比如机械、建筑、电子、信息、材料、交通等。

4. 理学属性

物流的对象是物品，各种物品的物理、化学、生物特征差异大。商品的检验、养护、鉴定、流通加工等作业环节都需要诸如数学、物理、化学等相关原理与方法的指导。

综上所述，物流学是具有以上属性的交叉型学科。

三、物流学的理论体系

物流学的理论体系框架分为 4 个层次，如图 2-1 所示。

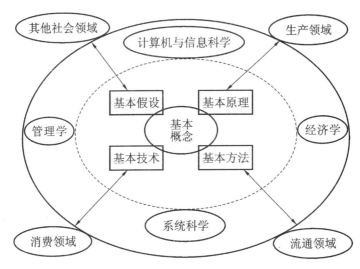

图 2-1 物流学的理论体系框架

第一层：物流学体系的核心。物流学体系的核心是基本概念，这是由一组重要的核心概念组成的。这些概念可能还需要经过很长一段时间才能完善，但是它们是存在的，比如物流、配送、物流中心、配送中心等。要理解物流，必须借助于这些概念，物流学体系的其他组成部分都是通过这些概念来表达并由此而展开的。因此，这一层次是物流学体系的基本内核。

第二层：物流学体系的四大支柱。即物流学体系的基本假设、基本原理、基本技术和基本方法，这四大支柱与物流学体系的核心概念一起演绎出物流学体系的基本框架。物流的核心概念和这四大支柱组成了物流学的理论体系，因而这一层次是物流学体系的基本内涵。

第三层：物流学体系的理论基础。物流学的建立，是以其他已经成熟的学科作为自己的理论基础的，物流理论就是在这些学科理论的基础上发展起来的，这也是物流学与其他相关学科联系的具体反映。不过，与物流学相联系的学科很多，它们本身分成不同的层次，与物流学构成最紧密联系的理论主要有四类：经济学、管理学、系统科学及计算机与信息科学，这些理论对物流学体系的建立来说是最为重要的，因而是物流学体系的理论基础。

第四层：物流学研究与实践的主要领域。物流学研究与实践应用的领域包括生产领域、流通领域、消费领域及其他社会领域（如应急物流、军事物流等）。这些领域紧密联系，构成物流学研究与实践应用的社会经济系统。

第二节 物流学说与基本理论

一、商物分离理论

（一）流通的内涵

社会的专业化分工，使商品交换转移从生产领域中分化出来，将生产和消费连接起来，形成专门的商品流通领域。商品流通是商品从生产领域向消费领域的转移过程，是连接生产和消费的中间环节，包含以货币为媒介的商品交换，并通过一定的组织方式实现实物转移。因而，商品流通的过程中包含商流、物流、资金流和信息流。其中，资金流是在所有权更迭的交易过程中发生的，可以认为它从属于商流；信息流则分别从属于商流和物流，属于物流的部分称为物流信息。所以，流通实际上由商流和物流组成。

商流和物流都是流通的组成部分，一般在商流发生之后，即所有权转移之后，货物必然要根据新货主的需要进行转移，这就导致相应的物流活动出现。物流是产生商流的物质基础，商流是物流的先导，二者相辅相成，密切配合，缺一不可。只有在流通的局部环节，在特殊情况下，商流和物流可能独立发生。一般而言，从全局来看，商流和物流总是相伴发生的。

（二）商物分离的概念

尽管商流和物流的关系非常密切，但是它们各自具有不同的活动内容和规律。在现实经济生活中，进行商品交易活动的地点，往往不是商品实物流通的最佳路线必经之处。如果商品的交易过程和实物的运动过程路线完全一致，往往会发生实物流路线的迂回、倒流、重复等不合理现象，造成资源和运力的浪费。商流一般要经过一定的经营环节来进行，而物流则不受经营环节的限制，它可以根据商品的种类、数量、交货要求、运输条件等，使商品尽可能由产地通过最少环节，最短的物流路线，按时、保质地送到用户手中，以达到降低物流费用、提高经济效益的目的。因此，我们把商品所有权的转移路线与商品实体转移路线不一致的流通情形称为"商物分离"。商物分离是指在商品流通中，实现所有权交换的商流和实物转移的物流职能分离，按各自目的、方式和途径运作。

综上所述，在合理组织流通活动中，实行商物分离是提高社会经济效益的客观需要，也是企业现代化发展的需要。对于商物分离的原则，以下通过图2-2进一步加以说明，图2-2 (a)为商流和物流合一的流通网络，而图2-2 (b)是商物分离的流通网络。在图中每一方框称为网络的节点，在节点处发生货物的发送、停止、存放，或者信息的发生、终结、处理、加工等活动。节点之间的实线箭头表示实物流，虚线箭头表示信息流，这些节点和虚实线及箭头就构成了网络。

图2-2 (a)的网络比较简单，总公司从工厂购得商品送至批发站，批发站再将商品分别送到各零售站，信息流和物流完全一致。图2-2 (b)的网络是商物分离的模式，其运作过程如下。①零售站向批发站以电话方式订货，订货信息通过电话回路或计算机网络，传达给总公司的信息中心，信息中心确认库存商品可以满足订货需要时，向配送中心下达出库指示。

②配送中心根据要求向零售站按计划回路配送的方式进行送货。同时配送中心将商品出入库的有关数据传达给总公司的信息中心,商品库存量的减少数据和在库状况记入信息中心的数据库。③在库量减少到一定水平时,总公司对工厂下达向配送中心补充货物的指令,或是发出订货的指令,以保证配送中心功能的实施。

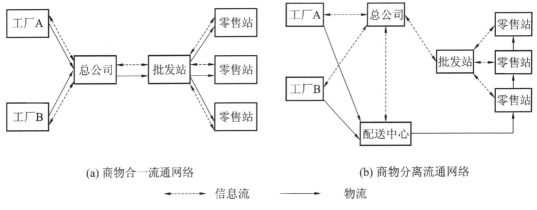

图 2-2　商物合一与商物分离流通网络比较

（三）商物分离的特点和优点

1. 商物分离的特点

（1）储存。取消总公司仓库和营业仓库分散保管方式而代之以配送中心集中储存。

（2）输送。原先是从工厂仓库送至总公司仓库,再到批发站仓库,最后到零售店,是商物一致的输送方式。而在商物分离模式中,是由工厂仓库送至配送中心,然后直接配送至零售店的物流分离方式。

（3）配送。从分别向各零售店送货,改变为回路配送。

（4）信息系统。不再由总公司、批发站和工厂分头处理,而是以信息中心集中处理方式,用现代化通信系统进行各环节的控制。

2. 商物分离的优点

（1）商物分离使物流职能专门化,业务分开、路线分开,有利于提高工作效率。

（2）商物分离有利于物流运作专业化、合理化。

（3）商物分离信息平台共享,配送体系共享,有利于运输配送的优化。

（4）商物分离运作,充分发挥配送中心作用,有利于提高效率、降低成本、提高服务质量,缓解市内交通拥挤的现象。

二、第三利润源说

"第三利润源"的说法主要出自日本,是对物流的潜力及效益的描述。

日本早稻田大学西泽修教授在他的著作《物流——降低成本的关键》中谈到,企业的利润源随着时代的发展和企业经营重点的转移而变化。20 世纪 50 年代初,日本因朝鲜战争而得美国的经济援助和技术支持,很快实现了企业机械化、自动化生产。当时日本正处于工业化大生产时期,企业的经营重点放在了降低制造成本上,这便是日本在第二次世界大战后企业经营的第一利润源。然而,依靠自动化生产手段制造出来的大量产品在市场泛滥,产生了对大量销售的需求。于是,1955年日本从美国引进了市场营销技术,迎来了市场营销时代。这一时期,企业顺应日本政府经济高速增长政策,把增加销售额作为企业的经营重点,这便是日本在第二次世界大战后企业经营的第二个利润源。1965年起,日本政府开始重视物流,1970年开始,产业界大举向物流进军,日本又进入了物流发展时代。这一时期,降低制造成本已经有限,增加销售额也已经走到尽头,企业渴望寻求新的利润源,物流成本的降低使"第三利润源"的提法恰好符合当时企业经营的需要,因而"第三利润源"的说法一提出,就备受关注,广为流传。

经过半个世纪的探索,人们已肯定物流这"黑大陆"虽不清,但绝不是不毛之地,而是一片富饶之源。尤其是经受了1973年石油危机的考验,物流已牢牢树立了自己的地位,今后的问题就是如何进一步开发了。

三、黑大陆说和物流冰山说

(一) 黑大陆说

黑大陆理论是由著名的管理学家彼得·德鲁克于1962年提出的,他在《财富》杂志上发表了《经济的黑色大陆》一文,指出"流通是经济领域的黑暗大陆(black continent)",将物流比作"一块未开垦的处女地",强调应高度重视流通及流通过程中的物流管理。

由于流通领域中物流活动的模糊性尤其突出,是流通领域中人们更认识不清的领域,所以,"黑大陆"说主要针对物流而言。

"黑大陆"主要是指尚未认识、尚未了解的地方,在黑大陆中,如果理论研究和实践探索照亮了这块黑大陆,那么摆在人们面前的可能是一片不毛之地,也可能是一片蕴藏着丰富宝藏的土地。

这一学说对于研究这一领域起到了启迪和动员作用。

(二) 物流冰山说

物流冰山说是日本早稻田大学西泽修教授于1970年提出来的,他在研究物流成本时发现,现行的财务会计制度和会计核算方法都不可能掌握物流费用的实际情况,因而人们对物流费用的构成并未掌握,甚至有很大的虚假性,他把这种情况比作"物流冰山(logistics ice mountain)"。冰山的特点是大部分沉在水面之下,而露出水面的仅是冰山的一角。物流费用好似一座冰山,我们看到的只不过是"冰山一角",而沉在水面以下的是我们看不到的黑色区域。

西泽修用物流成本的具体分析论证了德鲁克的"黑大陆"说,事实证明,物流领域的方方面面对我们而言还是不清楚的,在黑大陆中和冰山的水下部分正是物流尚待开发的领域,正是物流的潜力所在。

"物流冰山"说之所以成立,主要有以下三个方面的原因。

(1) 物流成本的计算范围太大,包括原材料物流、工厂内物流、从工厂到仓库和配送中心的物流、从配送中心到商店的物流等。这么大的范围,涉及的单位非常多,牵涉的面也很广,很容易漏掉其中的某一部分,计算哪部分、漏掉哪部分造成物流费用的多少相距甚远。

（2）运输、保管、包装、装卸以及信息等各物流环节中,以哪几种环节作为物流成本的计算对象,其结果都不同甚至差别很大。如果只计运输和保管费用,不计其他费用,则与运输、保管、装卸、包装及信息等费用全部计算相比,两者的费用差别相当大。

（3）选择哪几种费用列入物流成本中,选择不同,其结果也相距甚远。比如,向外部支付的运输费、保管费、装卸费等费用一般都容易列入物流成本,可是本企业内部发生的物流费用,如与物流相关的人工费、物流设施建设费、设备购置费,以及折旧费、维修费、电费、燃料费等是否也列入物流成本中,没有明确的规定,执行的弹性比较大。

四、效益背反理论

"效益背反(profit antinomy law)"是物流领域中很常见、很普遍的现象,是这一领域中内部矛盾的反映。它指的是物流的若干功能要素之间存在着损益的矛盾,即在某一个功能要素的优化利益发生的同时,必然会存在另一个或另几个功能要素的利益损失,反之也如此（见图2-3）。这是一种此涨彼消、此盈彼亏的现象,虽然在许多领域中这种现象都存在,但物流领域中,这个问题似乎尤其严重。

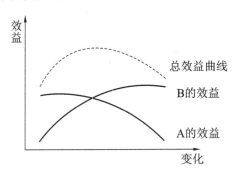

图2-3 效益背反定律示意图

对效益背反理论有许多实例予以印证,例如:①减少物流网络中仓库的数目并减少库存,必然会使库存补充变得频繁而增加运输的次数;②简化包装虽可降低包装成本,但却由于包装强度的降低,在运输和装卸环节的破损率会增加,且在仓库中摆放时也不可堆放过高,降低了保管效率;③将铁路运输改为航空运输,虽然增加了运费,却提高了运输速度,不但可以减少库存,还降低了库存费用。

所有这些都表明,在设计物流系统时,要综合考虑各方面因素的影响,使整个物流系统达到最优,任何片面强调某种物流功能的企业都将会蒙受不必要的损失。由此可见,物流系统应以成本为核心,按最低成本的要求,使整个物流系统化。它强调的是调整各要素之间的矛盾,把它们有机地结合起来,使成本变为最小,以追求和实现部门的最佳效益。

五、物流成本削减的乘法原理

所谓乘数效应是指模仿创新活动通过经济系统内部的投入产出联系链条而发挥倍加的作用,类似于几何级数增长效应。众所周知,当今企业的交易成本主要为物流所占用,物流成本成为企业销售成本的重要组成部分,物流成本的高低与企业的效益呈现乘数效应,即通过削减物流成本可以显著增加企业的效益。

例如,如果销售额为100万元,销售利润率为5%,这时的物流成本为10万元。当物流成本削减1万元时,直接增加了1万元的利润,相当于间接增加了20万元的销售额的效益,体现了物流成本削减的乘数效应。

更重要的是,相同物流规模下企业物流成本的削减是通过采用新设备、新方法或新运营模式等提高了物流效率,必然伴随着物流服务质量和水平的提升,从而提升企业的竞争力,给企业带来更高的业务量和市场份额,这是物流成本削减乘数效应的本质。

六、物流学的其他学说

明确认识物流在公司的定位对物流的发展具有十分重要意义。物流在公司的定位是战略中心、成本中心、服务中心还是利润中心?这实际是对物流系统起什么作用、达到什么目的的不同认识、不同理念,相应派生出不同的管理重点与管理方法。

(一)成本中心说

"成本中心"的含义是物流在整个企业战略中,只对企业营销活动的成本发生影响,物流是企业成本重要的产生点。成本中心表明主要把物流作为生产经营过程中成本产生的重要来源对待,物流发展与管理关注的重点在于以控制成本为目标。因而,解决物流的问题,关注重点不在于搞合理化、现代化,而在于通过物流管理和物流的一系列活动降低成本。所以,成本中心既是指主要成本的产生点,又是指降低成本的关注点,物流是"降低成本的宝库"等说法正是对这种认识的形象表述。

显然,成本中心的考虑没有将物流放在主要位置,尤其没有放在企业发展战略的主角地位,改进物流如果目标只是在于降低成本,势必也会影响物流本身的战略发展。当然,成本和利润是相关的,成本和企业生存也是相关的,成本中心也不是只考虑成本而不顾其他,只是代表了人们对物流主体作用和目标的一种认识。

(二)利润中心说

"利润中心"表明物流是形成企业经营利的主要活动,物流可以为企业创造直接和间接的利润。物流发展与管理关注的重点在于挖掘物流的"第三利润源"。

(三)服务中心说

"服务中心"代表了美国和欧洲等一些国家学者对物流的认识,他们认为,物流活动最大的作用并不在于为企业降低成本或增加利润,而是在于提高企业对用户的服务水平,进而提高企业的竞争能力。因此,他们在使用描述物流的词汇上选择了"后勤"一词,特别强调其服务保障的职能。通过物流的服务保障,企业以其整体能力来压缩成本,增加利润。服务中心定位表明物流发展与管理关注的重点在于提高企业对用户的服务水平进而实现提质增效目标。

(四)竞争战略说

从战略高度定位物流的地位,把物流视为企业竞争战略是当前非常盛行的理念。实际上学术界和产业界越来越多的人已逐渐认识到,物流更具有战略性,是企业的竞争战略而不是一项具体的任务。企业战略是什么呢?是企业的生存和发展的生命线。竞争战略意味着物流在公司发展中的战略地位,追求公司生存与发展的战略绩效,战略绩效是支持公司战略目标定位的基础。战略绩效源于服务水平的提升、运营成本的降低、价值增值和效益创造。统筹考虑当前和未来公司的效益和发展目标,平衡公司、客户和社会多方利益诉求。包括提高客户服务水平、提质降本增效、促进利税增长、提高竞争能力。

将物流和企业的生存发展直接联系起来的竞争战略说的提出,对促进物流的发展有重要意义。企业不追求物流的一时一事的效益,而着眼于总体,着眼于长远,于是物流本身的战略性发展也被提到议事日程上来。战略性的规划、战略性的投资、战略性的技术开发是最近几年物流现代化迅猛发展的重要原因。

【本章关键术语】

商流 (business flow)
资金流 (fund flow)
信息流 (information flow)
黑大陆 (black continent)
物流冰山 (logistics ice mountain)
效益背反定律 (profit antinomy law)

【本章思考与练习题】

1. 物流学的发展经历了哪几个阶段?每个阶段中物流的定义有什么变化?
2. 如何理解物流学发展的滞后性?
3. 物流学的研究内容主要有哪些?
4. 什么是商物分离理论?商物分离的特点和优点是什么?
5. 什么是黑大陆说和物流冰山说?
6. 什么是物流成本削减的乘法效应?如何理解?
7. 成本中心说、利润中心说、服务中心说及竞争战略说的核心思想分别是什么?

第三章 物流系统与网络

本章重点理论与问题

物流系统本身是一个复杂的社会经济系统,同时也是社会经济大系统的一个子系统,要使这个系统能够良好地运行、充分发挥其功能与作用,用系统的思想方法指导研究与实践十分重要。本章介绍了物流系统的概念与特点,说明了物流系统的构成要素及其制约关系、物流系统的目标以及物流系统规划的内容与层次。同时,介绍了物流节点、物流线路、物流网络的概念以及它们的结构关系。

第一节 物流系统

一、物流系统的概念与特点

(一)系统的定义与特性

1. 系统的定义

系统(system)一词源于拉丁文的"sytema",表示群体、集合等。"系统"一词在现实生活中被广泛使用,如:人体就是一个由神经系统、呼吸系统、消化系统、循环系统、生殖系统等子系统构成的系统;一部机器也是一个系统,按其功能的不同,可看作是由动力系统、传动系统、控制系统等子系统构成的;一个国家的交通运输系统是由铁路运输、公路运输、水路运输、航空运输、管道运输这些子系统构成的大系统。

可以看出,由于系统的具体形态和具体性质不同,系统表现出多种不同的类型,但是,不同的系统具有一些共同的特性。按照钱学森给出的定义:系统是由相互作用而又相互依赖的若干组成部分结合的具有特定功能的有机整体,而且这个整体又是它从属的更大系统的组成部分。该定义指出了作为系统的三个基本属性,也就是不同系统具有的共同特征。第一,系统是由两个以上的要素组成的整体。要素是构成系统的最基本的部分,没有要素就无法构成系统,单个要素也无法构成系统。第二,系统的诸要素之间、要素与整体之间以及整体与环境之间存在着一定的有机联系。要素之间若没有任何联系和作用,则也不能称其为系统。第三,由于系统要素之间的联系与相互作用,使系统作为一个整体具有特定的功能或效能,这是各要素个体所不具备的功能。虽然对系统的定义形形色色,但基本上都包含了这三个方面,可以说,这三点是定义"系统"的基本出发点。

综上所述,一个系统是由许多要素所构成的整体,从系统功能看,系统又是一个不可分割的整体。在物质世界中,一个系统的任何一部分可以被看作一个子系统,而每一系统又可以成为一个规模更大的系统的子系统。

2. 系统的特性

系统的特性表现为系统的集合性、相关性、层次性、整体性、涌现性、目的性和环境适应性。

1) 集合性

具有某种属性的一些对象被看作一个整体,形成一个集合,集合里的各个对象称为集合的要素。系统的集合性表明,系统是由两个或两个以上可以互相区别的要素所组成的。

2) 相关性

相关性是指组成系统的要素是相互联系、相互作用的,这些联系与作用之间形成了某些特定关系。如果不存在相关性,众多的要素就如同一盘散沙,它们只是一个集合而不构成一个系统。

3) 层次性

系统作为一个集合总体,可以分解为一系列层次不同的子系统,子系统还可进一步分解为更低一级的子系统,从而具有一定的层次结构,形成系统空间结构的特定形式。系统层次结构表述了在不同层次子系统之间的从属关系或相互作用关系。

4) 整体性

系统是作为一个整体出现的,作为一个整体存在于环境之中,系统各要素之间按照一定的组合方式相互作用、协调运动,体现出系统的整体性。

系统的整体性又称为系统的总体性、全局性。系统的局部问题必须放在系统的全局之中才能有效地解决,系统的全局问题必须放在系统的环境之中才能有效地解决。局部的目标和诉求,要素的质量、属性和功能指标,要素与要素、局部与局部之间的关系,都必须服从整体或总体的目的,共同实现系统整体或总体的功能。系统的功能和特性必须从系统的整体或总体来加以理解和要求,使之实现并且优化。系统的整体观念或总体观念是系统概念的精髓。

5) 涌现性

系统的涌现性包括系统整体的涌现性和系统层次间的涌现性。系统各要素构成一个系统后,会产生整体具有而各个部分原来没有的某种性质或功能,这种属性即系统的涌现性。系统整体的功能不是各个要素功能的简单叠加,而是呈现出各要素所不具备的新功能,并且系统整体的功能大于各组成要素的功能总和。系统各组成要素只有协调、配合,才能形成一个系统,才能发挥系统的功能;否则,不能称之为完善的系统。

6) 目的性

通常系统都具有某种特定的目的性,要达到既定的目的,必须具备相应的功能,这正是系统与系统间区别的标志。研究一个系统,必须明确它作为一个整体所体现的目的与功能。系统的目的一般通过确立不同的具体目标来体现,一般说来,复杂系统都具有多个目标,多个目标之间有时会出现矛盾或冲突,互为消长。为此,要从系统整体出发力求获得全局目标优化的效果。

7) 环境适应性

任何一个系统都存在于一定的环境之中,在同环境进行物质、能量和信息交换过程中受到环境的影响,系统必须适应外部环境的变化。物流系统的环境是物流系统赖以生存发展的外部条件,也就是说,物流系统必须适应外部环境才能生存与发展。

(二) 物流系统的含义与特性

1. 物流系统的含义

物流系统(logistics system)是社会经济大系统的一个子系统。物流功能和作用的发挥通过相互作用、相互依赖的物流要素及物流环节得以实现。由这些物流要素及环节相互联系而构成一个整体,以实现物流的目标,这样的整体就是物流系统。因此,物流系统是由相互作用而又相互依赖的若干物流要素或物流环节结合的具有特定功能的有机整体。物流系统的目的是实现物资的空间效用和时间效用,通过物流功能要素及活动的合理化,保障社会再生产顺利进行,并取得最佳的经济效益。

2. 物流系统的特性

物流系统既具备一般系统的特征,同时还具有自身的特性,主要体现在如下几个方面。

1) 物流系统属于"人-机-网络系统"

物流系统是由人和物流设施、设备、工具及信息所构成的整体,表现为物流实践者运用物流设备、工具和组织管理的思想方法作用于物流对象的一系列活动。在这一系列活动中,人是系统的主体,因而在研究物流系统的各方面问题时,必须把人、物流工具、物流对象各因素有机地结合起来。

2) 物流系统具有层次结构

物流系统是由多种类、多层次的要素和环节构成的整体,这些要素和环节的不同组合形成物流系统中具有特定功能的子系统。在各子系统中,又包含着由不同层次的要素和环节单元所构成的不同层次子系统,直至由最基本的要素和环节单元组合形成最基本的子系统。因而,物流系统具有由不同层次的子系统而形成的层次结构。

每一个物流系统都处在一个更大的系统之中,这个更大的系统就构成物流系统的环境。因此,每一个物流系统都像一般系统一样,都具有一个系统环境。物流系统的环境是物流系统赖以生存发展的外部条件,物流系统必须适应外部环境才能生存。

3) 物流系统属于动态系统

经济全球化和信息化使物流活动具有时空动态特征。首先,其活动范围突破了地域限制,跨地域性特征正是物流创造空间效用的价值体现;其次,在时间维度上,物流活动通过改变物资的时间状态从而创造时间效用。

4) 物流系统效益背反性

首先,物流系统的整体功能在环境的有效作用下,通过相互协作与协调、协同运作,其整体功能大于各要素或子系统功能之和,即产生"1+1>2"的协同效应。其次,物流系统的某些功能要素之间的相互联系与影响会产生效益相互冲突、此消彼长、此盈彼亏的"效益背反"现象,即某一功能要素的优化和利益增长的同时,会存在另一个或另几个功能要素的利益损失,反之亦然。这种特性要求在物流管理决策实践中重视运用系统科学的思想和方法,寻求物流系统的总体优化。

3. 物流系统的类型

物流系统的内容十分丰富和复杂，可从不同层次、不同角度来认识。

1）从宏观层面来看

从宏观层面的社会物流角度来看，物流系统包括城市物流系统、区域物流系统、国际物流系统。

2）从中观层面来看

从中观层面的行业物流范畴来看，与行业相对应的物流系统有制造业物流系统、批发零售业物流系统、农产品物流系统、图书出版业物流系统等。

3）从微观层面来看

从微观层面的企业物流范畴来看，包括生产企业物流系统、商业企业物流系统。生产企业物流系统包括采购物流系统、生产物流系统、销售物流系统、逆向物流系统。

4）从物流的基本功能来看

从物流的基本功能来看，为实现某种特定功能的各种要素与环节组合而形成不同的功能系统，分别是运输系统、储存系统、配送系统、装卸搬运系统、包装系统、流通加工系统、物流信息系统。在这些物流功能系统中还可划分其构成的子系统，如运输系统是由公路运输、铁路运输、航空运输、水路运输和管道运输等子系统构成。

二、物流系统的要素及其制约关系

一般而言，构成物流系统的要素有资源要素、功能要素以及支撑要素等。

（一）物流系统的资源要素

物流系统的资源要素主要有人力资源、财力资源、劳动对象、劳动资料，以及技术、信息和组织管理等。

1. 人力资源

人力资源是物流系统的首要资源要素。人是物流系统的主导者，是保证物流得以顺利进行和提高管理水平的最关键的因素。提高人的素质，是建立一个合理化的物流系统并使它有效运转的根本。

2. 财力资源

资金是物流系统实现目标不可缺少的条件，资金流同物流相伴而生、相辅相成，成为物流实现的前提和保证。在物流系统建设中，资本投入是基础，离开资金这一要素，物流是不可能实现的。

3. 劳动对象

劳动对象要素即物流对象，就是物流中的各种物资，没有劳动对象，物流系统也就失去了存在的必要。

4. 劳动资料

物流系统的建立和运行，需要合理的设施设备等物资资料作支撑，这些要素对物流系统的运行具有决定性的作用,对实现物流的功能也是必不可少的。物质基础要素主要有以下几个方面:第一,物流设施是组织物流系统运行的基础物质条件,包括物流站、货场、物流中心、仓库、物流线路、建筑、公路、铁路、港口等;第二,物流装备是保证物流系统开工的条件,包括仓库货架、进出库设备、加工设备、运输设备、装卸机械等;第三,物流工具是物流系统运行的物质条件,包括包装工具维护保养工具、办公设备等;第四,信息技术及网络是掌握和传递物流信息的手段,根据所需信息水平不同,包括通信设备及线路、传真设备、计算机及网络设备等。

5. 技术、信息和组织管理

物流技术、信息和组织管理都是构成物流系统不可或缺的重要因素或子系统,对物流系统优化、科学管理、高效运作,以及使物流系统功能得以有效发挥起着重要的作用。

(二)物流系统的功能要素

物流系统的功能要素指的是物流系统所具有的基本能力,这些基本能力有效地组合、联结在一起发挥作用,从而实现物流系统的目标。

一般而言,物流系统的基本功能要素有:①运输;②储存;③配送;④装卸搬运;⑤包装;⑥流通加工;⑦物流信息处理。

(三)物流系统的支撑要素

物流系统的建立需要有许多支撑要素,由于物流系统处于复杂的社会经济系统中,要确定物流系统的地位,要协调与其他系统的关系,这些要素必不可少。

1. 体制与制度

物流系统的体制、制度决定物流系统的结构、组织、领导、管理方式,是物流系统的重要保障。有了这个支撑条件,物流系统才能确立其在国民经济中的地位。

2. 法律与规章

物流系统的运行,不可避免地会涉及企业或人的权益问题。法律、规章一方面限制和规范物流系统的活动,使之与更大系统协调;一方面对从事物流的企业或人给予保障,合同的执行、权益的划分、责任的确定都需要靠法律、规章维系。

3. 行政与命令

物流系统和一般系统不同之处在于,物流系统关系到国家军事、经济命脉,所以,行政命令等手段也常常是支持物流系统正常运转的重要支持要素。

4. 标准化系统

标准化的系统可保证物流环节协调运行,是物流系统与其他系统在技术上实现联结的重要支撑条件。

(四)物流系统存在的制约关系

1. 功能要素冲突

物流系统的基本功能要素独立存在时,各自有其独立的目标,当某些功能要素相互联系、相互影响时,各自的目标之间会出现相互冲突的现象,即效益背反现象。这种现象既存在于某些功能要素之间,也存在于某种功能要素内部。

1）功能要素之间的冲突

以运输和储存为例,运输功能要素的目标一般是追求及时、准确、安全、经济。为达到这样一个目标,企业通常会采用最优的运输方案,但是在降低运输费用、提高运输效率的同时,可能会导致存储成本的增加。从储存的角度来看,为了达到降低库存水平的目的,企业可能会降低每次收货的数量,增加收货次数,缩短收货周期,或者是宁可紧急订货,也不愿提前大批量订货。但这样运输的经济规模就无法达到,导致运输成本增加。同样,在包装和运输这两个物流系统要素之间也存在目标冲突。物流包装的目标是保护商品在物流过程中不受损坏,同时要降低包装成本。因此在包装材料的强度、内装容量的大小等方面就会考虑以能够确保商品安全为第一目标,但这常常会导致"过度包装",结果不仅增加了商品物流包装的成本,同时由于物流包装过大、过重、过结实,增加了无效运输的比重,并且在包装回收系统不健全的情况下,当商品抵达收货人手中时,收货人往往还要花费资源专门处理这些沉重、庞大的物流包装。

2）功能要素内部的冲突

以运输功能为例,各种运输方案都存在各自的优劣势。比如采用铁路运输成本比较低,但不够灵活;采用公路运输灵活性强,可提供"门到门"的服务,但长距离运输运费相对昂贵,且易污染和发生事故;采用航空运输速度快,不受地形的限制,但成本昂贵。因此,如果追求速度快、灵活性强,就要付出高成本的代价,各目标之间存在冲突。在选择运输方案时就要综合权衡。

从以上的分析可以看出,企业的运输目标(从降低运输成本角度考虑)与企业的储存目标(从降低储存成本角度考虑)是冲突的。但运输和储存是企业物流系统整体的两个重要组成部分,运输和储存的冲突是运输要素与储存要素的一种联系,在物流系统还没有形成的时候,它们都在追求着各自的目标,它们的目标一致却也发生冲突,显然,它们的目标是无法简单地达到的,必须在建立物流系统时通过系统集成来调和。同样,如果能够将物流包装要素的目标与运输要素的目标进行协调,就可以既实现包装的目标又实现运输的目标,从而实现这两个要素目标的协同。物流系统要素之间的目标冲突不能在要素这个层次得到协调,必须在比要素高一个层次的系统才能解决。

2. 外部环境冲突

当物流系统本身也是一个更大系统的低一层次的子系统时,物流系统就要与外部系统发生联系,这就是物流系统与环境的联系,而构成物流系统环境的就是这些与物流系统处在同一层次的子系统。任何一个系统都有自己的目标。物流系统有物流系统的目标,环境中其他系统都与物流系统一样有着特定的目标。这些目标之间的冲突也是普遍存在的,物流系统以这种方式同环境中的其他系统发生联系。

例如,在制造企业系统中,物流系统是与生产系统、销售系统等系统并列的一个系统。它们都是公司在经营系统中的要素或者子系统。采购系统、生产系统、销售系统和物流系统都有各自的目标,这些目标也存在冲突。日本通运综合研究所对此进行了研究,他们认为,在以往的企业组织中,各部门负责人只是分别单独担负物流的某一方面的责任。任何一个部门的负责人都没有对全部物流活动承担管理责任,物流的各种因素包含在市场销售、财务及制造等各种活动之中,而且各部门管理人员各自的目的往往发生矛盾。当认识到这些矛盾后,该研究所建议制造企业将分散在生产、销售和财务部门的物流管理职能集中起来,成立一个物流管理部与生产、销售和财务部门并列,将各部门之间的物流矛盾进行统一解决,由物流管理部门去与生产、销售和财务部门进行目标的协调和权衡。到20世纪末,世界上的跨国制造公司基本上都有物流部,负责解决物流和其他部门的目标冲突。需要注意的是,物流与其他子系统的目标冲突不能在物流或者生产、销售、财务会计这一个层次解决,必须在整个公司的层次才能解决。

三、物流系统的一般模式

物流系统根据功能性质可以分成各种各样的物流子系统。但是不管是什么样的物流系统,都存在一般系统共同的输入—转换—输出模式。按系统模式,物流系统可看作是由物流系统所处的环境及系统的输入、输出、约束、处理等几个方面构成(如图3-1所示)。

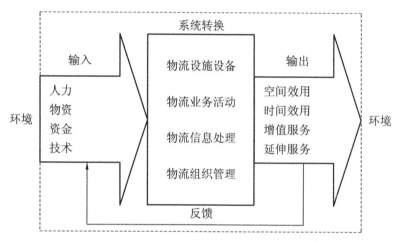

图3-1 物流系统的一般模式

(一) 物流系统的环境

物流系统的环境是物流系统赖以生存发展的外部条件,它是指物流系统所处的更大的系统,它是物流系统模式中不可缺少的组成部分。物流系统在同环境进行物质、能量和信息交换的过程受到环境的影响,是物流系统转换处理面对的外部条件。物流系统与其环境之间的相互作用具体表现为物流系统的输入、输出、约束、干扰和反馈。现代物流不同于传统物流的关键在于,物流系统所处的环境发生了变化,如消费者行为的个性化和多样化、采购与销售市场的全球化,以及物流的国际化、物流装备的自动化和物流管理的信息化与网络化等。

(二) 物流系统的输入和输出

这里的输入是外部环境对物流系统的直接输入,包括人力资源、物资资源、资金、技术、信息等,这是物流系统处理转换的对象与条件。物流系统的输出,是物流系统围绕其目的经过转换处理的结果对环境的直接输出,包括对物流对象产生的空间效用、时间效用,以及为客户带来的增值服务和物流相关服务。

（三）物流系统的约束、干扰和反馈

约束是环境对物流系统的间接输入，包括政治、经济、文化、地理、气候等条件。它们是物流系统处理的外部约束条件。系统的干扰是一种偶然的约束，也是一种间接的、强迫性的输入。系统的反馈主要是信息的反馈，存在于输入过程和输出过程中，在约束或干扰中也有。

（四）物流系统的转换处理

物流系统的转换处理过程是把输入的物流对象、物流信息转化成输出的服务过程。其基本原理就是通过物流的基本功能的发挥及其相应的物流活动提供对客户的既定服务，达到预定的目标。

四、物流系统的目标

物流系统是社会经济系统的一个部分，其目标是实现社会效益和经济效益。

从宏观层面来看，其社会经济效益体现在一个物流系统的建立对社会经济效益的影响，其直接表现形式是对社会流通及国民经济效益的影响。物流系统虽很庞大，但它不过是社会经济系统中的一部分。如果一个物流系统的建立不利于社会经济系统的功能及效益，那么，这一物流系统是不成功的。物流系统不但会对宏观的经济效益发生影响，而且还会对社会其他方面发生影响，例如物流设施建立会影响人们的生活、工作，物流的污染、噪声会给人和环境带来损害等。因此，物流系统的建立，还必须考虑对社会各方面的影响，要以社会发展和人民幸福为大前提。

从微观层面来看，物流系统功能与作用的发挥为企业创造效益。一个物流系统的建立，需要有宏观及微观两个方面的推动力，二者缺一不可。

具体来讲，物流系统的建立和运行，要实现以下五个方面的目标，即服务（service）、及时（speed）、节约（saving）、规模优化（scale optimization）、库存控制（stock control），简称为"5S"目标。

（一）服务

物流系统直接连接着生产与再生产、生产与消费，因此要求有很强的服务性。这种服务性表现在物流系统本身有一定从属性，要以用户为中心，树立"用户第一"观念。其利润的本质是"让渡"性的，不一定是以"利润为中心"的系统。物流系统采取送货、配送等形式，就是其服务性的体现。在技术方面，近年来出现的"准时供应方式""柔性供货方式"等，也是其服务性的表现。

（二）及时

及时性是服务性的延伸，是用户的要求，也是社会发展进步的要求。整个社会再生产的循环取决于每一个环节，社会再生产不断循环进步推动社会的进步。马克思从资本角度论述了流通的这一目标，指出流通的时间越短，速度越快，"资本的职能就越大"，并要求"力求用时间去抵消空间"，"把商品从一个地方转移到另一个地方所花费的时间缩短到最低限度"。快速、及时既是一个传统目标，更是一个现代目标，而且随着社会化大生产的发展，这一要求更加强烈了。在物流领域采取的诸如直达物流、联合一贯运输、高速公路、时间表系统等管理和技术，就是这一目标的体现。

（三）节约

节约是经济领域的重要规律，在物流领域中，除流通时间的节约外，由于流通过程消耗大而又基本上不增加或不提高商品的使用价值，所以，依靠节约来降低投入是提高相对产出的重要手段。物流过程作为"第三利润源"而言，对这一利润的挖掘主要是依靠节约。在物流领域推行的集约化方式，提高了物流的能力，采取的各种节约、省力、降耗措施，也是节约这一目标的体现。

（四）规模优化

生产领域的规模生产已为社会所承认，但在流通领域，规模效益似乎就不那么明显了。实际上，规模效益问题在流通领域也异常突出，只是由于物流系统比生产系统的稳定性差，因而难以形成标准的规模化模式。在物流领域以分散或集中等不同方式建立物流系统，研究物流集约化的程度，就是规模化这一目标的体现。

（五）库存控制

库存控制是及时性的延伸，也是物流系统本身的要求，涉及物流系统的效益。物流系统是通过本身的库存，保证生产企业和消费者的需求，从而创造一个良好的社会外部环境。同时，物流系统又是国家进行资源配置的一环，系统的建立必须考虑国家进行资源配置、宏观调控的需要。在物流领域中正确确定库存方式、库存数量、库存结构、库存分布就是这一目标的体现。

五、物流系统规划概述

（一）物流系统规划要考虑的因素

物流系统作为一种复杂的社会经济系统，要使其实现良好的运行，必须做好有效的规划和设计工作。一般来讲，物流系统规划要考虑以下几个方面的问题。

1. 物流系统的外部环境

物流系统的范围以及外部环境是物流系统的输入条件。物流是一个完整的系统，它受外界环境的制约，在规划设计物流系统时必须先根据所要解决的问题确定所设计的物流系统的范围和它的外部环境及两者的接口。由于物流系统中存在效益背反现象，孤立地改善某一个环节（或子系统）不一定能提高整个系统的效率，所以应使各环节匹配协调、具有同等可靠性。物流系统规划设计能够起到改善其外部环境的作用。例如，规划一个仓库必须考虑入库的货源、集中入库还是分散入库、整托盘出库还是零星出库、是准备送到附近的装配车间还是供应远方客户等。如果规划设计的是自动化仓库，还需要对出入库的设备（如输送机和自动导向车等）提出精度要求。工厂的均衡生产要求能及时供应配套件，配套件供应对厂内物流有很大影响。如果配套件按每月或每季供应一次，那么厂内就要设置仓库，储存一月或一季的生产需要量，这样，既存在仓库建设的投资，还将占用流动资金，提高了生产成本。准时供应制（JIT）正是根据内部物流系统的要求而提出的。

2. 物流系统的输出结果

物流系统的输出结果也就是物流系统的目标任务。对于任何工程问题，都可以有多种解决途径,但是它的前提条件(输入)和所需要达到的目的(输出)必须是明确的。

3. 物流系统的评价标准

对物流系统优劣的评价是物流系统决策不可缺少的一个步骤。为了对各种可行的方案作出客观公正的评价,应该在提出任何方案之前就制定出评价的标准。

一般的评价标准应包括经济性、技术可靠性、灵活性、安全性、可扩展性、劳动强度、易操作性、服务水平、环境保护、社会效益等方面的内容。

(二)物流系统规划的层次及内容

从物流系统的作用和地位看,物流系统规划可分为物流战略层、策略层(战术层)和运作层;从规划所涉及的行政级别和地理范围看,物流系统规划又可分为国家级物流规划、区域级物流规划、行业物流规划、企业物流规划等。不管哪一级别的物流规划,都有战略层、战术层和运作层。物流战略问题涉及部门或企业的长远规划,战术问题涉及管理层的中期目标制定,运作问题则涉及各个具体环节的高效运行问题。下面按行政级别介绍物流系统规划的内容。

1. 国家级物流规划

国家级物流规划着重于以物流基础设施和物流基础网络为内容的物流基础平台规划。物流基础平台的规划包括铁路、公路的已经宣布的几纵几横的线路规划,不同线路的合理布局,综合物流节点——物流基地的规划,以及相应的综合信息网络的规划。

2. 区域级物流规划

区域级物流规划着重于地区物流基地、物流中心、配送中心三个层次的物流节点以及综合物流园区的规模和布局的规划。物流基地、物流中心、配送中心三个层次的物流节点是省、市物流外接内连的不同规模、不同功能的物流设施,也是较大规模的投资项目。这三个层次物流节点的规划是省、市物流运行合理化的重要基础。

3. 行业物流规划

在物流基础平台之上,将有大量的企业和经济事业单位进行供应、分销、配送、供应链、连锁经营等运作环节,要使这些运作合理和协调发展,需要有规划的指导,例如重要企业、重要产品的供应链规划,以及以现代物流及配送支持的分销及连锁规划等。

4. 企业物流规划

生产企业,尤其是大型生产企业,从"营销支持"和"流程再造"角度进行物流系统的建设规划,会有效地提高企业的素质,增强企业的运营能力。

第二节 物流网络

一、物流网络概述

(一)物流网络的概念

物流网络(logistics network)是指物流过程中相互联系的组织、设施和信息的集合[见《物流术语》(GB/T 18354—2006)]。由于进行物流活动的组织和设施的数量、规模以及地理关系等都直接影响着向顾客提供服务的能力和成本,一个结构合理的物流网络直接决定物流系统的效率和效益。

因此,对物流网络进行规划、设计与优化十分重要。网络优化的总目标是网络总成本的最小化,包括库存持有成本、仓储成本和运输成本,同时满足客户对服务水平如响应时间的要求。物流网络的最优化通常是在满足客户反应时间要求的前提下,在成本、效益、服务水平等方面权衡、选择。

（二）物流网络的实物要素

物流网络的两个实物要素是物流节点和物流线路,节点和线路有机地结合起来就构成了物流网络。物流线路与节点以不同的组成和联系方式形成不同的物流网络结构,其发挥的功能与作用效果不同。

一般而言,物流活动是在线路和节点上进行的。其中,在线路上进行的活动主要是运输,包括集货运输、配送运输、干线运输、支线运输等。物流功能要素中的其他功能要素,如储存、包装、装卸、流通加工等,都是在节点上完成的。

二、物流节点

（一）物流节点的概念

物流节点(logistics nodes)是现代物流中具有较重要地位的组成部分。随着物流系统化观念的增强,物流越来越强调总体的协调与优化,而节点正是处在能联结系统的位置上,总体的水平往往通过节点体现,所以物流节点的研究是随现代物流的发展而发展的,也是现代物流学研究的新内容。

物流节点是物流网络中连接物流线路的结节之处,又称物流接点,在有的场合也称为物流据点。

（二）物流节点的功能

现代物流网络中的物流节点对优化整个物流网络起着重要作用。它不仅执行一般的物流职能,而且越来越多地执行指挥调度、信息传递等神经中枢的职能,是整个物流网络的灵魂所在,因而更加受到人们的重视。物流节点通过实现以下功能在物流系统中发挥作用。

1. 衔接功能

物流节点将各个物流线路连接成一个网络,使各个线路通过节点变得更为贯通而不是互不相干,这种作用称为衔接作用。在物流未系统化之前,不同线路的衔接有很大困难,例如,轮船的大量输送线和短途汽车的小量输送线,两者输送形态、输送装备都不相同,再加上运量的巨大差异,所以往往只能在两者之间长时间中断后再逐渐实现转换,其结果是使两者不能有效贯通。物流节点利用各种技术的、管理的方法可以有效地起到衔接作用,将中断转化为通畅。

物流节点的衔接作用可以通过多种方法实现。通过转换运输方式,衔接不同的运输手段;通过流通加工衔接干线物流及配送物流等不同目的的物流;通过储存衔接供应物流和需求物流等不同时间的物流;通过集装箱、托盘等集装处理衔接整个"门到门"运输,使之成为一体。

2. 信息功能

在现代物流系统中,物流的信息处理功能起着重要的作用。物流节点同时也是处理物流信息的节点,是整个物流系统中物流信息采集、传递、处理、发送的集中地,这种信息作用在现代物流系统中起着十分重要的作用,也是复杂物流的各个单元能连接成有机整体的重要保证。通过各种信息节点使物流系统的信息中枢结合起来,成为指挥、管理、调度整个物流系统的信息网络,这是一个物流系统建立的前提条件。

3. 管理功能

物流系统的管理设施和指挥机构往往集中设置于物流节点之中。实际上,物流节点大都是集管理、指挥、调度、信息、衔接及货物处理为一体的物流综合设施。整个物流系统运转的有序化和正常化,以及整个物流系统的效率和水平取决于物流节点的管理职能实现的情况。

(三) 物流节点的种类

物流节点的种类很多,在不同线路上节点的名称也各异,这是受物流学形成之前,交通运输、外贸、商业等领域各自发展影响而形成的。例如,在铁路运输领域,节点的称谓有货运站、专用线货站、货场、转运站、编组站等;在公路运输领域,节点的称谓有货场、车站、转运站、枢纽等;在航空运输领域,节点的称谓有货运机场、航空港等;在商贸领域,节点的称谓有流通仓库、储备仓库、转运仓库、配送中心、分货中心等。

在各物流系统中,节点发挥着一般共同性的作用,但根据系统目标不同以及节点在网络中的地位不同,节点的主要作用往往不同。根据节点的主要功能与作用将其分成以下几类。

1. 转运型节点

转运型节点是以连接不同运输方式为主要职能的节点,是处于运输线上、衔接不同运输线路的节点。铁道运输线上的货站、编组站、车站,不同运输方式之间的转运站、终点站,水运线上的港口、码头,空运中的空港等都属于此类节点。一般而言,由于这种节点处于运输线上,又以转运为主,所以货物在这种节点上停滞的时间较短。

转运型节点首先要有高效的转运设施,包括转运装卸设施、重新编组设施等。同时,为了对转运的时间差别、转运的数量差别、转运的地区差别进行有效的协调,转运型节点必须有相当规模的储存场地和仓库。转运型节点中储存场地和仓库的构造特点同储备型仓库的构造有很大区别,一般货物在此不长期停留,要求货物有很强的流动性。

在各种以主要功能分类的节点中,并不完全排除其他职能。如转运型节点中,往往设置有储存货物的货场或站库,从而具有一定的储存功能。但是,由于其所处的位置,其主要职能是转运,所以按其主要功能归入转运型节点之中。

2. 储存型节点

储存型节点是以存放货物为主要职能的节点。在物流系统中,储备仓库、营业仓库、中转仓库、货栈等都属于此种类型的节点。尽管不少发达国家的仓库职能已发生了很大的变化,一大部分仓库转化成不以储备为主要职能的流通仓库甚至流通中心,但是在现代,世界上任何一个有一定经济规模的国家,为了保证国民经济的正常运行,保证具有应对突发事件的能力,保证企业经营的正常开展,保证市场的流转,以仓库为据点的储备职能仍是不可缺少的。

3. 流通型节点

流通型节点是以组织物资在系统中流动为主要职能的节点,在社会系统中则是以组织商品流通为主要职能的节点。现代物流中常提到的流通仓库、流通中心、配送中心就属于这类节点。

4. 综合型节点

综合型节点是在一个节点中实现两种或两种以上主要功能的节点,并且将两种或两种以上的功能有机结合于一体,有完善设施、有效衔接和协调工艺的集约型节点。这种节点适应物流大量化和复杂化及更为精密准确的需要,在一个节点中实现多种转化而使物流系统简化、高效,是现代物流系统中节点发展的方向之一。

三、物流线路

(一)物流线路的概念

物流线路(logistics line)广义指所有可以行驶的和航行的陆上、水上、空中线路,狭义仅指已经开辟的、可以按规定进行物流运营的路线和航线。在物流管理领域,物流线路一般指后者。

(二)物流线路的类型

根据物流运动的载体类型可以将物流线路划分成铁路线路、公路线路、水运线路、空运线路和管道运输线路五种形式。

1. 铁路线路

铁路线路对于物流的运作主要有以下几种类型:双轨线路、单轨线路,宽轨线路、标准轨线路、窄轨线路,普通线路、快运线路等。不同线路有不同的运营要求,所能够满足的物流服务要求和服务水平也不相同。

2. 公路线路

公路线路的种类是物流线路里面最多、最复杂的。可以区分成以下很多类:国道、省道、城市道路,高速公路、快速公路、一般公路,货运线路、非货运线路,干线公路、支线公路、连接线公路等。不同公路能够提供的汽车运行条件不同,对车辆的通过能力和管理方式也不同。

3. 水运线路

水运线路包括海运线路和内河运输线路。海运线路又分成远洋运输线路和沿海海运线路。

4. 空运线路

空运线路是经开辟的能够进行管制、导航、通信等管理的空中航线。

5. 管道运输线路

管道运输也是物流运输的一种运输方式,管道线路同样是构成物流网络的线路之一。管道运输及其线路有其在设计、管理及运营等方面的特殊性。

（三）物流线路的一般特点

在物流运营活动过程中，物流线路体现出如下特点。

1. 方向性

一般在同一条线路上有两个方向的物流同时存在。

2. 有限性

节点是靠线路连接起来的，一条线路总有起点和终点。

3. 多样性

线路是一种抽象的表述，公路、铁路、水路、航空路线和管道等都是线路的具体存在形式。

4. 连通性

不同类型的线路必须通过载体的转换才能连通，并且任何不同的线路之间都是可以连通的，线路间的转换一般在节点上进行。

5. 选择性

两点间具有多种线路可以选择，既可以在不同的载体之间进行选择，又可在同一载体的不同具体路径之间进行选择。

6. 层次性

物流网络的线路包括干线和支线。不同类型的线路，比如铁路和公路，都有自己的干线和支线，各自的干线和支线又分为不同的等级，如铁路一级干线、公路二级干线等。

【本章关键术语】

系统　（system）

物流系统　（logistics system）

物流节点　（logistics nodes）

物流线路　（logistics line）

物流网络　（logistics network）

【本章思考与练习题】

1. 如何理解物流系统的含义？
2. 物流系统有哪些特性？
3. 一般而言，物流系统由哪些方面的要素构成？
4. 怎样理解物流系统同环境的关系？
5. 物流系统规划的层次及内容有哪些？
6. 试举例说明物流节点的功能与作用。
7. 物流节点有哪些类型？
8. 怎样理解物流节点、线路同物流网络的关系？

第二篇

物流的功能要素

❖ 物流的功能要素与主要功能
❖ 物流的辅助功能要素

第四章 物流的功能要素与主要功能

本章重点理论与问题

物流系统由运输、储存、配送、装卸、搬运、包装、流通加工、信息处理等基本功能要素组成。其中运输、储存、配送是物流系统最主要的功能要素，运输、储存分别实现空间效用和时间效用，配送是具有综合性的功能要素。本章在介绍物流的基本功能要素及其相互关系的基础上，重点阐述运输、储存和配送三种主要功能，分析相关功能在物流体系中的地位、作用、影响因素、表现形式及实现其合理化的措施等。

第一节 物流的功能要素概述

一、物流的基本功能

《物流术语》（GB/T 18354—2006）对物流给出的定义中，包含了"根据实际需要，将运输、储存、装卸、搬运、包装、流通加工、配送、信息处理等基本功能实施有机结合"，明确了"运输、储存、装卸、搬运、包装、流通加工、配送、信息处理"是物流的基本功能。各功能要素之间存在密切的关系，必须根据实际工作进行有效的结合。

根据各功能要素的功能与作用，把运输、储存与配送视为物流的主要功能，把其他功能要素视为物流的辅助功能。

（一）主要功能

1. 运输功能

运输功能在物流体系的所有动态功能中是核心功能，它所实现的是物质实体由供应地点向需求地点的流动，也是创造空间价值的过程。运输工具包括车、船、飞机、管道等，相应的运输方式有铁路、公路、水路、航空和管道等。选择何种运输手段对于物流效率具有十分重要的意义。

2. 储存功能

储存功能包括了对进入物流系统的货物进行堆存、管理、保管、保养、维护等一系列活动。储存功能可以实现物资的时间效用，是物流体系中唯一的静态环节，相当于物流系统中的一个节点，起着缓冲和调节的作用，其主要的载体是仓库。储存的作用主要表现在两个方面：一是完好地保证货物的使用价值和价值；二是为将货物配送给用户，在物流中心进行必要的加工活动而进行的保存。

3. 配送功能

配送是现代物流的一种组织方式，根据客户的需要将商品的配备和送达交付结合，集成经营与服务、运输与储存、分拣与配货、流通加工等一体化。从某种意义上说，现代配送实际上可以看作是整个物流体系的一个缩影。配送环节的处理是否合理，对整个物流体系在现代经济生活中所起的作用有着越来越重要的影响。因此，在现代物流体系中，配送已发展成体现现代物流特色的一种综合性功能要素。

（二）辅助功能

1. 装卸、搬运

装卸、搬运是随运输和储存而产生的必要物流活动，是对运输、储存、包装、流通加工等物流活动进行衔接的中间环节，是在储存等活动中为进行检验、维护、保养所进行的装卸活动，如货物的装上卸下、移送、拣选分类等。装卸作业的代表形式是集装箱化和托盘化，使用的装卸机械设备有吊车、叉车、传送带和各种台车等。对装卸、搬运的管理，主要是对装卸、搬运方式，装卸、搬运机械设备的选择和合理配置与使用进行管理，以使装卸、搬运合理化。合理配置及使用装卸、搬运机具可以实现节能、省力、减少损失、加快速度，获得较好的经济效果。应尽可能减少装卸、搬运次数，以节约物流费用，获得较好的经济效益。

2. 包装

包装功能是一种动态过程，其作用从生产过程向流通和消费领域延伸。首先，包装能使物流过程中的货物完好地运送到用户手中，具有保护产品的作用，即对冷暖、干湿或碰撞和挤压等损害的消除或削弱；其次，包装具有美化产品的作用，因其能够取悦消费者而促进销售；最后，包装还具有提高产品装运效率的作用。

3. 集装化

集装化已发展成为物流的基本功能要素。物流活动通过使用集装器具或采用捆扎方法，把物品组成标准规格的单元货件，可以提高装卸、搬运、储存、运输等物流活动的效率。

4. 流通加工

流通加工功能是指物品在从生产领域向消费领域流动的过程中，为了促进产品销售、维护产品质量和实现物流效率化，对物品进行简单加工处理，但不改变物品物理或化学属性的加工过程。这种在流通过程中对商品进一步的辅助性加工，可以弥补生产过程中加工程度的不足，更有效地满足用户的需求，更好地衔接生产和需求环节，使流通过程更加合理化，是现代物流活动中创造形质效用的一项重要增值服务。

5. 物流信息处理

现代物流必须依靠信息技术来保证物流系统高效运作。信息处理功能在现代物流运作中发挥着重要作用，如运输调度与跟踪可视化，缩短订货提前期，实施"零库存"管理，提高作业效率，调整需求和供给均衡等。

二、功能要素间的相互关系

物流活动根据物品是否产生位置移动可分为两大类,即线路活动和节点活动。产生位置移动的物流活动称为线路活动,以创造空间效用为目的。节点活动在一个组织内部的场所中进行,主要是创造时间效用或形质效用,如在工厂内、仓库内、物流中心或配送中心内进行的装卸、搬运、包装、存储、流通加工等,都是节点活动。而运输与配送则为线路活动。

(一) 运输与储存的关系

运输与储存作为物流的主要功能,分别承担了创造"空间效用"和"时间效用"的主要功能。运输对货物的储存有重大影响,如果运输活动组织不善或运输工具不得力,就会延长货物在仓库的储存时间,这不仅增大了货物的储存量,而且还会使货物的损耗增大,从而增加物流成本。所以,合理地做好运输与储存的规划,才能使整个物流活动得到最优化,实现"空间效用"和"时间效用"的有机结合。

(二) 运输与配送的关系

运输和配送都是线路活动,其目的是将货物从供给地送达到需求地。从运输的角度看,装载量越多,运输距离越长,单位运输成本越低。而大批量、长距离的运输不能满足分散消费者的多品种、小批量、多批次需求,配送功能正好能适应经济合理范围内的多品种、小批量送货要求。

运输和配送的不同点包括以下几个方面。

(1) 活动范围不同。运输是大范围内进行的,如国家之间、地区之间、城市之间等;配送一般在经济合理的区域范围内。也有把运输则称为干线运输,把配送称为支线运输、区域内运输或末端运输的。

(2) 功能上存在差异。运输以实现大批量、远距离的物品位置转移为主,运输途中客观上存在着一定的储存形式;配送以实现小批量、多品种的近距离位置转移为主,但同时要满足用户的多种要求,如多个品种、准时到货、多个到货地点、小分量包装,直到生产线等。为了满足用户的要求,有时需要增加加工、分拣、包装、储存等辅助活动,因此配送具有多功能综合性。

(3) 运输工具不同。运输可采用各种运输工具,只需根据货物特点、时间要求、到货地点及经济合理性进行选择即可。配送则由于功能的多样化,运输批量小、频次高,只适于采用装卸量不大的短途运输工具,主要是汽车。

(三) 储存与配送的关系

配送活动包含了储存,储存是配送活动的重要环节,是为分拣配货而进行的备货准备。在配送活动中,货物储存有两种表现形态:一种是暂存形态,另一种是储备形态。暂存形态的储存是指按照分拣、配货工序的要求,在理货场地储存少量货物。这种形态的货物储存是为了适应"日配""即时配送"的需要而设置的。其数量多少对下一个环节的工作方便与否会产生很大的影响。但一般来说,不会影响储存活动的总体效益。储备形态的储存是按照一定时期配送需求,根据货源的到货情况(如到货周期)有计划地确定的货源保证。因此,货物储存合理与否会直接影响配送的整体效益。

(四) 其他功能要素的相互关系

1. 装卸、搬运与运输、储存等其他功能的关系

装卸、搬运是连接运输和储存的纽带,也是各种运输方式转换的衔接环节。装卸、搬运活动伴随运输的始终,是顺利完成运输活动的保障条件。在储存、配送和流通加工等物流环节,装卸、搬运也发挥着重要作用。

另外,搬运的"运"与运输的"运"是有区别的:搬运是在同一地域的小范围内发生的,而运输则是在较大范围内发生的,两者是由量变到质变的关系,中间并无一个绝对的界限。

2. 包装与运输及其他功能的关系

包装是流通加工的重要形式之一。在物流运输过程中,包装能保护商品不被轻易地毁损,同时物品单元化可以方便装卸、搬运,提高装卸、搬运的效率。但是,过度包装会增加运输成本。运输的目的是运送物资和商品,不是运送包装物。过度包装会增加包装重量和包装空间,减少运输设备的有效载货能力,提高运输成本。包装不足会造成装卸、搬运及运输成本的增加和商品毁损率的增加。根据我国历年铁路货运事故分析,破损事故约占全部货运事故的30%。有些地区如上海北郊、青岛和沈阳铁路破损事故占全部货运事故的比重高达60%~70%,其中半数以上是由于包装不良而造成的。

3. 流通加工与其他功能的关系

流通加工是提高运输效能的有效手段。流通加工的场所与储存和配送中心有密切的关系;流通加工过程也离不开装卸、搬运。

4. 物流信息处理与其他功能的关系

现代物流活动已经离不开计算机及网络的信息处理功能。物流信息的质量和信息处理的效率直接影响到其他所有功能要素的服务质量和服务效率。

第二节 运 输

一、运输的概念

《物流术语》(GB/T 18354—2006)对运输(transportation)的定义为:用专用运输设备将物品从一个地点向另一地点运送。其中包括集货、分配、搬运、中转、装入、卸下、分散等一系列操作。也可以说,运输是以改变"物"的空间位置为目的的活动,它对物品进行空间位移。

二、运输的作用

1. 物流的主要功能要素之一

物流是"物"的物理性运动,这种运动不但改变了物的时间状态,也改变了物的空间状态。而运输承担了改变空间状态的主要任务,运输是改变空间状态的主要手段,运输再配以搬运、配送等活动,就能圆满完成改变空间状态的全部任务。

2. 实现社会物质生产的必要条件之一

虽然运输这种活动和一般生产活动不同,它不创造新的物质产品,不增加社会产品数量,不赋予产品新的使用价值,但是如果没有运输活动,生产过程中的各环节、生产与再生产、生产与消费之间的相关环节就无法连接,则生产就无法继续下去,社会再生产就无法不断推进。因此,我们将运输看作是社会物质生产的必要条件之一。

3. 可以创造"场所效用"

所谓"场所效用"是指同种"物"由于空间场所不同,其使用价值的实现程度不同,其效用的实现也不同。通过改变场所而最大限度发挥"物"的使用价值,最大限度提高投入产出比,这就称之为"场所效用"。通过运输,将"物"运到场所效用最高的地方,就能发挥"物"的潜力,实现资源的优化配置。从这个意义来讲,也相当于通过运输提高了物的使用价值。

4. "第三利润源"的主渠道

(1) 运输是运动中的活动,它和静止的储存不同,要靠大量的动力消耗才能实现这一活动。而且运输又承担大跨度空间转移的任务,所以活动的时间长、距离长、消耗大。消耗的绝对数量大,其节约的潜力也就大。

(2) 从运费来看,运费在全部物流费用中占相当大的比例,一般综合分析计算社会物流费用,运费在其中占将近一半的比例,有些产品运费高于产品的生产费用,所以节约的潜力也很大。

(3) 由于运输总里程大,运输总量巨大,通过完善运输合理化措施可大大缩短运输吨公里数,由此可节约较大的费用。

三、运输的分类

(一)按运输的范围分类

1. 干线运输

干线运输是利用铁路、公路的干线和大型船舶的固定航线进行的长距离的运输,是进行远距离空间位置转移的重要运输形式。干线运输速度一般较同种工具的其他方式运输速度要快,成本也较低。干线运输是运输的主体。

2. 支线运输

支线运输是与干线相接的分支线路上的运输,是干线运输与收、发货地点之间的补充性运输形式,路程较短,运输量相对较小。

3. 二次运输

二次运输是一种补充性的运输形式,是指干线、支线运输到站后,站与用户仓库或指定地点之间的运输。由于是单个单位的需要,所以运量也很小。

4. 厂内运输

厂内运输是指在大型工业企业范围内,直接为生产过程服务的运输。但小企业内的这种运输称为"搬运"。从工具上讲,厂内运输一般使用卡车,而搬运则使用叉车、输送机等。

(二) 按运输的作用分类

1. 集货运输

集货运输是将分散的货物汇集集中的运输形式。货物集中后才能利用干线运输形式进行远距离及大批量运输,因此,集货运输是干线运输的一种补充形式。

2. 配送运输

配送运输是将节点中已按用户要求配好的货物分送给各个用户的运输。它是距离短、小批量的运输。从运输的角度讲,它是对干线运输的一种补充和完善。

(三) 按运输的协作程度分类

1. 一般运输

孤立地采用不同运输工具或同类运输工具而没有形成有机协作关系的为一般运输。

2. 联合运输

联合运输是使用同一运送凭证,由不同运输方式或不同运输企业进行有机衔接接运货物,利用每种运输手段的优势以充分发挥不同效率的一种运输形式。采用联合运输,可以简化托运手续,方便用户,同时可以加快运输速度,也有利于节省运费。

(四) 按运输中途是否换载分类

1. 直达运输

直达运输是在组织货物运输时,利用一种运输工具从起运站、港一直到到达站、港,中途不经过换载,中途不入库储存的运输形式。直达运输可避免中途换载所出现的运输速度减缓、货损增加、费用增加等一系列弊病,从而能缩短运输时间,加快车、船周转,降低运输费用。

2. 中转运输

在组织货物运输时,在货物运往目的地的过程中,在途中的车站、港口、仓库进行转运换装,称为中转运输。中转运输可以将干线、支线运输有效衔接,可以化整为零或集零为整,从而方便用户,提高运输效率。

四、运输方式

运输方式是指为完成客货运输任务而采取的一定性质、类别的技术装备(运输线路和运输工具)和一定的管理手段。现代运输方式有铁路运输、公路运输、水上运输、航空运输和管道运输等。

(一) 铁路运输

铁路运输是使用铁路列车运送客货的一种运输方式。主要承担长距离、大批量的货运,在没有水运条件的地区,几乎所有大批量货物都是依靠铁路运输的。铁路运输是在干线运输中起主力作用的运输形式。

铁路运输作为国家的经济大动脉,与其他运输工具比较,具有以下的特点。

(1) 准确性和连续性强。铁路运输几乎不受气候影响,一年四季可以不分昼夜地进行定期的、有规律的、准确的运转。

(2) 速度比较快。铁路货运速度每昼夜可达几千千米,一般货车可达 100 km/h 左右,远远高于海上运输。

(3) 运输量比较大。一列货运列车一般能运送 3 000~5 000 t 货物,远远高于航空运输和汽车运输。

(4) 成本较低。铁路运输费用仅为汽车运输费用的几分之一到十几分之一;运输耗油约是汽车运输的 1/20。

(5) 安全可靠,风险远比海上运输小。

(6) 初期投资大。铁路运输必须铺设轨道、建造桥梁和隧道,建路工程艰巨复杂;必须消耗大量钢材、木材;占用大量土地。其初期投资大大超过其他运输方式。

另外,铁路运输由运输、机务、车辆、工务、电务等业务部门组成,要具备较强的准确性和连贯性,各业务部门之间必须协调一致,这就要求在运输指挥方面实行统筹安排,统一领导。

（二）公路运输

公路运输主要是指使用汽车或其他车辆(如人力、畜力车)在公路上进行客货运输的一种方式。它的优势领域是中短距离、相对小批量的货运和水运,以及铁路运输难以到达的地区的长途、大批量货运。

公路运输的主要优点是有比较大的灵活性;公路建设期短,投资较低,易于因地制宜;对收发站设施要求不高,可以支持"门到门"的现代物流服务形式,即从发货者的门口直到收货者门口,而不须转运或反复装卸搬运。公路运输也可作为其他运输方式的衔接手段。运输的经济半径一般在 200 km 以内,大型公路汽车货运经济半径可以达到 500 km 甚至更长。公路运输的灵活性和快速性主要表现在批量、运输条件、时间和服务上。由于公路运输有很大的灵活性,并具有两个端点劳动消耗较少的优势,近年来,在有铁路、水运的地区,较长途的大批量运输也开始应用公路运输。由于公路运输的批量小,要求的运输条件相对宽松,所以在运输时间和服务水平上容易得到保障。也正因为如此,公路运输具有生产点多、面广的特点。

（三）水路运输

水路运输是指使用船舶运送客货的一种运输方式,主要承担大数量、长距离的运输,在干线运输中起主力作用。在内河及沿海,水运也常作为小型运输工具使用,担任补充和衔接大批量干线运输的任务。

水路运输的主要优点是成本低,能进行低成本、大批量、远距离的运输。

水路运输也有显而易见的缺点,主要是运输速度慢,受港口、水位、季节、气候影响较大,因而一年中中断运输的时间较长。

水路运输有以下四种形式。

(1) 沿海运输。这是使用船舶通过大陆附近沿海航道运送客货的一种运输形式,一般使用中小型船舶。

(2) 近海运输。这是使用船舶通过大陆邻近国家海上航道运送客货的一种运输形式,视航程远近可使用中型船舶或小型船舶。

(3) 远洋运输。这是使用船舶跨大洋的长途运输形式,主要使用运量大的大型船舶。

（4）内河运输。这是使用船舶在陆地内的江、河、湖、川等水道进行运输的一种方式,主要使用中小型船舶。

(四) 航空运输

航空运输是使用飞机或其他航空器进行运输的一种形式。航空运输的单位成本很高,适合运载的货物有两类:一类是价值高、运费承担能力很强的货物,如贵重设备的零部件、高档产品等;另一类是紧急需要的物资,如救灾抢险物资等。航空运输的主要优点是速度快,不受地形的限制,在火车、汽车都达不到的地区可依靠航空运输,因而有重要意义。

(五) 管道运输

管道运输是一种新型运输方式,是利用管道运输气体、液体和粉末固体的一种运输方式。其运输方式是靠物体在管道内顺着压力的方向循序移动实现的,它与其他运输方式的重要区别是在于作为运输工具的管道设备是静止不动的。

管道运输具有安全可靠、运输能力大、维护比较容易、自动化水平高、投资省、占地少、经济合理、一般受自然条件影响小等优点,在液体、气体运输中占有很大的优势。此外,它还有事故少、公害少等优点。城市自来水和煤气的运输配送是与人们生活最为密切相关的管道运输。

管道运输的缺点是在输送地点和输送对象方面具有局限性,一般适用于气体、液体,如天然气、石油等。但是,管道运输的输送对象也发展到近距离输送的粉粒体,如粮食、矿粉等,并且还研究了将轻便物体放在特定的密封容器内,在管道内利用空气压力进行输送,如书籍文件、实验样品的输送。随着技术的进步,管道运输输送对象的范围在不断扩大。

第三节　储　　存

一、储存的概念

《物流术语》(GB/T 18354—2006)对储存(storing)的定义为:保护、管理、储藏物品。

储存是包含库存和储备在内的一种广泛的经济活动,在一切社会形态都存在。在物流学体系中,经常涉及库存、储备及储存这几个概念,而且经常被混淆。其实,这三个概念有共同之处,也有区别。

(一) 库存

狭义的库存(inventory)指的是仓库中处于暂时停滞状态的物资。这里要明确两点:第一,物资所停滞的位置,不是在生产线上,不是在车间里,也不是在非仓库的任何位置,如汽车站、火车站等类型的流通节点上,而是在仓库中;第二,物资的停滞状态可能由很多原因引起,而不一定是某种特殊的停滞。这些原因有:①能动的各种形态的储备;②被动的各种形态的超储;③完全的积压。

广义的库存还包括处于制造加工状态和运输状态的物品。

(二) 储备

物资储备(reserves)是一种有目的的储存物资的行动,也是这种有目的的行动和其对象总体的称谓。其目的是保证社会再生产连续不断地、有效地进行。

储备和库存的本质区别如下。第一,库存明确了停滞的位置,而储备所处的位置比库存广泛得多。储备的位置可能在生产及流通中的任何节点,可能是仓库中的储备,也可能是其他形式的储备。第二,储备是有目的的、能动的、主动的行动,而库存有可能不是有目的的,有可能完全是盲目的。

(三) 储存

在任何社会形态中,对于不论什么原因形成停滞的物资,也不论是什么种类的物资,在没有进入生产加工、消费、运输等活动之前或在这些活动结束之后,总是要存放起来,这就是储存。这种储存不一定在仓库中,也不一定有储备的要素,而是在任何位置,也有可能永远进入不了再生产和消费领域。但在一般情况下,储存、储备两个概念是不做区分的。与运输的概念相对应,储存是以改变"物"的时间状态为目的的活动,以克服产需之间的时间差异获得更好的效用。

二、储存的作用

随着现代物流学的发展,储存作为物流系统的主要组成部分,越来越被众多的学者和物流业者所重视,储存在物流的整个过程中发挥着越来越重要的作用。其作用主要有如下几个方面:

(1) 可以调节商品的时间需求,进而消除商品的价格波动;
(2) 可以降低运输成本,提高运输效率;
(3) 通过商品在消费地的储存,可以提高客户的满意度;
(4) 通过储存,可以更好地满足消费者个性化消费的需求。

三、储存的分类

(一) 按储存的集中程度分类

1. 集中储存

储存以大数量集中于一个场所之中,称集中储存。集中储存是一种大规模储存方式,可以利用"规模效益",有利于储存时采用机械化、自动化设施,有利于先进科学技术的实行。集中储存从储存的调节作用来看,有比较强的调节能力及对某一需求的更大的保证能力,其单位储存费用较低,经济效果较好。

2. 分散储存

储存在地点上形成较广区域的分布,每个储存点的储存数量相对较低,称为分散储存。分散储存是较小规模的储存方式,往往与生产企业、流通企业、消费者相结合,不是面向社会而是面向某一企业的储存。因此,储存量取决于企业生产要求及经营规模。

分散储存的主要特点是容易与需求直接密切结合,储存位置离需求地很近,但是由于库存数量有限,保证供应的能力一般较小。

3. 零库存

零库存是现代物流学中的重要概念,指某一领域不再保有库存,以无库存或很低库存作为生产或供应保障的一种储存方式。

(二)按储存的位置分类

1. 仓库储存

储存的位置主要是各种类型的仓库、库棚、料场等。仓库储存是储存的一种正式形态,为进行这种储存,需要有一套基础设施,还需有入库、出库等正式手续。

2. 车间储存

车间储存是生产过程中的一种暂存形式。生产过程中的仓库储存是生产过程中的正式储存形态,车间储存则是一种非正式储存形式。由于是暂存,所以不需要存、取等正式手续,也不进行核算。

3. 站、场、港储存

站、场、港储存是在物流过程的衔接点上的储存。这种储存的目的在于为发运和提货做准备。其性质是暂存,是一种服务性的附属性的储存。这种储存没有很强的计划性。

(三)按储存在社会再生产中的作用分类

1. 生产储备

生产储备是工业生产企业为了保持生产的正常进行而保有的物资准备。这种储备已脱离了流通领域但尚未投入生产过程,一般以库存形式存在。储备占用生产企业的流通资金。由于被储备之"物"已由生产企业验收,在此期间的损失一般都列入生产企业的生产成本之中。生产储备又可以细分为原材料、燃料及零部件储备,半成品储备,成品储备三种。

2. 流通储备

流通储备是社会再生产中为保证再生产的正常进行而保持在流通领域中的"物"的暂时停滞。流通储备的"物"已经完成了上一段生产过程,进入了流通领域,但尚未进入再生产和消费领域。流通储备可能以库存形式存在,也可能以非库存形式在市场上、车站上、码头上或在运输过程中。可能是以静止的形态存在于流通领域的仓库中,也可能处在不停的运动中。可以说,全部进入物流领域的"物",无论在什么环节上,广义上都属于流通储备。

3. 消费储备

消费储备是消费者为了满足消费的需要而持有的物资准备。这种储备在最终消费领域,已脱离了流通领域,但尚未进入消费过程。消费储备一般不以库存形式存在,在有强大的流通领域储备的保证下,消费者不需要过多的消费储备,往往采取暂存、暂放的储存形式。

4. 国家储备

国家储备是国家有关机构代表国家为全国性的特殊原因所建立的物资准备。这种储备主要存在于国家专门设立的机构中,也有的保持在流通领域或生产领域中。

国家储备主要有三种形式:国家的当年储备、国家的战略储备及国家的防灾保险储备。

第四节 配 送

一、配送的概念

《物流术语》(GB/T 18354—2006)对配送(distribution)的定义为:经济合理区域范围内,根据客户要求,对物品进行拣选、加工、包装、分割、组配等作业,并按时送达指定地点的物流活动。配送是物流中一种特殊的、综合的活动形式,包含商流活动和物流活动。

从物流来讲,配送几乎包括了所有的物流功能要素,是物流的一个缩影或在某小范围中物流全部活动的体现。一般的配送集装卸、包装、保管、运输于一身,通过这一系列活动达到将货物送达的目的。特殊的配送则还要以加工活动为支撑,所以包括的范围更广。但是,配送的主体活动与一般物流却有不同,一般物流是运输及保管,而配送则是运输及分拣配货,分拣配货是配送的独特要求,也是配送中有特点的活动。以送货为目的的运输则是最后实现配送的主要手段,从这一主要手段出发,常常将配送简化地看成运输中的一种。

从商流来讲,配送和物流的不同之处在于,物流是商物分离的产物,而配送则是商物合一的产物,配送本身就是一种商业形式。虽然具体实施配送时,也有以商物分离形式实现的,但从配送的发展趋势看,商流与物流越来越紧密的结合,是配送成功的重要保障。

二、配送的作用

(一)促进物流的社会化与合理化

社会化大生产要求社会化大流通与之相匹配。商品流通的社会化自然要求物流的社会化。社会化是以行业、技术的分工和全社会的广泛协作为基础的。商品经济的发展和现代化生产的建立,客观上要求社会提高分工协作水平。

(二)促进物流设施和装备的技术进步

发展配送,有利于促进物流设施和装备的技术进步,具体表现在三个方面。第一是促进信息处理技术的进步。随着配送业务的开展,处理的信息量越来越多,原始的手工处理信息速度慢且容易出差错,已适应不了配送工作的要求,必然需要大量应用电子计算机这一现代化的信息处理技术。第二是促进物流处理技术的进步,从而提高物流速度,缩短物流时间,降低物流成本,减少物流损耗,提高物流服务质量。配送业务的发展,必然伴随着自动化立体仓库、自动化分拣装置、无人搬运车、托盘化、集装箱化等现代化物流技术的应用。第三是推动物流规划技术的开发与应用。配送业务的开展,配送货主越来越多,就会产生配送路线的合理选择、配送中心选址、配送车辆的配置和配送效益的技术经济核算等问题,对于这些问题的研究解决,有利于促进我国物流技术的发展,并使之达到一个新阶段。

(三)使仓储的职能发生变化

开展配送业务后,现代仓储的作用已由储存、保管商品的使用价值向着集散、分送商品,加速商品流通速度的方向发展。仓储业将从储存、保管的静态储存转向保管储存、流通加工、分类、拣选、商品输送等连为一体的动态储存。建立配送中心后,仓储业的经营活动将由原来的储备型转变为流通型。不仅要保证商品的使用价值完好无损,而且要做到货源充足、品种齐全、供应及时、送货上门,其经营方式将从等客上门向主动了解用户的需求状况以满足用户的各种要求的方向转变。

(四) 促进商物分离

未开展配送业务之前,各个商店都有自己的仓库,各自进行物流活动,称为"商物一致"。开展配送业务以后,配送中心就可以充分发挥自己网络多、信息快、物流手段先进和物流设施齐全的优势,专门从事物流活动,而各商店只需保持较低水平的库存。这就大大改善了零售企业的外部环境,使零售企业有更多的资金和精力来专心从事商流活动,这就是"商物分离"。

(五) 提高物流的经济效益

通过配送中心开展"计划配送""共同配送"等形式,能够消除迂回运输、重复运输、交叉运输、空载运输等不合理运输;用大型卡车成批量地送到消费地配送中心,再用自用小型车从配送中心运给用户的方法,也可以从总体上节省费用;集中配送,有利于集中库存,维持合理的库存水平,消除分散库存造成的各种浪费;同时还能减少不必要的中转环节,缩短物流周转时间,减少商品的损耗。因此,配送有利于提高物流综合经济效益。

三、配送的分类

(一) 按配送商品的种类和数量分类

1. 少品种大批量配送

这种配送适用于需求数量较大的商品,单独一种或少数品种就可以达到较大运输量,可实行整车运输。这种商品往往不需要再与其他商品进行搭配,可由专业性很强的公司实行这种配送。此种配送形式主要适用于大宗货物,如煤炭等。

2. 多品种少批量配送

按用户要求,将所需的各种商品(每种商品需求量不大)配备齐全,凑成整车后由配送中心送达用户手中。日用商品的配送多采用这种方式。多品种、少批量的配送,适应了现代消费多样化、需求多样化的新观念。

(二) 按配送时间及数量分类

1. 定时配送

定时配送指按规定的时间间隔进行配送,配送品种和数量根据用户的要求而有所不同。

2. 定量配送

定量配送指按规定的批量进行配送,但不严格确定时间,只是规定在一个指定的时间范围内配送。这种配送计划性强,备货工作简单,配送成本较低。

3. 定时定量配送

定时定量配送指按规定的准确时间和固定的配送数量进行配送。

4. 定时、定路线配送

定时、定路线配送是指规定运行路线并制定到达时间表，按到达时间表进行配送。用户可按规定路线和规定时间接货及提出配送要求。

5. 即时配送

即时配送指不预先确定不变的配送数量，也不预先确定不变的配送时间及配送路线，而是按用户要求的时间、数量进行配送。

（三）按配送的组织形式分类

1. 集中配送

集中配送是由专门从事配送业务的配送中心对多个用户开展配送业务。集中配送的品种多、数量大，一次可同时对同一线路中几家用户进行配送，其配送的经济效益明显，是配送的主要形式。

2. 共同配送

共同配送是几个配送中心联合起来，共同制定计划，共同对某一地区用户进行配送，具体执行时共同使用配送车辆。

3. 分散配送

分散配送是由商业零售网点对小量、零星商品或临时需要的商品进行的配送业务。这种配送适合于近距离、多品种、少批量商品的配送。

4. 加工配送

加工配送是在配送中心进行必要的加工，使流通加工和配送一体化，它使加工更有计划性，使配送服务更趋完善。

（四）按配送的职能形式分类

1. 销售配送

批发企业建立的配送中心多开展销售配送业务。批发企业在通过配送中心把商品批发给各零售商店的同时，也可与生产企业联合，生产企业可委托配送中心储存商品，按厂家指定的时间、地点进行配送。若生产厂家是外地的，则可以采取代理的方式，促进厂家商品的销售，还可以为零售商店提供代存代供配送服务。

2. 供应配送

供应配送是大型企业集团或连锁店中心为自己的零售店所开展的配送业务。大型企业集团或连锁中心通过自己的配送中心或与消费品配送中心联合进行配送，零售店与供方是同一所有者的公司内部各部门从而减少了许多业务手续，缓和了许多业务矛盾，各零售店在订货、退货、增加经营品种上也得到更多的便利。

3. 销售与供应相结合的配送

配送中心与生产厂家及企业集团签订合同，负责一些生产厂家的销售配送，也负责一些企业集团的供应配送。配送中心具有上连生产企业的销售配送、下连用户的供应配送两种职能,实现配送中心与生产企业及用户的联合。

4. 代存代供配送

代存代供配送指用户将属于自己的商品委托配送中心代存、代供,有时还委托代订,然后组织配送。这种配送,在实施前不发生商品所有权的转移,配送中心只是用户的代理人,商品在配送前后都属于用户所有。配送中心仅从代存、代理中获取收益。

四、配送的模式

配送模式是企业对配送所采取的基本战略和方法。根据国内外的发展经验及我国配送理论与实践,目前,主要形成了自营配送、共同配送、互用配送、第三方配送等几种配送模式。

(一)自营配送模式

自营配送模式是由企业自身筹建并组织管理,实现对企业内部及外部货物配送的模式。这种模式有利于企业供应、生产和销售的一体化作业,系统化程度相对较高,既可满足企业内部原材料、半成品及成品的配送需要,又可满足企业对外进行市场拓展的需求。不足之处表现在:企业为建立配送体系的投资规模将会大大增加,在企业配送规模较小时,配送的成本和费用也相对较高。

(二)共同配送模式

1. 共同配送模式的含义

共同配送是物流配送企业之间为了提高配送效率,以及实现配送合理化所建立的一种功能互补的配送合作。共同配送的优势在于有利于实现配送资源的有效配置,弥补配送企业功能的不足,促使企业配送能力的提高和配送规模的扩大,更好地满足客户需求,提高配送效率,降低配送成本。

2. 共同配送模式的原则

(1)要坚持合理化和系统化的原则。
(2)要坚持功能互补的原则。
(3)要坚持平等自愿的原则。
(4)要坚持互惠互利的原则。
(5)要坚持协调一致的原则。

(三)互用配送模式

1. 互用配送模式的含义

互用配送模式是几个企业为了各自利益,以契约的方式达成某种协议,互用对方配送系统而进行的配送模式。其优点在于企业不需要投入较大的资金和人力就可以扩大自身的配送规模和范围,但需要企业有较高的管理水平及与相关企业的组织协调能力。互用配送模式比较适合于电子商务条件下的B2B交易方式。

2. 互用配送模式的特点

与共同配送模式相比较,互用配送模式具有以下特点。

(1)共同配送模式旨在建立配送联合体,以强化配送功能为核心,为社会服务;而互用配送模式旨在提高自己的配送功能,以企业自身服务为核心。

(2)共同配送模式旨在强调联合的共同作用,而互用配送模式旨在强调企业自身的作用。

(3)共同配送模式的稳定性较强,而互用配送模式的稳定性较差。

(4)共同配送模式的合作对象须是经营配送业务的企业,而互用配送模式的合作对象既可以是经营配送业务的企业,也可以是非经营配送业务的企业。

(四)第三方配送模式

随着物流产业的不断发展及第三方配送体系的不断完善,第三方配送模式应成为工商企业和电子商务网站进行货物配送的一个首选模式和方向。

五、配送的一般流程

配送作业的具体内容包括集货、储存、拣选或分拣加工、包装、配装、送货、送达服务等。作业项目之间衔接紧密,环环相扣,整个过程既包括实物流,又包括信息流,同时还有资金流。

(一)集货

集货(goods consolidation)即将分散的或小批量的物品集中起来,以便进行运输、配送等作业。集货是配送的重要环节。为了满足特定客户的配送要求,有时需要把从几家,甚至数十家供应商处预订的物品集中,并将要求的物品分配到指定容器和场所。

(二)储存

根据客户的要求,有些货物到达配送中心后会立即配送装车,送达客户;有些货物需要储存保管一定的时间,等待客户需要时,再去配送装车。因此储存和保管也是配送工作不可缺少的环节。

(三)分拣与拣选作业

分拣(sorting)是将物品按品种、出入库先后顺序进行分门别类堆放的作业。拣选(order picking)是按订单或出库单的要求,从储存场所拣出物品的作业。货物到达配送中心后,先按品种和品质进行分类,然后再分类存放。

分拣是配送不同于其他物流形式的功能要素,也是配送成败的一项重要支持性工作。它是完善送货、支持送货的准备性工作,是不同配送企业在送货时进行竞争和提高自身经济效益的必然延伸。所以,也可以说分拣是送货向高级形式发展的必然要求。有了分拣,就会大大提高送货服务水平。

(四)配装

在单个客户配送数量不能达到车辆的有效运载负荷时,就存在如何集中不同客户的配送货物,进行搭配装载以充分利用运能、运力的问题,这就需要配装。配装跟一般送货不同之处在于,通过配装送货可以大大提高送货水平及降低送货成本,所以配装也是配送系统中有现代特点的功能要素,也是现代配送不同于以往送货的重要区别之一。

(五)配送运输

配送运输与支线运输和一般运输形态的主要区别在于:配送运输是较短距离、较小规模、额度较高的运输形式,一般使用汽车做运输工具。配送运输与干线运输的另一个区别是,配送运输的路线选择问题是一般干线运输所没有的,干线运输的干线是唯一的运输线,而配送运输由于配送客户多,一般城市交通路线又较复杂,如何组合成最佳路线,如何使配装和路线有效搭配等,是配送运输的特点,也是难度较大的工作。

(六)送达服务

将配好的货物运输到客户所在地还不算配送工作的结束,这是因为送达货物和客户接货往往还会出现不协调,使配送前功尽弃。因此,要圆满地实现运到之货的移交,并有效地、方便地处理相关手续并完成结算,还应讲究卸货地点、卸货方式等。送达服务也是配送独具的特性。

(七)配送加工

配送加工是按照配送客户的要求所进行的流通加工。在配送中,配送加工这一功能要素不具有普遍性,但往往是有重要作用的功能要素。这是因为通过配送加工,可以大大提高客户的满意程度。配送加工是流通加工的一种,但配送加工有它不同于流通加工的特点,即配送加工一般只取决于客户要求,其加工的目的较为单一。

【经典案例】

"7-11"便利店的配送系统

"7-11"是70多年前发源于美国的全球最大的便利连锁店。在全球20多个国家拥有2.1万家左右的连锁店。"7-11"从一开始采用的就是在特定区域高密度集中开店的策略,在物流管理上也采用集中的物流配送方案,这一方案每年大概能为"7-11"节约相当于商品原价10%的费用。

一间普通的"7-11"连锁店一般只有100~200平方米大小,却要提供2 000~3 000种食品。不同的食品有可能来自不同的供应商,运送和保存的要求也各有不同。每一种食品又不能短缺或过剩,而且还要根据顾客的不同需要随时能调整货物的品种。种种要求给连锁店的物流配送提出了很高的要求。

"7-11"的物流管理模式先后经历了三个阶段三种方式的变革。起初,"7-11"并没有自己的配送中心,它的货物配送依靠的是批发商来完成的。以日本的"7-11"为例,早期日本"7-11"的供应商都有自己特定的批发商,而且每个批发商一般都只代理一家生产商的产品,这个批发商就是联系"7-11"和其供应商间的纽带,也是"7-11"和供应商间传递货物、信息和资金的通道。供应商把自己的产品交给批发商以后,对产品的销售就不再过问,所有的配送和销售都由批发商来完成。对于"7-11"而言,批发商就相当于自己的配送中心,它所要做的就是把供应商生产的产品迅速有效地运送到"7-11"手中。为了自身的发展,批发商最大限度地扩大自己的经营范围,尽力向更多的便利店送货,并且要对整个配送和订货系统做出规划,以满足"7-11"的需要。

渐渐地,这种分散化的由各个批发商分别送货的方式无法再满足规模日渐扩大的"7-11"便利店的需要,"7-11"开始与批发商及合作生产商构建统一的集约化的配送和进货系统。在这种系统之下,"7-11"改变了以往由多家批发商分别向各个便利点送货的方式,改由一家在一定区域内的特定批发商统一管理该区域内的同类供应商,然后向"7-11"统一配货,这种方式称为集约化配送。集约化配送有效地降低了批发商的数量,减少了配送环节,为"7-11"节省了物流费用。

特定批发商(又称为窗口批发商)的运作模式提醒了"7-11",何不自己建一个配送中心?"7-11"的物流共同配送系统就这样浮出水面,共同配送中心代替了特定批发商,分别在不同的区域统一集货、统一配送。配送中心有一个电脑网络配送系统,分别与供应商及"7-11"店铺相连。为了保证不断货,配送中心一般会根据以往的经验保留4天左右的库存,同时,中心的电脑系统每天都会定期收到各个店铺发来的库存报告和要货报告,配送中心把这些报告集中分析,最后形成一张张向不同供应商发出的订单,由电脑网络传给供应商,而供应商则会在预定时间之内向中心派送货物。"7-11"配送中心在收到所有货物后,对各个店铺所需要的货物分别打包,等待发送。第二天一早,派送车就会从配送中心鱼贯而出,择路向自己区域内的店铺送货。整个配送过程就这样每天循环往复,为"7-11"连锁店的顺利运行铺路。

配送中心的优点还在于:"7-11"从批发商手上夺回了配送的主动权,"7-11"能随时掌握在途商品、库存货物等数据,也能掌握财务信息和供应商的其他信息,对于一个零售企业来说,这些数据和信息都是至关重要的。

有了自己的配送中心,"7-11"就能和供应商谈价格了。"7-11"与供应商之间定期会有一次定价谈判,以确定未来一定时间内大部分商品的价格,其中包括供应商的运费和其他费用。一旦确定价格,"7-11"就省下了每次与供应商讨价还价的环节,少了口舌之争,多了平稳运行,"7-11"为自己节省了时间也节省了费用。

随着店铺的扩大和商品的增多,"7-11"的物流配送越来越复杂,配送时间和配送种类的细分势在必行。以台湾地区的"7-11"为例,物流配送就细分为出版物、常温食品、低温食品和鲜食食品四个类别,各区域的配送中心要根据不同商品的特征和需求量每天做出不同频率的配送,以确保食品的新鲜度,以此来吸引更多的顾客。新鲜、即时、便利和不缺货是"7-11"的配送管理的最大特点,也是各家"7-11"店铺的最大卖点。

与台湾地区的配送方式一样,日本"7-11"也是根据食品的保存温度来建立配送体系的。日本"7-11"对食品的分类是:冷冻型(-20 ℃),如冰激凌等;微冷型(5 ℃),如牛奶、生菜等;恒温型,如罐头、饮料等;暖温型(20 ℃),如面包、饭食等。不同类型的食品会用不同的方法和设备配送,如各种保温车和冷藏车。由于冷藏车在上下货时经常开关门,容易引起车厢温度的变化和冷藏食品的变质,"7-11"还专门用一种两仓式货运车来解决这个问题,一个仓中温度的变化不会影响到另一个仓,须冷藏的食品就能始终在需要的低温下配送了。

除了配送设备,不同食品对配送时间和频率也会有不同要求。对于有特殊要求的食品如冰激凌,"7-11"会绕过配送中心,由配送车早中晚三次直接从生产商门口拉到各个店铺。对于一般的商品,"7-11"实行的是一日三次的配送制度,早上3点到7点配送前一天晚上生产的一般食品,早上8点到11点配送前一天晚上生产的特殊食品如牛奶、新鲜蔬菜等,下午3点到6点配送当天上午生产的食品,这样一日三次的配送频率在保证了商店不缺货的同时,也保证了食品的新鲜度。为了确保各店铺供货的万无一失,配送中心还有一个特别配送制度来与一日三次的配送相搭配。每个店铺都会随时碰到一些特殊情况造成缺货,这时只能向配送中心打电话告急,配送中心则会用安全库存对店铺紧急配送。如果安全库存也已告罄,中心就转而向供应商紧急要货,并且在第一时间送到缺货的店铺。

案例思考题

"7-11"采用的配送模式有何特点?它们对"7-11"的经营活动有何影响?

【本章关键术语】

运输 （transportation）

储存 （storing）

库存 （inventory）

储备 （reserves）

配送 （distribution）

拣选 （order picking）

分拣 （sorting）

【本章思考与练习题】

1. 物流的主要功能要素及它们之间的相互关系怎样?
2. 物流的辅助功能要素及他们之间的相互关系怎样?
3. 运输的功能与作用是什么?
4. 运输的方式及特点是什么?
6. 库存、储存及储备三者之间的关系怎样?
7. 储存的作用是什么?
8. 共同配送与互用配送有何异同?

第五章 物流的辅助功能要素

本章重点理论与问题

装卸搬运、包装、流通加工与物流信息处理虽然是物流的辅助功能要素,但在物流系统中发挥着重要作用。离开了这些辅助功能要素的支持,物流系统的运行就会受到影响,就难以正常运行。集装化作为现代物流发展的热点之一,虽然不算功能要素,但在物流领域作用非凡,通常与功能要素享有同等重要的"地位"。本章介绍了上述辅助功能要素及集装化的定义与特点,重点分析了相关功能要素的功能与作用、分类方法即操作合理化等,是学习和理解物流系统不可缺少的部分。

第一节 装卸搬运

一、装卸搬运的概念

(一)装卸搬运的定义

《物流术语》(GB/T 18354—2006)对装卸和搬运的定义分别是:装卸(loading and unloading)是物品在指定地点以人力或机械载入或卸出运输工具的作业过程。搬运(handling)是在同一场所内,对物品进行空间移动的作业过程。

也有人习惯把装卸描述成以垂直移动为主的物流作业,把搬运描述成以水平移动为主的物流作业。

装卸、搬运都是指在同一地域范围内进行的、以改变物的存放状态和空间位置为主要内容和目的的活动。很多时候,单称"装卸"或单称"搬运"也包含了"装卸搬运"的完整含义。人们已经习惯把装卸、搬运合在一起,统称"装卸搬运"。

装卸搬运是伴随输送和保管而产生的必要的物流活动,但是和运输产生空间效用、保管产生时间效用不同,它本身不产生任何价值。但这并不说明搬运装卸在物流过程中不占有重要地位。物流的主要环节如运输和存储等是靠装卸搬运活动连接起来的,物流活动其他各个阶段的转换也要通过装卸和搬运连接起来。由此可见,在物流系统的合理化中,装卸和搬运环节占有重要地位。装卸、搬运不仅发生次数频繁,而且其作业内容复杂,是劳动密集型、耗费人力的作业。

（二）装卸搬运的特点

1. 装卸搬运作业量大

装卸搬运可以说贯穿物流活动的始终，在同一地区生产和消费的产品，其运输量会因此而减少，然而装卸搬运量却不一定减少，而在远距离的供应与需求过程中，装卸作业量会随运输方法的变更、仓库的中转、货物的集疏、物流的调整等而使装卸搬运作业量大幅度提高。

2. 装卸搬运对象复杂

在物流过程中，货物是多种多样的，它们在性质上（物理、化学性质）、形态上、重量上、体积上以及包装方法上都有很大区别。同时，不同的储存方法、不同的运输方式对装卸搬运设备运用和装卸搬运方式的选择都提出了不同的要求。

3. 装卸搬运作业不均

在流通领域，由于受到物质供需衔接和市场机制的制约，物流量会出现较大的波动，装卸搬运量也会出现忽高忽低的现象。从物流领域内部观察，运输路线上的"限制口"和"跑在中间，窝在两头"的现象广泛存在。

4. 装卸搬运对安全性要求高

装卸搬运的安全性，一方面直接涉及人身，另一面涉及物资。由于装卸搬运作业需要人与机械、货物及其他劳动工具的结合，工作量大，情况变化多，很多作业环境复杂，使装卸搬运作业中存在着很多不安全因素和隐患。装卸搬运质量的好坏和效率的高低，直接影响到物流的质量和效率，进而影响物流成本和服务水平，在物流中有着重要的地位和作用。

5. 具有"伴生"性和"起讫"性

装卸搬运的目的与其他环节密不可分，因此与其他环节相比，它具有"伴生"性的特点。而且，其他环节，如运输、储存、包装环节，一般都以装卸搬运为起始点和终点，因此它具有"起讫"性。

6. 具有"保障"性和"服务"性

装卸搬运制约着生产与流通领域其他环节的业务活动，这个环节处理不好，整个物流系统将处于瘫痪状态。装卸搬运保障了其他物流环节顺利进行，具有保障性质。装卸搬运作业进度由其他环节决定，主要对其他环节起辅助作用，因此具有服务性质。

二、装卸搬运的分类

（一）按作业场所分类

根据装卸搬运作业场所的不同，流通领域的装卸搬运基本可分为车船装卸搬运、港站装卸搬运、库场装卸搬运三大类。

（1）车船装卸搬运是指在载运工具之间进行的装卸、换装和搬运作业，主要包括汽车在铁路货场和站台旁的装卸搬运、铁路车辆在货场及站台的装卸搬运、装卸搬运时进行的加固作业，以及清扫车辆、揭盖篷布、移动车辆、检斤计量等辅助作业。

（2）港站装卸搬运是指在港口码头、车站、机场进行的各种装卸搬运作业，主要包括码头前沿与后方之间的搬运和港站堆场的堆码、拆垛、分拣、理货、配货、中转作业等。

(3) 库场装卸搬运通常是指在货主的仓库或储运公司的仓库、堆场、货物集散点、物流中心等处进行的装卸搬运作业。库场装卸搬运经常伴随货物的出库、入库和维护保养活动,其操作内容多以堆垛、上架、取货为主。

在实际运作中,这三类作业往往是相互衔接、难以割裂的。例如,码头前沿的船舶装卸作业与港口和船舶都有联系,而这两者分别对应着港站装卸搬运和车船装卸搬运,所以,作业的内容和方式十分复杂,在具体组织实施的过程中,必须认真对待。

(二) 按作业内容分类

根据装卸搬运作业内容的不同,装卸搬运可分为堆码拆取作业、分拣配货作业和挪动移位作业(即狭义的装卸搬运作业)等形式。

(1) 堆码拆取作业包括车厢内、船舱内、仓库内的码垛和拆垛作业,按规定位置、形状和其他要求放置或取出成件包装货物的作业,也包括按规定的位置、形状和其他要求堆存和取出散堆货物的作业等。

(2) 分拣配货作业包括将货物按品类、到站、货主等不同特征进行分类的作业,按去向、品类构成等原则要求,将已分类的货物集合为车辆、集装箱、托盘等装货单元的作业等。

(3) 挪动移位作业即狭义的装卸搬运作业,包括单纯地改变货物的支承状态(如从汽车车厢上将货物挪动到站台上)的作业和显著地(距离稍远)改变货物空间位置的作业等。

(三) 按作业方式分类

根据装卸搬运机械及其作业方式的不同,装卸搬运可分成吊上吊下、叉上叉下、滚上滚下、移上移下及散装散卸等方式。

(1) 吊上吊下方式,是利用各种起重机械从货物上部起吊,依靠起吊装置的垂直移动实现装卸,并在吊车运行或回转的范围内实现搬运(包括连同集装器具一起搬运)。

(2) 叉上叉下方式,是叉车从货物底部托起货物,并依靠叉车的运动进行货物位移,位移完全依靠叉车本身的运行,货物可不经中途落地直接放置到目的地。

(3) 滚上滚下方式,主要是指在港口对船舶货物进行水平装卸搬运的一种作业方式。在装货港,用拖车将半挂车或平车拖上船舶,完成装货作业。待载货车辆(包括汽车)连同货物一起由船舶运到目的港后,再用拖车将半挂车或平车拖下船舶,完成卸货作业。

(4) 移上移下方式,是将两个载运工具(如火车及汽车)进行对接,把货物从一个载运工具上水平或上下移动到另一个载运工具上的作业方式。

(5) 散装散卸方式,是指对散状货物不加包装地直接进行装卸搬运的作业方式。在采用散装散卸方式时,货物在从起始点到终止点的整个过程中不再落地,它是将货物的装卸与搬运作业连为一体的作业方式。

(四) 按作业特点分类

根据作业特点的不同,装卸搬运可分为连续装卸搬运与间歇装卸搬运两大类。

(1) 连续装卸搬运是指采用皮带机等连续作业机械,对大批量的同种散状货物或小型件杂货进行不间断输送的作业方式。在采用连续装卸搬运时,作业过程中间不停顿,散货之间无间隔,小型件杂货之间的间隔也基本一致。连续装卸搬运适用于批量较大、作业对象无固定形状或难以形成大包的情形。

(2) 间歇装卸搬运是指作业过程包括重程和空程两个部分的作业方式。间歇装卸搬运有较强的机动性,广泛适用于批量不大的各类货物,对于大件或包装货物尤其适合,如果配以抓斗或集装袋等辅助工具,也可以对散状货物进行装卸搬运。

三、合理化原则

装卸搬运的作业应遵循以下合理化的基本原则。

(一) 有效作业原则

有效作业原则要求所进行的装卸搬运作业是必不可少的,尽量减少和避免不必要的装卸搬运,只做有用功,不做无用功。

要提高搬运纯度,只搬运必要的物资,如有些货物除去杂质之后搬运比较合理;避免过度的包装,减少无效负荷;提高装载效率,充分发挥搬运机械的能力和装载空间;中空的物件可以填装其他小物品再进行搬运;减少搬运次数,次数多不仅浪费了人力、物力,还增加损坏物品的可能性。

(二) 集中作业原则

集中作业原则包括搬运场地的集中和作业对象的集中两种。前者是指在有条件的情况下,应把作业量较小的、分散的作业场地适当集中,以利于装卸搬运设备的配置及使用,以便提高机械化作业水平,合理组织作业流程,提高作业效率;后者是指把分散零星的货物汇集成较大的集装单元,以提高作业效率。

(三) 简化流程原则

简化装卸搬运流程包括两个方面:一是尽量实现作业流程在时间和空间上的连续性和均衡性;二是尽量提高货物放置的活载程度。货物放置时被移动的难易程度,称为活载程度,亦称活载性或活性。日本物流专家元藤健民教授把货物放置的活载程度分为0、1、2、3、4五个等级,并将该数值称为货物的活性指数(见图5-1)。

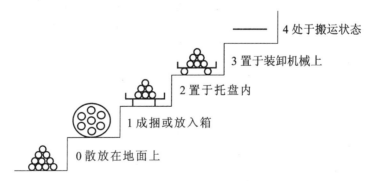

图5-1 货物放置状态活性示意图

(四) 技术优先原则

技术优先包含两个方面。第一,充分利用重力的作用。应减少物体的上下运动,避免反复从地面搬起重物。要避免人力抬运或搬送物品;应设法利用重力移动物品,如使物品在倾斜的辊道运输机上,在重力作用下移动。第二,合理利用机械设备。为了提高生产率、安全性、服务性和作业的舒适性等,应将人力操作尽可能转由机械来实现。

(五)安全作业原则

装卸搬运作业过程中的不安全因素比较多。安全作业原则是装卸搬运作业应遵循的基本原则,组织者必须确保作业过程的安全(包括人身安全、设备安全),尽量减少事故的发生。

(六)系统优化原则

装卸搬运作业组织的出发点是实现装卸搬运的合理化,而其合理化的目标是系统的整体优化。所以,组织者要充分发挥系统中各要素的功能,从作业质量、效率、安全性和经济性等方面对装卸搬运系统进行综合评价。

第二节 包 装

一、包装的概念

《物流术语》(GB/T 18354—2006)对包装(packaging/package)的定义是:为在流通过程中保护产品、方便运输储存、促进销售,按一定技术方法而采用的容器、材料及辅助物等的总体名称。也指为了达到上述目的而采用的容器、材料和辅助物的过程中施加一定技术方法等的操作活动。从定义可以看出,"包装"一词既可以当名词使用,也可以当动词使用。

二、包装的作用

产品或材料在搬运输送以前都要加以某种程度的包装捆扎或装入适当容器,以保证产品完好地运送到消费者手中,所以包装既是生产的终点,又是物流的始点。

根据定义可以看出,包装的作用主要体现在保护产品、方便储运和促进销售。

(一)保护产品

包装的保护功能就是保护物品不受损伤的功能,这是包装最原始的目的。包装的保护功能具体表现在防止物资的损伤变形,防止物资发生化学变化,防止有害物对物资的影响等。

(二)方便储运

包装具有方便流通、方便消费的功能。合理的包装可以为物流全过程的所有环节提供操作上的方便。包装的方便功能主要表现在方便物资的装卸搬运、运输、储存、计数等。

(三)促进销售

包装还是商品营销的一种手段。好的包装能提高产品的档次,吸引顾客的注意力,激发顾客的购买欲,因此好的包装在营销过程中起到很重要的作用。

三、包装的分类

包装的门类繁多,品种复杂,为了适应各种物资性质的差异和不同运输工具等各种不同的要求和目的,包装在设计、选料、技法、形态等方面出现了多样化。

(一)按包装功能不同分类

按包装的功能,包装可分为工业包装和商业包装两个大类。

1. 工业包装

工业包装是指以强化输送、保护产品为目的的包装。其特点是在满足物流要求的基础上使包装费用越低越好。为此,必须在包装费用和物流时的损失两者之间寻找最佳的效果。

2. 商业包装

商业包装亦称零售包装,是以促进销售为主要目的的包装,这种包装的特点是外形美观,有必要的装潢,包装单位适于顾客的购买量以及商店陈设的要求。商业包装的主要功能是定量功能、标识功能、商品功能、便利功能和促销功能。在流动过程中,商品越接近顾客,越要求包装有促进销售的效果。

但有些情况下工业包装同时又是商业包装,比如装橘子的纸箱(15 kg装)应属工业包装,当橘子连同纸箱一起出售时,也可以认为纸箱是商业包装。为使工业包装更加合理并促进销售,可以采用商业包装的办法来做工业包装,如家电用品包装就是兼有商业包装性质的工业包装。

(二)按包装层次不同分类

按包装的层次,包装可分为个包装、中包装和外包装。

1. 个包装

个包装是指以一个商品为一个销售单位的包装形式。个包装与商品直接接触,随商品直接销售给顾客。个包装起着直接保护、美化、宣传和促进商品销售的作用。

2. 中包装

中包装是指由若干个单位商品或包装组成的一个小的整体包装,它是介于个包装与外包装之间的中间层次的包装。中包装不仅起着进一步保护商品、方便储存和促进销售的作用,而且还有利于商品分拨和销售过程中的点数和计量。

3. 外包装

外包装是商品最外层的包装,其主要功能是方便运输、装卸搬运与储存。外包装应牢固完整,便于检核。外包装应选择合适的包装造型、材料等。

(三)其他分类方法

1. 按包装的防护目的分

按包装的防护目的分,有防潮包装、防锈包装、防霉包装、防震包装、防水包装、遮光包装、防热包装、真空包装、危险品包装等。

2. 按包装操作方法分

按包装的操作方法分,有罐装包装、捆扎包装、裹包包装、收缩包装、压缩包装和缠绕包装等。

3. 按包装制品材料分

按包装制品材料分,有纸制品包装、塑料制品包装、金属包装、玻璃容器包装和复合材料包装等。

4. 按包装使用次数分

按包装使用次数分,有一次用包装、多次用包装和周转包装等。

5. 按包装容器的软硬程度分

按包装容器的软硬程度分,有硬包装、半硬包装和软包装等。

四、包装材料

包装材料与包装功能具有密切联系。这是因为包装材料的物理性能和化学性能千差万别,包装材料的选择对保护物品有各种不同的重要作用。常用的包装材料有以下几种。

(一)纸质包装材料

在包装材料中,纸的应用最广泛。纸的品种最多,消耗量也最大。纸具有价格低、质地细腻均匀、耐摩擦、耐冲击、容易黏合、不受温度影响、无毒、无味、适于包装生产的机械化等优点。作为包装材料,有纸袋、纸箱、瓦楞纸箱等。纸的防潮、防湿性能差,这是纸质包装材料最大的弱点。

(二)木质包装材料

木材作为包装材料的历史十分悠久。几乎所有的木材都可以成为包装材料,特别是作为物品的外包装材料,更显示出其抗压、抗震等优点。但由于木材资源有限,而且木材用途比较广泛,它作为包装材料前景不佳,逐渐被塑料、复合材料、胶合板等取代。

(三)金属包装材料

把金属压制成薄片可用来包装物品,通常有金属圆桶、铁罐等。金属包装材料中,用量最大的是马口铁和金属箔两大品种。马口铁(镀锡薄钢板)具有坚固、抗腐蚀、容易进行机械加工、表面容易印刷和涂饰等优点。尤其用马口铁制成的容器具有防水、防潮、防污染等优点。金属箔是把金属压延成很薄的薄片,多用于食品包装,如糖果、肉类、奶油、乳制品的包装。目前,用金属与纸复合制成的包装材料具有广泛的用途。

(四)纤维包装材料

纤维包装材料指用各种纤维制作的袋装包装材料。天然的纤维有各种麻和棉花等。经工业加工提供的纤维材料有合成树脂、玻璃纤维等。这些材料一般具有韧性好、耐拉耐磨、价格便宜等优点,但使用范围有限。

(五)陶瓷与玻璃包装材料

陶瓷与玻璃包装材料具有耐风化、不变形、耐热、耐酸碱、耐磨等优点,尤其适合各种液体物品的包装。这类包装容器容易清洗,容易消毒灭菌,能保持良好的清洁状态;同时它们可以回收复用,有利于降低包装成本。但是它们最大的弱点是不耐冲击、震动,容易破碎。

(六)合成树脂包装材料

合成树脂包装材料指各种塑料制品,如塑料瓶、塑料袋、塑料箱等。它们在现代包装中所处的地位越来越重要。塑料包装材料有以下特性和优点:透明,对容器里的物品不必打开包装便一目了然;有适当的强度,可以保护被包装物品的安全;密封性能好,有比较好的防水、防潮、防霉等性能;有耐药剂、耐油性能,且耐热、耐寒性能也比较好。用于包装的塑料材料主要有聚乙烯、聚丙烯等。

(七)复合包装材料

复合包装材料指把两种以上具有不同特性的材料合并制作包装物,以改进单一材料的性能,发挥包装材料的复合优点。常见的复合材料有三四十种,使用最广泛的是塑料与玻璃纸复合、塑料与塑料复合、塑料与金属箔复合、塑料与纸张复合等。

我们可以根据物品的包装要求选择合适的包装材料,将其制作为合适的包装形状,从而提供应有的包装功能。

第三节 集 装 化

一、集装化概述

(一)集装化的概念

集装化(containerization)也称为组合化和单元化,是用集装器具或采用捆扎方法,把物品组成标准规格的单元货件,以加快装卸、搬运、储存、运输等物流活动。《物流术语》(GB/T 18354—2006)对集装化的定义为:用集装单元器具或采用捆扎方法,把物品组成集装单元的物流作业方式。

集装化从包装角度来看,是一种按一定单元将杂散物品组合包装的形态,属于大型包装的形态。在多种类型的产品中,小件杂散货物很难像机床、构件等产品一样进行单件处理,由于其杂、散,且个体体积重量都不大,所以,总是需要进行一定程度的组合,才能有利于销售,有利于物流,有利于使用。

集装化是材料科学和装卸技术两个方面的研究有了突破性进展之后才出现的,用大单元实现组合,是整个包装技术的一大进步。从运输角度来看,集装所组合的组合体往往又正好是一个装卸运输单位,非常便于运输和装卸,因而常常把集装看成是一个运输体(货载),称单元组合货载或集装货载。

(二)集装化的特点

集装化的作业方式从它一发明就得到了足够的重视和高速的发展。到目前为止,以集装箱为主的集装化的作业方式在经济贸易中特别是在国际贸易中发挥着十分重要的作用。集装化作业方式本身具有许多突出的特点和优越性。

1. 高效率

集装器具是一种具有标准规格的大型"容器",小件散杂货物装入集装器具后,以集装器具为单元进行运输,从根本上改变了原来的货物品种繁多、外包装尺寸、形状不一,单件重量差别很大而不能使用大型机械的不利情况。

2. 高质量

以集装箱为例,集装箱具有坚固、密封的特点,在运输和装卸过程中,可以减少货物的丢失,由于与外界接触的是箱子而不是货物,因此货物破损的事故大为减少。同时,货物本身的包装比传统散运形式有所简化,节约了包装费用。

3. 高投资

以集装箱为例,集装箱运输是以集装箱运输系统为基础的,集装箱运输系统是专用的系统,包括高效率的码头、专用的运输和装卸搬运设备以及大量的集装箱等,这些都需要大量的投资。

4. 有利于环保

集装化器具可以减轻或避免污秽货物对运输工具或作业场所的污染,有利于环境保护。此外,把不同性质的货物装在不同的集装箱中还可以避免货物之间的串味和污染等。

(三)集装化的作用

集装的主要特点是集小为大,而这种集小为大是按标准化、通用化要求进行的,这就使中、小件散杂货物以一定规模进入市场和流通领域,形成了规模优势。集装的效果实际上是这种规模优势的效果。集装化的作用主要有以下几个方面。

1. 使装卸合理化

同单个物品的逐一装卸处理比较,这一效果主要表现在如下方面。第一,缩短装卸时间。这是因多次装卸转为集装一次装卸而带来的效果。第二,降低装卸作业劳动强度。过去,中、小件大数量散杂货物装卸,工人劳动强度极大,且由于劳动强度大,工作时极易出现差错和货损。采用集装后不但减轻了装卸劳动强度,而且由于集装器具对货物的保护作用,可以更有效防止装卸时的碰撞损坏及散乱丢失。

2. 使包装合理化

采用集装后,可降低物品的单体包装及小包装要求,甚至可以去掉小包装从而大大节约包装材料。由于集装的大型化和防护能力的增强,包装强度也大大提高,有利于保护货物。

3. 便于物品的运输和管理

由于集装对物品整体进行运输和保管,大大方便了运输及保管作业,也能有效利用运输工具和保管场地的空间,大大改善了环境。

4. 促使物流系统合理化

集装系统以集装器具和集装技术为核心,其主要作用是将原来分立的物流各环节有效地联合为一个整体,使整个物流系统实现合理化。物流的现代化进展离不开集装,可以说集装是物流现代化的重要标志。

二、托盘

(一)托盘的概念及作用

《物流术语》(GB/T 18354—2006)中对托盘(pallet)的定义是:在运输、搬运和存储过程中,将物品规整为货物单元时,作为承载面并包括承载面上辅助结构件的装置。

托盘作为物流运作过程中重要的装卸、储存和运输设备,常与叉车配套使用,在现代物流中发挥着巨大的作用。托盘给现代物流业带来的效益主要体现在:可以实现物品包装的单元化、规范化和标准化,保护物品,方便物流和商流;实现物品运输的集装化,提高运输效率,降低运输成本;实现物品存放的立体化、物品流通过程的自动化;实现物品装卸的机械化、自动化,提高装卸效率和速度;实现物品数据处理的信息化,提高现代物流的系统管理水平。所以,托盘虽小,其作用却不能忽视。当前,托盘拥有的数量已成为衡量一国物流现代化水平的重要标志之一。

（二）托盘的分类

1. 平托盘

平托盘几乎是托盘的代名词。只要一提托盘,一般都是指平托盘。平托盘应用范围最广,使用量最大,通用性最好。平托盘有以下三种分类方法：

（1）根据台面分类,有单面形、单面使用型、双面使用型和翼型等；

（2）根据叉车叉入方式分类,有单向叉入型、双向叉入型、四向叉入型（见图 5-2）；

（3）根据材料分类,有木制平托盘、钢制平托盘、塑料制平托盘、复合材料平托盘以及纸制托盘等。

2. 柱式托盘

柱式托盘分为固定式和可卸式两种,其基本结构是托盘的 4 个角有钢制立柱,柱子上端可用横梁连接,形成框架型。柱式托盘的主要作用,一是利用立柱支撑重量物,往高叠放,二是可防止托盘上放置的货物在运输和装卸过程中发生塌垛。

3. 箱式托盘

箱式托盘是四面有侧板的托盘,有的箱体上有顶板,有的没有顶板（见图 5-3）。箱板有固定式、折叠式、可卸式三种。箱式托盘防护能力强,可防止塌垛和货损,可装载异形不能稳定堆码的货物,应用范围广。

图 5-2 四向叉入型托盘

图 5-3 箱式托盘

4. 轮式托盘

轮式托盘与柱式托盘和箱式托盘相比,多了下部的小型轮子。因而,轮式托盘具有能短距离灵活移动、自行搬运或滚上滚下式装卸等优势,用途广泛,适用性强。

5. 特种专用托盘

由于托盘作业效率高、安全稳定,尤其在一些要求快速作业的场合,更加突出了利用托盘的重要性,所以各国纷纷研制了多种多样的专用托盘,如平板玻璃集装托盘、轮胎专用托盘、长尺寸物托盘、油桶专用托盘等。

(三) 托盘的规格

在托盘尺寸国际标准化方面,早在1947年瑞典就率先推出了托盘标准。0.8 m×1.2 m、1.0 m×1.2 m、1.1 m×1.1 m、1.14 m×1.14 m等尺寸均被国际标准化组织(ISO)所认可。关于托盘完整的国际标准,目前国际标准化组织还在讨论修改之中。

美国的国家标准托盘尺寸为1.219 m×1.016 m(48 in×40 in)。亚洲国家(地区),以日本、韩国、新加坡和我国台湾地区为核心,采用1.1 m×1.1 m尺寸的比例较大,普及率在逐年升高,出现应用范围扩大到整个亚洲之势。

由于历史的原因,我国托盘规格比较复杂。1982年我国颁布国家标准,规定了三种联运托盘的平面尺寸,加上ISO中包括的适用于集装箱的托盘共有四种标准规格:

(1) 0.8 m×1.2 m;
(2) 0.8 m×1.0 m;
(3) 1.0 m×1.2 m;
(4) 1.1 m×1.1 m。

在这几种托盘中,1.1 m×1.1 m规格的托盘是为配合现在流行的ISO国际集装箱而设计出来的,1.0 m×1.2 m规格托盘被很多国家所采用。这两种托盘是世界上目前使用最为广泛的托盘。

三、集装箱

(一) 集装箱定义

集装箱(container)亦称"货柜",是集装器具的最主要形式。《物流术语》(GB/T 18354—2006)对集装箱的定义是:具有足够的强度,可长期反复使用的适于多种运输工具而且容积在1立方米以上(含1立方米)的集装单元器具。

国际标准化组织对集装箱下的定义为:"集装箱是一种运输设备,应满足以下要求:

(1) 具有耐久性,其坚固强度足以反复使用;
(2) 便于商品运送而专门设计的,在一种或多种运输方式中运输时无须中途换装;
(3) 设有便于装卸和搬运的装置,特别是便于从一种运输方式转移到另一种运输方式;
(4) 设计时应注意到便于货物装满或卸空;
(5) 内容积为1立方米或1立方米以上。"

(二) 集装箱的种类

1. 按集装箱的用途分类

(1) 干货集装箱(dry cargo container)。也称杂货集装箱,这是一种通用集装箱,用来装载除液体货物、需要调节温度货物及特种货物以外的一般小件散杂货。这种集装箱应用范围极广,常用的有 20 ft 和 40 ft 两种,其结构特点是常为封闭式,一般在一端或侧面设有箱门(见图 5-4)。

图 5-4　干货集装箱

(2) 开顶集装箱(open top container)。也称敞顶集装箱,这是一种没有刚性箱顶的集装箱,但有可折式顶梁支撑的帆布、塑料布或涂塑布制成的顶篷,其他构件与干货集装箱类似。开顶集装箱适于装载较高的大型货物和需吊装的重货。

(3) 台架式及平台式集装箱(platform based container)。台架式集装箱是没有箱顶和侧壁的,甚至有的连端壁也去掉而只有底板和四个角柱的集装箱。台架式集装箱可分为敞侧台架式、全骨架台架式、有完整固定端壁的台架式等。平台式集装箱是仅有底板而无上部结构的一种集装箱。该集装箱装卸作业方便,适于装载长、重大件。

(4) 通风集装箱(ventilated container)。通风集装箱一般在侧壁或端壁上设有通风孔,适于装载不需要冷冻而需通风、防止潮湿的货物,如水果、蔬菜等。如将通风孔关闭,可作为杂货集装箱使用。

(5) 冷藏集装箱(reefer container)。这是专为运输要求保持一定温度的冷冻货物或低温货物而设计的集装箱。适于装载肉类、水果等货物。

(6) 散货集装箱(bulk container)。散货集装箱除了有箱门外,在箱顶部还设有2～3个装货口,适用于装载粉状或粒状货物。使用时要注意保持箱内清洁干净,两侧保持光滑,便于货物从箱门卸货。

(7) 动物集装箱(pen container)。这是一种专供装运牲畜的集装箱。为了实现良好的通风,箱壁用金属丝网制造,侧壁下方设有清扫口和排水口,并设有喂食装置。

(8) 罐式集装箱(tank container)。这是一种专供装运液体货物而设置的集装箱,如酒类、油类及液状化工品等货物。它由罐体和箱体框架两部分组成,装货时货物由罐顶部装货孔进入,卸货时,则由排货孔流出或从顶部装货孔吸出。

(9) 汽车集装箱(car container)。这是专为装运小型轿车而设计制造的集装箱。其结构特点是无侧壁,仅设有框架和箱底,可装载一层或两层小轿车。

2. 按集装箱主体材料分类

(1) 钢制集装箱。其框架和箱壁板皆用钢材制成。最大优点是强度高、结构牢、焊接性和水密性好、价格低、易修理、不易损坏。主要缺点是自重大、抗腐蚀性差。

(2)铝制集装箱。铝制集装箱有两种:一种为钢架铝板;另一种仅框架两端用钢材,其余用铝材。主要优点是自重轻、不生锈、外表美观、弹性好、不易变形。主要缺点是造价高,受碰撞时易损坏。

(3)不锈钢制集装箱。一般多用不锈钢制作罐式集装箱。不锈钢制集装箱主要优点是强度高、不生锈、耐腐性好。缺点是投资大、造价高。

(4)玻璃钢制集装箱。玻璃钢集装箱是在钢制框架上装上玻璃钢复合板构成的。主要优点是隔热性、防腐性和耐化学性均较好,强度大,耐用性好,能承受较大应力,易清扫,修理简便,集装箱内容积较大等。缺点是刚性不足、容易变形。

四、其他集装方式

集装箱和托盘是物流集装化最普遍、最重要的两种集装形式。除此之外,还有集装袋、货捆、框架、滑板、半挂车等集装方式。

第四节 流通加工

一、流通加工的概念

(一)流通加工的定义

流通加工(distribution processing)是流通中的一种特殊加工形式。《物流术语》(GB/T 18354—2006)对流通加工的定义是:根据顾客的需要,在流通过程中对产品实施的简单加工作业活动(如包装、分割、计量、分拣、刷标志、拴标签、组装等)的总称。

一般来说,加工是通过改变物资的形态或性质而创造价值,而流通则是保持物资的已有"形态"而实现其"时间效用"与"场所效用"。流通加工是为了提高物流效率而采取的加工活动,必要时会部分改变或完善流通对象的原有形态,但不会改变其属性。

(二)流通加工的特点

流通加工和一般的生产型加工在加工方法、加工组织、生产管理方面并无显著区别,但在加工对象、加工程度方面差别较大。其主要特点如下。

(1)流通加工的对象是进入流通环节的商品,具有商品的属性。而生产加工的对象不是最终产品,而是原材料、零配件或半成品。

(2)流通加工的程度大多是浅层次的简单加工,如板材的裁剪、玻璃的开片等。而生产加工的复杂程度和加工深度要远远高于流通加工。

(3)流通加工的组织与实施者是流通企业,能密切结合流通的需要进行必要的加工活动。而生产加工的组织与实施者是生产企业。

(4)生产加工的目的在于创造价值及使用价值,而流通加工则在于完善其使用价值,并在这种完善中形成产品的附加价值;生产加工的目的完全是为了实现商品的功能,流通加工的主要目的是方便流通。

二、流通加工的作用

(一) 保护商品

防止商品在运输、储存、装卸、搬运、包装等过程中遭到损失,使其使用价值得以顺利实现是物流的根本任务。通过采取稳固、改装、冷冻、保鲜、涂油等流通加工方式,可起到保护商品的作用。

(二) 提高物流作业效率

有些产品本身的形态使之难以进行物流操作,如鲜鱼的装卸、储存操作困难;过大设备搬运、装卸困难;气体货物运输、装卸困难等。进行流通加工,可以使物流各环节易于操作,如鲜鱼冷冻、过大设备解体、气体液化等。这种加工并不改变物质本身的属性,且最终容易恢复成使用状态。

(三) 提高原材料的利用率

通过流通加工进行集中下料,可将生产厂商直接运来的简单规格产品,按用户的要求进行下料。例如将钢板进行剪板、切裁;木材加工成各种长度及大小的板、方等。集中下料可以优材优用、合理套裁,提高原材料的利用率,减少损失浪费,有很好的技术经济效果。

(四) 方便客户,促进产品的销售

流通加工可以从若干方面起到促进销售的作用。如将过大包装或散装物(这是提高物流效率所要求的)分装成适合一次销售的小包装的分装加工;将原以保护商品为主的运输包装改换成以促进销售为主的装潢性包装,以起到吸引消费者、指导消费的作用;将零配件组装成用具、车辆以便于直接销售;将蔬菜、肉类洗净切块以满足消费者要求等。

(五) 衔接不同运输方式,使物流过程合理化

在干线运输及支线运输的节点设置流通加工环节,可以有效解决大批量、低成本、长距离干线运输与多品种、少批量、多批次末端运输和集货运输之间的衔接问题。在流通加工点与大生产企业间形成大批量、定点运输的渠道,又以流通加工中心为核心,组织对多用户的配送,也可在流通加工点将运输包装转换为销售包装,从而有效衔接不同目的的运输方式。

(六) 促进生产流通一体化

依靠生产企业与流通企业的联合,或者生产企业涉足流通,或者流通企业涉足生产,以此形成对生产与流通加工的合理分工、合理规划、合理组织,统筹进行生产与流通加工的安排,这就是生产流通一体化的流通加工形式。这种形式可以促成产品结构及产业结构的调整,充分发挥企业集团的经济技术优势。

三、流通加工的主要内容

常见的流通加工的主要内容有包装、计量、分割、分拣、刷标志、拴标签、组装等。

(一) 包装与计量

经过完整的生产或加工后的商品,为了方便运输,提高运输效率,降低运输成本,一般采用大包装或大容器运输。在消费地计量灌装可以方便销售,满足不同消费者的需求。这种

计量包装不改变产品的物理属性,但可以降低运输成本,是流通加工的典型形式。

(二) 分割

在生产过程中,为了提高生产效率,对钢板、玻璃等产品一般都采用标准化的尺寸生产,但不同的客户使用时往往有不同的尺寸要求。在消费地对其进行分割和集中套裁,可以提高材料的利用率,减少材料浪费,同时也能提高运输和装卸搬运的效率。

(三) 分拣

分拣加工可以对农副产品进行分等、分级的挑选分类。如海上捕捞作业,可能会捕捞到不同品种、不同大小的鱼类,通过分拣作业可以按品种、大小进行分类。不同的品种、不同的大小可以分类、分级按不同的价格销售,满足不同的消费需求。分拣作业可以提高商品销售价格,增加商品的附加值。

(四) 刷标志、拴标签

刷标志、拴标签虽是一种极其简单的加工方式,但商品进入流通领域一般都需要进行刷标志、拴标签的加工。如商品生产加工完成后,进入流通前需要在包装上刷标志,对物流过程中的装卸、搬运、存放等提出要求;在商店摆上货架之前需要拴上价格标签,以便销售等。

(五) 组装

有些机电成品由于结构等原因,完成最后组装后,可能体积过大难以装卸搬运与运输。若将此类商品的成组零部件运到消费地,在消费地进行简单的组装加工,然后再进行销售,就可以提高此类商品的流通效率,方便商品流通和节约商品的流通成本。

第五节 物流信息处理

一、物流信息的概念

(一) 信息与物流信息

信息是经过加工的能被接收者接收的数据。信息是现实世界各种事物的特征、形态以及不同事物间的联系等在人脑里的抽象反映,是一种被加工为特定形式的"数据"。但这种数据形式对接收者来说是有意义的,而且对当前和将来的决策具有明显的或实际的价值。

物流信息(logistics information)首先是反映物流领域各种活动状态、特征的信息,是对物流活动的运动变化、相互作用、相互联系的真实反映,包含知识、资料、情报、图像、数据、文件、语言和声音等各种形式。《物流术语》(GB/T 18354—2006)对物流信息的定义为:物流信息是反映物流各种活动内容的知识、资料、图像、数据、文件的总称。

(二) 物流信息的特点

与其他领域的信息相比,物流信息主要反映物流活动所具有的基本特征。物流信息的特点具体表现在以下几个方面。

1. 物流信息的数量大、分布广

由于物流系统本身涉及的范围很广,所以在供应链的各个环节及各种活动中均会产生信息。为了使物流信息适应企业的开放性和社会性发展要求,企业必须对大量的物流信息进行有效管理。

2. 物流信息的动态性强

物流信息是在物流活动过程中产生的,它只有同物流活动同时发生才能发挥作用。在物流活动过程中,物流信息是连续不断地产生的。由于用户需求和市场状况变化多端,物流信息也会在瞬间发生变化,因而物流信息的价值衰减速度快。这就要求物流系统应该具有较强的信息管理能力,通过对信息的动态管理来适应企业物流的高效运行。

3. 物流信息的种类多

不仅在物流系统内的各环节会产生各种不同的物流信息,而且由于物流系统与其他系统(如生产系统、供应系统等)密切相关,因而在物流信息管理过程中还应收集物流系统以外的有关信息。这就会使物流信息的分类、研究及筛选等工作的难度增加。

4. 物流信息的不一致性

由于物流信息是在物流活动过程中形成的,所以信息的产生和加工在时间和地点上都不一致,采集周期和衡量尺度也多不相同,应用方式往往大相径庭。所以,为了有效控制物流系统中的各类信息,需要建立统一完善的数据采集系统。另外,繁忙时节与平时相比,信息量的差异会更大,因而必须提高信息系统的适应能力。

二、物流信息的作用

在物流系统中,各环节的相互衔接是通过信息予以沟通的,而且基本资源的调度也是通过信息的查询来实现的。例如物流系统或各个物流环节的优化所采取的方法、措施,以及选用合适的设备、设计合理的路线、决定最佳库存量等决策,都要结合系统实际,也就是说,必须依靠那些能够准确反映物流活动的信息。在整个物流系统的运行过程中,物流信息的主要功能与作用如下。

(一)连接功能

物理过程中各个环节的操作都需要物流信息的支持。物流信息可以起到连接各个环节、各个部门的作用。如:"库存状态信息"连接了订货部门和仓储管理部门;订货部门实施订货操作时,需要知道准确的库存状态信息;"快件"的位置和状态信息,连接了快递公司客户和相关服务部门等。

(二)控制功能

物流信息的控制功能可以通过合理的指标体系来评价和鉴别各种方案,提高企业的物流服务水平和资源利用率。该功能强调了信息的控制力度。

(三)决策功能

大量的物流信息能使管理人员掌握全面情况,协调物流活动,通过评估、比较和"成本-收益"分析,做出最有效的物流决策。

（四）战略功能

有效利用物流信息，有助于企业正确开发和确立本企业的物流战略。

三、物流信息的分类

物流系统中的信息种类多、跨地域、涉及面广、动态性强，尤其是运作过程受自然的、社会的影响很大。根据对物流信息研究的需要，可以从不同侧面对物流信息进行分类。

（一）按信息来源分类

按信息来源的不同，物流信息可分为外部信息和内部信息。

外部信息指在物流活动以外发生但提供给物流活动使用的信息，包括供货人信息、客户信息、订货合同信息、交通运输信息、市场信息、政策信息等，还有来自企业内生产、财务等部门的与物流有关的信息。通常外部信息是相对而言的，对物流子系统来说，来自另一个子系统的信息也可称为外部信息。例如，物资储存系统从运输系统中获得的运输信息，也可相对称为外部信息。

内部信息为来自物流系统内部的各种信息的总称，包括物料流转信息、物流操作层信息、物流控制层信息和物流管理层信息。这些信息通常是协调系统内部人、财、物活动的重要依据。

（二）按信息稳定程度分类

按信息的稳定程度，物流信息可分为静态信息和动态信息。

静态信息通常具备相对稳定的特点，而动态信息则具有经常发生变动的特点。例如，国家的政策法规、供应商信息等是静态信息，国际国内市场物流报价信息和物资配送、销售情况等为动态信息。大多数企业外部信息的稳定程度较低。静态信息是相对稳定的，随着企业生产经营的变化、管理水平和职工技能的提高、技术的进步等，静态信息也会发生变化，只是其更新频率较低而已。因此，对于静态信息的数据处理关键是信息的利用，对于动态信息的处理关键是信息的收集、存储、加工等。

（三）按管理层次分类

根据管理层次的划分，物流信息分为操作管理信息、战术管理信息和战略管理信息。

操作管理信息产生于操作管理层，反映和控制企业的日常生产和经营工作，它是管理信息中的最底层，是来自本企业的基层信息源，例如，每天的产品质量指标、用户订货合同、供应商原材料信息等。这类信息具有量大、发生频率高等特点。

战术管理信息是部门负责人进行局部和中期决策所涉及的信息，例如，月销售计划完成情况、单位产品的制造成本、库存费用、市场商情信息等。这类信息一般来自单位所属各部门。

战略管理信息是企业高层管理决策者制定企业年度经营目标、企业战略决策所需要的信息，例如，企业全年经营业绩综合报表、消费者收入动向和市场动态等。这类信息一部分来自企业内部，多为报表类型；另一部分来自企业外部，且数据量较少，不确定性程度高，内容较抽象。

四、物流信息系统

(一)物流信息系统的概念与特征

物流信息系统(logistics information system,简称 LIS)是由人员、计算机软件和硬件、网络通信设备及其他办公设备组成的人机交互系统,其主要功能是进行物流信息的收集、存储、加工、维护和输出,为物流管理者及其他组织管理人员提供战略、战术和运作决策支持,以达到组织的战略目标,提高物流运作的效率和效益。

物流信息系统除了具有信息系统的一般特征,如系统的整体性、层次性、目的性外,还具有以下典型特征。

1. 集成化

集成化指物流信息系统将相互连接的各个物流环节连接在一起,为企业的物流运作提供集成化的信息处理平台。

2. 标准化

标准化一方面指的是物流信息系统的结构、接口、基本模块的基本同一性;另一方面指的是物流信息本身的标准,如数据格式、语言、传输协议、处理程序的标准化。

3. 模块化

模块化指的是把物流信息系统划分为各个不同功能模块的子系统,各个子系统通过统一的标准来进行功能模块开发,然后集成、组合起来使用,从而满足企业不同部门的管理需要,也保证各个子系统的使用和访问权限。

4. 智能化

智能化是物流信息系统的发展方向,通过综合运用数据挖掘技术、知识管理、人工智能技术、现代决策科学技术等,为物流系统运行、管理和决策提供有效支持。

5. 网络化

通过互联网将分布在不同地理位置的物流分支结构、供应商、客户连接起来,形成一个复杂但又密切联系的信息共享网络,可方便各方实时了解各地业务运作情况,提高物流运作的效率。

6. 实时化

现代物流信息系统借助于编码技术、自动识别技术(条码、RFID)、GPS/GIS 等现代物流信息技术,对物流活动的信息进行实时、准确的采集,并应用先进的计算机和网络通信技术,及时地进行数据传输和处理,可将供应链合作方在业务上连接起来。

(二)物流信息系统的功能

从宏观意义上说,拥有了一套物流管理的业务系统就可以开展物流的服务。可以说信息系统比车队和仓库更为重要。国外许多著名的物流公司其本身并没有车队和仓库,但它每年的承运量却可以达到惊人的数字。而许多有着强大的承运能力的国内运输公司或拥有大片空余仓位的储运公司由于没有一套能够让客户满意的信息系统而失去大量与客户合作的机会,从而沦为那些具有完善信息系统但没有储运能力的物流公司廉价的运输和仓储工具。

因此,可以毫不夸张地说,物流信息系统是现代物流系统的"神经中枢",作为整个物流系统的指挥和控制系统,它具有五项基本功能,缺一不可。

1. 数据采集和输入

物流数据的采集首先是将数据通过采集子系统从系统内部或者外部收集到预处理系统中,并整理成为系统要求的格式,然后再通过输入子系统输入到物流信息系统中,这一过程是其他功能发挥作用的重要前提。因此,在衡量一个信息系统性能时,应注意它收集数据的完善性、准确性、校验能力和抵抗破坏能力等。

2. 信息的存储

物流数据经过收集和输入阶段后,必须在系统中存储下来。即使在处理之后,若信息还有利用价值,也要将其保存下来,以供以后使用。物流信息系统的存储功能就是要把已得到的物流信息整理得当,并保证能够不丢失、不外泄、随时可用。无论何种物流信息系统,在涉及信息的存储问题时,都要考虑到存储量、信息格式、存储方式、使用方式、存储时间、安全保密等问题。

3. 信息的传输

在物流系统中,物流信息一定要准确及时地传输到各个职能环节,否则信息就会失去其使用价值。物流信息系统在实际运行前,必须充分考虑所要传递的信息种类、数量、频率、可靠性要求等因素。

4. 信息的处理

物流信息系统的最根本任务就是要将输入的数据加工处理成物流系统所需要的有应用价值的物流信息。数据往往不能直接利用,而信息是从数据加工得到,它可以直接利用。只有得到了具有实际使用价值的物流信息,物流信息系统的功能才算发挥。

5. 信息的输出

只有在实现了信息的输出后,物流信息系统的任务才算完成。信息的输出必须采用便于人或计算机理解的形式,在输出形式上力求易读易懂、直观醒目。

(三) 典型物流信息系统

1. 物流管理信息系统

物流管理信息系统是以采集、处理和提供物流信息服务为目标的系统,既可以采集、输入、处理数据,存储、管理、控制物流信息,又可以向使用者报告物流信息,辅助决策,使其达到预定的目标。物流管理信息系统主要实现物流业务层的功能和部分信息分析层的功能。

以管理思想或管理理念的不同来划分,物流管理信息系统可划分为以下 4 类:以"第三方物流"为核心的物流管理信息系统;以"企业资源计划"为核心的物流管理信息系统;以"客户关系管理"为核心的物流管理信息系统;以"供应链管理"为核心的物流管理信息系统。

2. 物流电子商务系统

物流电子商务系统是指企业综合利用多种物流信息技术,来实现空间数据和非空间数据的动态交互式管理的信息系统,从而实现物流活动全过程的信息服务、资源调度以及管理决策的科学化、数字化、网络化和全球化等目的。根据物流不同的职能,物流电子商务系统可分为综合型、仓储型、运输型。根据企业应用目的的不同,物流电子商务系统可分为信息服务型、业务支持型、外部协同型。

3. 物流决策支持系统

物流决策支持系统(logistics decision support system,LDSS)是辅助决策者通过数据、模型和知识,以人机交互方式进行半结构化或非结构化决策的计算机应用系统。它是物流管理信息系统向更高一级发展而产生的先进信息管理系统。它为决策者提供分析问题、建立模型、模拟决策过程和方案的环境,调用各种信息资源和分析工具,帮助决策者提高物流决策水平和质量。

4. 物流专家系统

专家对企业运作而言,是非常重要的资源。专家的重要性在于其知识应用的重要性。企业有许多问题无法用数据、定量模型和方法来解决,这时候就非常需要专家的经验和知识了。企业的物流运作需要各类专家,如运输路径设计专家、库存优化专家、配送优化专家、战略咨询专家等,但是专家往往不能在复杂问题的发生现场。在这种情况下,如何提高处理此类问题的水平,是企业物流管理人员关注的重要问题,物流专家系统就是解决此类问题的系统。

物流专家系统是一个能在物流领域内解决复杂问题并达到专家水平的智能计算机程序系统,它应用人工智能技术和计算机技术,根据物流领域一个或多个专家提供的知识和经验,进行推理和判断,模拟物流专家的决策过程,以便解决那些需要物流专家处理的复杂问题。

【经典案例】

包装选材不当引起货物运输途中的变质

辉捷物流公司承运了装有某客户的一批出口小五金的4个20英尺集装箱。当箱子经过海上漫长的航行后最终交到收货人之手时,收货人发现仅有一个集装箱的货物完好无损,其他箱子中的货物表面都有不同程度的霉点和锈蚀。收货人当即与发货人交涉,将两个受损较轻的集装箱的货物作半价处理,将货物受损最严重的集装箱原箱退还,致使供货人直接损失40多万元。货主蒙受如此严重损失,当即向辉捷物流公司提出索赔。辉捷物流公司曾为此客户运输多批同类货物,从未发生过这类事故。当退运箱子在港口由国家检验机构进行公证检验时,在现场调查取证中未发现该箱子上有洞,没有箱外水分侵入箱内的证据,可以排除外水入侵。但是箱内确有大量水汽,因为在箱门打开时发现箱顶水珠密布,箱子底板上也是水渍严重,而且底板四周比中间水印深,摆放在四周的货物受损也比在中间的严重一些。可见这些水分正是致使箱内货物受损的元凶。

装箱时货物都是好好的,密封的集装箱内的大量水分是从哪里来的呢?为何同一工厂生产的同类货物,同一批发运会有的货完好无损,有的严重受损呢?

通过仔细分析这4个箱子的装箱单,发现由于这批小五金货物品种、批号和规格都不同,轻重不一,因而采用了不同的包装,一些较轻的五金件用纸箱包装,较重的则用木箱包装。其中一只集装箱中的货物全是纸箱包装,货物完好无损;两只受损较轻的箱子中的货物则是部分纸箱包装,部分木箱包装;而退还的箱子中的货物几乎全是木箱包装,受损也最为严重。因此,从不同的包装上很可能追查到货损的原因。

经过仔细调查,该批货物的包装木箱是为赶工期突击加工出来的。为赶工期就无法严格按照工艺要求生产,加工这批木箱用的板材能否烘干到工艺要求以控制水分就会很成问题。如上所述,已排除了外水入侵,箱内所装货物均为金属制成,本身不含水分。现场开箱时发现的大量水分只可能有一个答案:就是这些不符要求的木箱带进去的。那么,仅仅一些木箱的木材水分超标就能带进这么多水分吗?有关资料显示,一般自然干燥的木材含水量在15%左右,刚砍伐下来的木材含水分35%。假如一个集装箱里装了300只木箱,每只木箱以毛重3.5 kg计算,如果木材中含有20%的游离水分(即可以挥发或蒸发掉的水分),箱内共有游离水分210 kg。因此在箱内出现这么多水分就不奇怪了,而且在适当的条件下足以引发严重后果。本案例中的集装箱是从上海运往波兰港口的,在漫长的航程中,由于外界气候变化,特别是气温和光照的昼夜周期变化,集装箱内部的温度和湿度也在不断发生变化。白天日光的照射使集装箱内表面周围空气的温度大大地高于箱外空气的温度,包装木材中超过自然干燥木材含水量的水分不断蒸发出来。而到了夜间,集装箱外表面的散热作用又使货物或箱壁内表面温度降到零度以下,就会出现水汽冷凝现象,从而造成货物锈蚀或霉变。这就是箱内隐含大量游离水分,酿成严重后果的原因,这也就解释了为何该货主多次使用同样包装出运平安无事,而这一次货物却蒙受重大损失。

点评:

涉及五金类商品,如镀锌铁丝、铁锁、电镀小五金、纺织机件等对水分十分敏感的集装箱货物,由于包装木材的水汽冷凝现象,可致使货物受潮、泛色、发霉或表面锈蚀,从而引发贸易纠纷和货损索赔。为了减少类似事故的发生,在进行机电五金类出口商品包装时应少用或不用水分得不到控制的木材包装材料,对装入集装箱运输的那些怕受潮的商品一定要改进内包装。不同类型的商品在运输过程中,需要根据商品的特性选用不同的包装材质,以符合运输的需要,避免类似事故的发生。商品的特性是影响包装效用的要素,因此在多数情况下,必须充分注意商品的特性,否则便无法实现包装的保护和提高物流效率的效用。

思考与探讨

(1)包装材料对产品可能存在哪些影响?

(2)包装材料有哪些主要的种类?各自都有什么特点?

(3)这个案例中造成货物受损的责任在物流公司还是在包装货物的客户?为什么?

(4)商品的不同特性对包装有哪些要求?

【本章关键术语】

装卸 （loading and unloading）
搬运 （handling）
包装 （packaging / package）
集装化 （containerization）
托盘 （pallet）
集装箱 （container）
流通加工 （distribution processing）
物流信息 （logistics information）
物流信息系统 （logistics information system，LIS）

【本章思考与练习题】

1. 装卸搬运的特点有哪些？
2. 结合实际说明包装的各项功能。
3. 简述集装常见的包装的优缺点。
4. 结合实际说明集装化的特点。
5. 集装箱的种类有哪些？
6. 流通加工的功能与作用有哪些？
7. 简述几种常见的流通加工类型。
8. 物流信息的特点是什么？
9. 物流信息的作用有哪些？

第三篇
企业物流与行业物流

❖ 企业物流

❖ 行业物流

第六章 企业物流

本章重点理论与问题

随着现代企业经营管理理念和方式的转变,社会分工越来越细化和专业化,经济活动的分工协作体系不断完善,企业对供应链的建立、维护与协同运作越来越受企业经营管理者的重视。物流的职能在企业中的作用越来越重要。企业的经营效率与效益同企业物流运作密切联系在一起,企业物流方式必须同生产经营方式和盈利模式相适应才能实现经营目标。那么,企业物流追求的目标是什么、怎样才能同企业经营管理相适应等问题需要得到回答。本章介绍了企业物流的基本类型与特点,描述了企业物流追求的目标,阐述了企业物流的主要环节,包括采购物流、生产物流、销售物流和逆向物流的特征及其对物流运作的要求。重点讨论了现代制造企业不同类型的生产方式和与之相适应的物流运作方式。

第一节 企业物流概述

企业一般是指以盈利为目的,运用各种生产要素(土地、劳动力、资本、技术和企业家才能等),向市场提供商品或服务,实行自主经营、自负盈亏、独立核算的法人或其他社会经济组织。通常企业通过参与社会分工从事生产、流通、服务等经济活动,建立在社会分工基础上的经济活动,必然存在商品交换,从而也必然存在与生产过程相对应的流通过程。劳动产品或生产物从生产领域到消费领域的转移,这种"转移"称为流通,即"流通一般",也就是广义的流通。从这个意义上讲,企业包括生产企业和流通企业。生产企业主要是借助机器和机器体系对原材料进行加工,使之生产出符合社会生产和人民生活需要的产品。按从事经济活动所属经济部门,企业可分为农业企业、工业企业和服务企业等。通常所称的工商企业,即从事产品生产和提供服务活动的营利性的经济组织,包括工业企业和商业企业。工业企业是指直接从事工业性生产经营或工业性劳务活动的营利性经济组织。

一、企业物流的含义

一般来说,无论是生产企业还是流通企业,无论是工业企业还是商业企业,企业生产和销售必须得到物流的支持,这种适应企业生产和销售的物流服务及其伴随企业生产和销售过程而产生的物流活动构成了企业物流。《物流术语》(GB/T 18354—2006)将企业物流定义为:企业物流(enterprise logistics)是指生产和流通企业围绕其经营活动所发生的物流活动。

由此可见,企业物流是为企业产品的生产和销售过程提供支持的物流服务。发展比较成熟和常见的企业物流有生产企业物流和商品流通企业物流。

二、企业物流的分类

企业按性质可分为两类,即生产企业和流通企业。因此,企业物流也可以分为生产企业物流和流通企业物流。

(一)生产企业物流

生产企业物流是指生产企业在生产经营过程中,从原材料采购供应,经过制造加工,到产成品销售的各环节中所需要并产生的物流活动与过程,还包括伴随生产与消费所产生的废弃物的回收及再利用的过程中的物流活动。以制造企业为例,制造企业完整的物流体系包括采购物流、生产物流、销售物流以及逆向物流。

从企业物流系统的视角来看,生产企业物流是一个受外界环境影响、实现输入—转换—输出功能的生产物流系统,是生产企业系统的重要组成部分。生产企业系统通过生产资料输入、生产资料转换和产品输出,实现企业生产经营目标并满足顾客需求。生产资料输入是企业物流过程的起始阶段,是对企业生产活动所需生产资料的供应,即供应物流,是衔接生产物流的重要环节,通常是根据生产计划对物料的需求、通过采购和库存管理组织供应物流活动。生产资料转换是指企业生产过程的中间环节,物料按照生产工艺流程及节拍流转。从原材料到半成品直至成品的变化及运动过程,即生产物流。不同的生产方式要求与不同的生产物流模式相适应,生产物流模式取决于生产方式、生产类型、生产规模、企业专业化和协作水平。产品输出是继企业生产物流之后将产品销售出去的环节,即企业的销售物流。企业通过销售物流实现商品从企业到顾客手中的实物交换,是企业服务于顾客最直接的活动。

从生产企业生产经营阶段的划分来看,其物流过程主要包括四个阶段:供应阶段的物流、生产阶段的物流、销售阶段的物流以及逆向回流阶段的物流。供应阶段的物流是企业为组织生产需要的原材料零部件和设备等各种物资供应而进行的物流活动。生产阶段的物流是企业按生产流程的要求,组织和安排物料在各生产环节之间进行的内部物流。销售阶段的物流是企业为实现产品销售,组织产品送达用户或市场供应点的外部物流。回流阶段的物流是伴随生产和消费过程而产生的残次废品以及退货反修而进行的逆向回收实现再利用的物流活动。

(二)流通企业物流

在商品流通过程中,流通企业是从事商品流通活动的营利组织,以商业企业为代表,从事商品批发、零售或者批发零售兼营。由生产企业制造的产品,通过商业企业出售给用户或消费者。商品流通企业围绕商品流通经营活动所进行的物流服务形成商业企业物流。从企业物流系统的视角来看,商业企业的物流是通过商品采购输入、流通加工、商品销售等转换过程并输出到顾客手中,从而满足顾客需求的一系列物流活动过程。

商品的购进、运输、储存、销售也是流通过程中的基本环节,它们在流通过程中各自处于不同的地位,起着不同的作用。商品流通企业以商品的购、销、储、运为基本业务。通过对商品的购进和销售以及因此而必需的运输和储存业务,完成商品交换并实现由生产领域到消费领域转移的过程,满足消费的需要,实现商品的使用价值和价值。合理组织商品流通的基本环节,是实现流通的基本要求,是提高流通经济效益的重要途径,也是商业企业的基本职能。通过这些基本活动实现商品交换。从实物形态上看,商品交换过程中实物的转移离不开物流的支持;从价值形态上看,商品价值的实现离不开物流创造的时间和空间价值。

商品流通企业物流主要包括批发企业物流和零售企业物流。

批发企业物流是以批发为主要经营形式的商品流通企业所需要的物流支持及其物流活动。批发企业物流系统就像一个调节阀,通过从制造商订购大批量的商品,批发给零售商店直接面向消费者。由于零售商普遍存在存储空间不足和订货批量相对较小等问题,需要批发企业分类进行流通加工、贴标签、商业包装及配送到零售商指定的地点,甚至直接为零售商上货架。随着制造商的直销和零售商的日益强大,批发企业的发展空间将受到制约。

零售企业是将商品直接销售给最终消费者的中间商,是相对于生产者和批发商而言的,处于商品流通的最终阶段。零售商业种类繁多、经营方式变化快,构成了多样的、动态的零售分销系统。包括一般多品种零售企业、连锁型零售企业、电商零售企业等,零售商店的有百货商店、专业商店、超级市场、便利商店、网店等形式。零售企业物流是指以零售商店为平台进行商品零售为主要经营业务所需要的物流支持及其物流活动。零售企业大多受到货架少、货场小、批量小等制约,故须在良好的供应商协作的基础上,发挥物流配送运作优势。零售企业物流的关键是满足适时适量补充货架的要求。因此,需要解决好以下主要问题:第一,通过把握订货周期、最优批量订货,加快商品周转;第二,通过优化物流配送,提高商品配送质量;第三,采用适时补货支持系统,实现快速补充货架,降低缺货率。

三、企业物流的目标

企业物流的目标服务并服从于企业战略,企业战略是企业长期发展的目标和方向,引领企业的生存和发展。企业物流战略是企业战略的重要组成部分,企业物流战略的目标与企业战略的目标是一致的,即在保证物流服务水平的前提下实现物流成本的最低化。美国物流学者唐纳德·鲍尔索克斯(Donald J. Bowersox)在《物流管理》中提出了物流的总体目标是"要在尽可能最低的总成本条件下实现既定的顾客服务水平"。企业物流的合理化是企业物流目标的实现途径,它贯穿于企业生产和经营活动的全过程,企业应围绕企业总目标,采取各种措施实现物流合理化,从而达到降低物流费用、提高物流服务水平的目的。在企业物流各环节中,物流运作有其具体的目标要求,就是将正确的产品(right product)、正确的数量(right quantity)、适当的质量(right quality),以适当的条件(right condition)、适当的成本(right cost),在正确的时间(right time)、正确的地点(right place/location)交付,简称为"7R"目标。

为实现企业物流的总目标,对企业物流运作提出了如下四个方面的要求。

1. 快速反应

对市场需求的反应速度体现企业满足顾客要求的程度和适应市场需求的能力,直接影响企业的市场占有率。企业物流快速反应主要体现在物流的适时性,体现在物流运作是否能适时、适量满足企业生产与销售的需求,直接决定企业对市场需求的反应速度,是衡量企业物流服务水平的一个重要标准。

2. 最小变异

变异是指由于不确定性带来的突发事件、破坏系统的任何非预期的或未能预测的事件。在企业物流领域,破坏物流系统运作的非预期事件或未能预测的事件可能发生在物流过程中的任何时间和地方,从而导致货物的延时、毁损、灭失、错达等后果。企业物流各环节都有可能存在潜在的变异,往往是由自然和人为两方面的因素,如灾害、事故、故障以及其他突发事件。实现最小变异就是尽可能控制任何会破坏物流系统运作的非预期或未能预测的事件。传统的办法与途径是建立安全库存,或使用高成本的替代方式,如高成本运输方式,这些都将带来物流成本的增加。为了有效地控制变异发生,目前多采用信息技术、预测技术以及消除各种可能的人为因素的制度及管理方法,使变异减少到最低程度。

3. 最低库存

库存就像企业物流的调节阀和均衡器,企业生产的连续性、均衡性、流畅性与响应性受到库存管理水平影响,提高企业库存管理水平成为实现企业物流目标的核心环节。存货占用的资金是增加企业物流成本的主要因素,库存水平直接决定企业资产占用和资金及物料的周转速度。库存越少,存货的周转速度越快,资金占用就越少。保持最低的库存水平是在保证供应、满足顾客服务水平的前提下,把库存降到最低限度,使"零库存"成为企业物流追求的理想目标。

4. 物流质量

不断地提高物流质量是持续实现企业物流目标的基本前提。物流服务其内在的要求是不断追求服务质量,坚持物流质量标准,使"零缺陷"成为物流质量追求的目标要求。

第二节 企业物流的主要环节

现代企业面临一个需求个性化、市场全球化、竞争激烈化的时代,为适应市场要求,产品多样化成为企业生产过程中的常态。多样化产品的生产与销售组织过程中贯穿着企业物流的采购物流、生产物流、销售物流及逆向物流环节。

一、采购物流

采购物流(purchasing logistics)是企业在生产经营过程中,为了满足生产、基础建设对原材料、材设备、备件的需求,将定期或不定期地发生的采购行为,即商品从卖方转移到买方场所而进行的所有活动。采购物流是企业生产经营活动的一个重要组成部分,是企业供应物流的开端与主要环节。供应物流(supply logistics)是指提供原材料、零部件或其他物料时所发生的物流活动[参见《物流术语》(GB/T 18354—2006)]。采购物流与支持和服务于企业采购活动并渗透到企业采购各环节中,遵循企业采购流程,适应不同的采购方式。

（一）采购的概念

采购（purchasing）是企业物流供应链上的起始点，也是企业物流管理的开端。采购是企业从目标市场取得满足质量、数量和价格要求的相应资源的活动过程，包括决定采购品种与数量、选择供应商、确定合适的价格、确定交货及相关条件、签订采购合同、按要求收货与付款。

随着贸易全球化的进程及信息技术和计算机网络的广泛应用，采购的环境也发生了巨大的变化。现代采购物流管理更加注重企业与供应商之间的关系管理，如果制造企业与供应商之间建立起一种"双赢"的协作关系，则更有利于双方的长远发展。荷兰采购协会主席 Arjan J. Van Weele 认为广义的采购含义为："买方从外部目标市场（供应商）获得的是运营、维护和管理公司的所有活动处于最有利位置的所有货物、服务、能力和知识的过程。"现代采购的含义不仅仅指交易过程，而且要涵盖与供应商之间的业务关系、对等贸易协定、从外部机构雇佣临时人员、缔结广告合同等活动。不同行业、不同企业由于所处的环境不同，对采购的理解也有所不同，但基于供应链思想对采购概念的认识有以下几点：第一，强调供应商的选择，从众多供应商中寻求供应对象；第二，强调采购成本，注重通过一个合理的总成本优势而获得资源；第三，强调同供应商的协作关系，与供应商合作，提高质量、缩短交货期以降低供应风险；第四，强调外部资源如何转化为竞争力的供应链协作关系，最终目的在于在使企业自身具有竞争力的同时也使供应商增加价值。因此，现代采购决策的本质是采购供应链的竞争力。

企业的采购活动，一是要实现将资源的所有权从供应商转移到用户的交换，二是要实现将资源的物质实体从供应商转移到用户的交接。前者是一个商流过程，后者是一个物流过程，二者不可分离、相辅相成。在采购物流管理中，制定采购计划、选择供应商、签订采购合同等采购决策是采购物流管理的前提与基础，供货周期管理、运输配送优化等活动是采购物流管理的保证。

（二）采购的流程

企业采购通常是企业从需求出发到获取外部资源而满足需求的完整的过程。在采购过程中，由环环相扣的各个环节按照一定顺序发生的一系列活动构成采购流程。包括根据企业生产经营需求制定采购计划；在考察供应商供应能力（产品在数量、质量、价格、信誉等方面是否满足购买方要求）的基础上选择供应商；确定订货周期后以订单的方式传递购买需求信息和购买计划给供应商，并约定付款方式，以便供应商能够准确地按照客户的性能指标进行生产和供货；根据采购规模与合作时间定期对采购进行评价，寻求提高效率与降低成本的采购流程创新模式。一个合理的采购流程应能实现所需物料在品种、价格、质量、数量、区域分布之间的综合权衡，即品种的匹配性、价格的合理性、质量的可靠性、数量的适度性、区域分布的经济性等要求。

当前对采购流程具有重大影响的因素主要表现在三个方面：第一，经济全球化的影响，在经济全球化的背景下，跨国公司全球战略逐步推行，全球采购已成为其重要组成部分；第二，新经济的兴起，电子商务（B2B、B2C）电子采购方式正成为众多企业延伸自己的采购营销业务的手段；第三，合作竞争的思想促使大量的采购行为向横向一体化延伸、扩展。这些因素构成了采购流程重组的动因。

（三）采购模式

企业常见的采购方式是以采购计划为依据,以补充库存为目的,通过库存供给生产经营的需要。这种方式会导致库存量大、库存周转慢、资金占用多等问题。为了满足需求同时又考虑库存成本,企业通常使用以库存管理为中心的订货点采购模式。

随着企业生产方式、生产流程以及管理流程的变革,企业开始注重寻找适应特定生产方式的采购模式,因而,不同类型的企业选择并采用了不同的新型采购模式,如MRP采购模式、JIT采购模式、VMI采购模式、电子商务采购模式等。

1. MRP采购模式

MRP(material requirement planning)采购模式是一种基于物料需求计划的采购模式,主要应用于生产制造企业。根据主产品的生产计划(MPS)、主产品的结构(BOM),以及主产品及其零部件的库存量,计算主产品的各个零部件、原材料的需求时间及数量,确定订货时间、订货数量,制定所有零部件、原材料的生产计划和采购计划,根据采购计划进行采购。MRP采购模式是面向生产需求的方式,以需求分析为依据,以满足物料需求为目的。由于计划比较精细、严格,所以它在市场反应灵敏度及库存水平方面都有较大的改进。

2. JIT采购模式

JIT(just in time)采购称为准时采购,是一种以满足适时需求为目标的采购方法。企业根据生产的适时需要,对供应商下达订货指令,要求供应商在指定的时间、将指定的品种、按指定的数量送到指定的地点。JIT采购模式的特点主要体现在:第一,直接面向需求;第二,注重适时适量满足需求;第三,直接送达需求点。采用JIT采购模式有利于适时响应客户需求,有利于企业实施零库存管理,是适宜于现代制造企业采用的一种科学的采购模式。

3. VMI采购模式

VMI(vendor-managed inventory)采购模式是在供应链管理环境下,基于供应商管理库存的一种采购方式。在供应商管理库存的运行机制下,采购作业不是由需求者直接进行采购操作,而是由管理库存的供应商操作。需求方只需把自己的需求信息向供应商及时传递,由供应商根据用户的需求信息,结合对用户未来需求量的预测,制定自己的生产计划和备货送货计划,用户库存量的大小由供应商决定。这种采购模式既有利于供应商及时掌握市场需求信息,灵敏地响应市场需求变化,也有利于需求方摆脱繁重的采购事务性工作,得到高水平的供应服务,同时,达到供需双方降低库存成本、减少库存风险、提高经济效益的目的。

4. 电子商务采购模式

电子商务采购模式是在电子商务环境下,企业运用互联网平台采集和传输采购信息,通过供应商电子商务网络进行采购商务活动的一种采购模式。在网上寻找供应商及其供应品种,通过电子商务系统协助完成采购合同的签订、分类、传递和款项收付并追踪货物送达验收等采购全过程的业务,使采购变得准确、快捷、高效。电子采购的优点主要表现在如下几个方面。第一,降低采购费用。通过互联网实现采购,减少了诸多中间环节,降低了交易费用。第二,缩短采购周期。传统采购中,需求双方信息不畅,需要花较多时间进行市场调查,而电子采购时双方能够快速获取信息,从而缩短了采购时间。第三,扩大采购范围,提高采购质量。通过电子商务可以突破地域、行业限制,在全球范围内寻找适合的供应商,从而保证采购质量、价格、服务,有利于采购物流实现最佳组合,更好地满足企业的需求。第四,促进企业信息化。以电子采购为突破口,有利于促进运用电子商务手段改造企业商务流程,重组企业价值链。

二、生产物流

(一)生产物流的概念

《物流术语》(GB/T 18354—2006)对生产物流的定义是:生产物流是生产(或制造)性企业物流活动的主体内容,其含义是指企业生产过程发生的涉及原材料、在制品、半成品、产成品等所进行的物流活动。企业生产物流伴随企业内部生产过程,按照工厂布局、产品生产过程和工艺流程的要求,实现物料在工厂内部仓库与车间、车间与车间、工序与工序、车间与成品库之间流转的物流活动。这种物流活动是与整个生产的工艺过程相伴而生的,实际上已经成了生产过程的有机组成部分。

(二)生产物流的基本类型

生产物流类型与决定生产类型的产品种类、产量和生产的专业化程度有着密切的联系,生产物流的组织方式必须同企业生产组织方式相匹配与相适应。企业的生产类型根据产品的种类与产量、专业化程度及其生产的工艺流程来划分,基本类型有单件小批生产、多品种批量生产和大量生产。不同的基本生产类型决定了企业的生产组织方式、管理方法和与之相匹配的生产物流类型。通常情况下,企业生产类型可从生产组织的专业化程度、生产的工艺流程特征及企业内部分工情况来考察。

从品种数量和产量的角度来看,生产物流有与之相适应的单件生产物流、批量生产物流和大量生产物流;从生产工艺流程的特征来看,有连续型生产物流即流程型生产物流和离散型生产物流即加工装配型生产物流;从物料流经的区域和功能角度来看,有工厂间物流、工序间物流两部分。

(三)生产物流的一般要求

企业的生产制造过程离不开一系列的物流活动,生产物流水平决定着企业的制造水平,科学合理的生产物流过程对企业制造的先进性、敏捷性与适应性发挥着重要作用。合理的生产物流应该具有以下基本特征。

1. 连续性与流畅性

连续性与流畅性包括空间上的连续性和时间上的流畅性,要求物料处于合理的流动之中。空间上要求生产过程各个环节在空间布置上合理紧凑,使物料的流程尽可能短,没有迂回往返现象。时间上要求物料在生产过程的各个环节的运动自始至终处于连续流畅状态,没有或很少有不必要的停顿与等待现象。

2. 平行性与交叉性

平行性指物料在生产过程中应实行平行交叉流动,以缩短产品的生产周期。平行性要求相同的在制品同时在数个相同的工作地(机床)上加工流动;交叉性要求一批在制品在上道工序还未加工完时,将已完成的部分在制品转到下道工序加工。

3. 比例性与协调性

比例性与协调性指生产过程的各个工艺阶段之间、各工序之间在生产能力上要保持一定的比例,要求生产物料保持相应的比例与生产相协调。

4. 均衡性与节奏性

均衡性与节奏性要求产品从投料到最后完工都能按预定的计划(一定的节拍、批次)均衡地进行,能够在相等的时间间隔内(如月、旬、周、日)完成大体相等的工作量或稳定递增的工作量。

5. 准时性

准时性要求生产的各阶段、各工序都按后续阶段和工序的生产需要适时供应,在需要的时候,按需要的数量供应需要的物料。准时性是推动上述连续性、平行性、比例性、均衡性的保证。

6. 柔性与适应性

柔性与适应性指加工制造的灵活性和可调节性,在短时间内以最少的资源从一种产品的生产转换为另一种产品的生产,从而适应市场的多样化、个性化要求。

三、销售物流

(一) 销售物流的概念

企业的销售活动的主要任务是通过一系列营销手段出售产品,利用物流服务满足消费者的需求,实现产品的价值和使用价值。销售物流是企业物流的一个重要环节,无论是生产企业还是流通企业,出售商品的过程都离不开物流的支持,它是商品从生产者或所有者手中转移至用户或消费者手中的物流过程,与企业营销相互配合共同完成产品的销售任务。销售物流的基本含义是企业在出售商品过程中所发生的物流活动[参见《物流术语》(GB/T 18354—2006)]。

(二) 销售物流组织

企业销售物流的组织与产品类型及销售渠道的选择有关,企业的销售渠道按结构通常分为以下两种形式:其一是直销,生产者直接向消费者销售;其二是分销,生产者通过批发商及零售商向消费者销售,或者是生产者通过批发商直接向消费者销售。从物流过程来看,第一种销售渠道最短,第二种销售渠道较长。

正确选择和运用销售渠道,合理组织销售物流,可使企业迅速、及时地将产品传送到用户手中,达到扩大商品销售、加速资金周转、降低流通费用的目的。

(三) 企业销售物流服务

随着经济发展和科技进步,国际、国内的竞争日益加剧,传统制造领域的技术和产品的特征优势日渐减少,人们越来越认识到销售物流服务已经成为企业销售活动,甚至整个企业成功运作的关键,是增强企业产品的差异性、提高产品及服务竞争优势的重要因素。

1. 销售物流服务对企业营销的作用

企业销售物流服务对企业营销的作用主要表现在以下三个方面。

1) 提高市场占有率

销售物流服务直接关系到企业的市场营销。在市场竞争中,通过服务使产品具有差异,为客户提供增值服务从而有效地使自己与竞争对手有所区别,已成为体现企业经营特色的一种趋势。企业销售物流服务是直接面向顾客的服务,是企业在激烈竞争中产生差异性的重要途径和主要手段。

消费者对物流服务的水平越来越敏感,在产品的知名度、美誉度、质量、价格相似的情况下,销售物流服务活动可以"区别"在客户印象里没有区别的产品。因而,提高客户服务水平,有利于提高市场占有率和增加企业的销售收入。

2) 提高客户满意度

客户服务是由企业向购买其产品的人提供的一系列活动,包括产品本身的核心价值及其附加值。销售物流服务带来的效用是对产品本身的一个必要补充,是一个提升附加值的增值过程。客户关心的是所购买的全部产品,即不仅仅是产品的实物特点,还有产品的附加价值,产品的附加价值对客户反应和客户满意程度产生重要影响。良好的销售物流服务会提高产品价值,提高客户的满意程度,对服务提供者感到不满的客户将被竞争对手获得。物流服务水平的高低对能否有效地留住客户产生重要的影响,既有利于留住老客户也有利于赢得新客户。

3) 合理控制物流成本

企业物流成本与服务水平往往存在背反效应,企业在降低物流成本的同时,常常会影响所提供的服务水平。尽可能地提高客户服务水平与尽可能地降低物流成本是企业在销售物流管理环节必须进行的权衡。物流服务水平与物流成本的关系如图6-1所示。

图6-1 物流服务水平与物流成本的关系

降低物流成本是企业物流追求的目标之一。然而,物流服务水平是否让顾客满意直接影响到企业的市场占有率与销售额。因此,在维护顾客期望的物流服务水平的同时降低物流成本是合理的选择。企业必须全面衡量客户需求、服务水平和服务成本的关系,所做的每一项降低物流成本的决策都必须考虑其所维持的客户服务水平。

2. 影响销售物流服务水平的要素

提高销售物流服务水平的关键要素体现在四个方面,即时间、信息、可靠性和灵活性。

1) 时间

时间要素通常是指订货周期时间。订货周期(order cycle)是指从客户确定对某种产品有需求到需求被满足之间的时间间隔,也称为提前期(lead time)。时间要素主要受以下几个变量的影响:订单传送、订单处理、订货准备及订货装运。企业只有有效地管理与控制这些活动,才能保证订货周期的合理性和可靠性,才能提高企业的客户服务水平。

(1) 订单传送时间。订单传送时间是指从客户发出订单到供应商收到订单的时间间隔。计算机与通信技术的迅速发展使得订单传送方式发生了变革,通过互联网络直接订货,提高了订货效率,逐渐被更多的企业采纳。

(2) 订单处理时间。订单处理时间是指处理客户订单并准备装运的时间,这一功能涉及客户资信调查、销售记录的处理、订单移交到仓库以及装运文件的准备。订单处理可以通过有效地利用电子数据处理设备来同时进行其中各项工作。一般来说,运行成本的节约总量要超过利用现代技术设备的资本投资。

(3) 订货准备时间。订货准备时间涉及挑选订货并包装以备装运。从简单的人工系统到高度自动化系统,不同的物料搬运系统对于订货的准备有不同的影响,准备时间会有很大变化,企业的物流管理者需要考虑各项成本与效益。挑选与包装时间主要受下列因素影响:①系统的自动化程度;②客户订货的复杂性;③分拣设备的大小及复杂性;④是否托盘化或者托盘尺寸是否匹配。

(4) 订货装运时间。订货装运时间是指从将订货装上运输工具到买方在目的地收到订货的时间间隔。运输时间的长短与下列因素有关:①装运规模;②运输方式;③运输距离。货物的全部运输时间对距离的依赖性要比对运输方式的依赖性小。

2) 信息

提高客户服务水平必须包括有效的信息沟通,与客户适时的信息沟通是监控客户服务可靠性的关键手段。信息渠道应对所有客户开放并准入,同时信息必须是双向的。供应商必须能把关键的服务信息传递给需求方,并及时了解需求方的需求信息。

3) 可靠性

客户订货周期的缩短标志着企业销售物流管理水平的提高,但是,如果没有销售物流的可靠性作保证则是毫无意义的。可靠性是指根据客户订单的要求,按照预定的提前期,安全地将订货送达客户指定地方。对客户来说,在许多情况下可靠性比提前期更重要。如果提前期是固定的,客户可将其库存调整到最低水平,不需要保险存货来避免由于波动的提前期造成的缺货。

(1) 提前期的可靠性。提前期的可靠性对于客户的库存水平和缺货损失有直接影响,可靠的提前期可以减少客户面临的供应不确定性。如果生产企业能向客户保证预定的提前期,加上少许偏差,那么该企业就使它的产品与竞争者的产品明显区别开来。企业提供可靠的提前期能使客户的库存、缺货、订单处理和生产计划的总成本最小化。

(2) 安全交货的可靠性。安全交货是销售物流系统的最终目的,如果货物破损或丢失,客户不仅不能如期使用这些产品,还会增加库存、生产和销售成本。收到破损货物意味着客户不能将破损的货物用于生产或销售,这就增加了缺货损失。为了避免这种情况,客户就必须提高库存水平。这样,不安全交货使得买方提高了库存成本,这种情况对于采用及时生产方法的企业来说是绝对不允许的。另外,不安全交货还会使客户承担向承运人提出索赔或向卖方退回破损商品的费用。

(3) 正确供货的可靠性。最后,可靠性还包括正确供货。当客户收到的订货与所订货物不符时,将给客户造成失销或停工待料的损失。销售物流领域中订货信息的传送对正确供货的影响很大。在订货信息传递阶段,使用EDI可以大大降低出错率;产品标识及条形码的标准化,可以减少订货挑选过程中的差错。另外,EDI与条形码结合起来还能够提高存货周转率,降低成本,提高销售物流系统的服务水平。

管理者必须连续监控以上三个方面的可靠性,包括认真做好信息反馈工作,了解客户的反应及要求,提高客户服务系统的可靠性。

4) 灵活性

进行企业销售物流需要将客户细分,针对客户群体的不同要求提供灵活的物流服务。客户在包装、运输方式及承运人、运输路线及交货时间等方面的需求可能不都相同,为了更好地满足客户需求,就必须确认客户的不同要求,根据客户规模、市场区域、购买的产品线及其他因素将客户需求细分,设计适宜的服务内容,这样可以使管理者针对不同客户以最经济的方式满足其需求。制订服务策略需要具有灵活性,但是必须限制在容易识别客户组范围内,在每一个特定情况下,都必须考察服务与成本之间的关系。

四、逆向物流

(一) 逆向物流的概念

在一个完整的供应链中,从物流的正向与反向的过程来看,物流不仅仅只有正向物流,还包括逆向物流或称反向物流(reverse logistics)。从广义上看,逆向物流可以理解为企业通过再循环、再使用及减少原材料的使用,以有效率地达成环境保护的物流过程。同时,包括减少正向物流中使用的物料数量,其目的是减少回收的物料数量和使产品能够再使用,以及更方便地进行再循环处理。从狭义来讲,逆向物流是指通过配销的网络系统将所销售的产品进行回收的过程,即退货物流。美国物流管理协会对逆向物流的定义是:计划、实施和控制原料、半成品库存、制成品和相关信息,高效和成本经济地从消费点到起点的过程,从而达到回收价值和适当处置的目的。《物流术语》(GB/T 18354—2006)对逆向物流的定义是:物品从供应链下游向上游的运动所引发的物流活动。

逆向物流是从20世纪80年代末开始引起人们重视的,到20世纪90年代,美国物流管理协会发表了关于逆向物流研究的重要文献。理论研究带动了企业的实践,雅诗兰黛作为较早投身于逆向物流领域的企业之一,从中取得了巨大的收益。1998年,雅诗兰黛公司开始改善其逆向物流管理系统。它投资130万美元购买用于逆向物流的扫描系统、商业智能工具和数据库。系统运转第一年,就为雅诗兰黛带来了以前只有通过裁员和降低管理费用才能产生的成本价值。其后,逆向物流系统通过对雅诗兰黛24%以上的退货进行评估,发现可以再次分销的产品居然是真正需要退回的产品的1.5倍。与此同时,系统对超过保质期的产品识别精度也得到提高。1999年,雅诗兰黛因为产品超过保质期,销毁了27%的退货。而在 1998 年,这个比例达到 37%。据雅诗兰黛逆向物流部门的主管经理当时预计,随后几年,只要信息系统和营运系统能够正常运行,产品销毁率完全可以降到 15% 以下。雅诗兰黛的成功并非个案,IBM、通用汽车等企业也纷纷涉足逆向物流这一物流"油田",使得企业成本下降、服务满意度提高。

(二) 逆向物流的特征

认识逆向物流的特性会更有力地针对逆向物流活动的优化策略、运作方法进行研究和改进。

1. 逆向性

逆向物流中的物流方向与通常的物流方向刚好相反。逆向物流更加趋向于反应性的行为与活动,其中实物和信息的流动基本都是由供应链末端的成员或最终消费者引起,即消费者→中间商→制造商→供应商。

2. 不确定性

在逆向物流过程中,逆向物流的需求存在不确定性。企业是对客户需要的响应者,对客户的退货需求预先未知,物流需求难以预测和控制,具体体现在逆向物流需求的时间、地点和数量以及相应的物流成本存在不确定性,难以预测和控制。

3. 关联性

正向物流和逆向物流是物流系统循环的两个子系统,逆向物流同正向物流密切相关。逆向物流的对象是在正向物流的对象在生产或消费过程中产生的废旧残次品和边角余料及其他剩余品以及需要返修的商品。正向物流的流向、流量等特性直接关系到逆向物流的流向与流量等方面。正向物流与逆向物流的对象在一定条件下可以相互转化,正向物流的对象中的一部分会转化成逆向物流;逆向物流的对象经过再处理、再加工等过程,又会转化成正向物流,被生产者和消费者再利用。

(三) 逆向物流的意义与作用

1. 逆向物流对企业的必要性

逆向物流存在的必要主要体现在以下几个方面:

(1) 问题产品由于拒收和退货,由消费者流向经销商或生产商;

(2) 生产商或经销商出于对产品质量的负责主动要求召回产品;

(3) 报废产品对于消费者而言,没有什么价值,通过逆向回流,报废产品在生产商终端可以实现价值再造;

(4) 由于信息传递失真,使产品从客户重新流回企业。

2. 逆向物流对企业的作用

逆向物流的作用主要表现在以下几个方面。

1) 降低物料成本,增加企业效益

减少物料耗费、提高物料利用率是企业成本管理的重点,也是企业增效的重要手段。然而,传统管理模式的物料管理仅仅局限于企业内部物料,不重视企业外部废旧产品及物料的有效利用,造成大量可再利用的资源的闲置和浪费。由于废旧产品的回购价格低、来源充足,对这些产品回购加工可以大幅度降低企业的物料成本。随着经济的发展,资源短缺日益加重,资源的供求矛盾更加突出,逆向物流将越来越显示其优越性。

2) 提高顾客价值,增加竞争优势

在当今顾客驱动的经济环境下,顾客价值是决定企业生存和发展的关键因素。众多企业通过逆向物流提高顾客对产品或服务的满意度,赢得顾客的信任,从而增加其竞争优势。对于最终顾客来说,逆向物流能够确保不符合订单要求的产品及时退货,有利于消除顾客的后顾之忧,增加其对企业的信任感,扩大企业的市场份额。对于供应链上的企业客户来说,上游企业采取宽松的退货策略,能够减小下游客户的经营风险,改善供需关系,促进企业间的战略合作,强化整个供应链的竞争优势。特别是对过时性风险比较大的产品,退货策略所带来的竞争优势更加明显。

3) 提高潜在问题的透明度

逆向物流在促使企业不断改善品质管理体系上,具有重要的作用。ISO9001:2000 将企业的品质管理活动概括为:计划、实施、检查和改进。逆向物流恰好处于检查和改进两个环节上,承上启下,作用于两端。企业在退货中暴露出的品质问题,将通过逆向物流资讯系统不断传递到管理阶层,提高潜在事故的透明度。管理者可以在事前不断地改进品质管理,以根除产品的不良隐患。

(四) 逆向物流的实践

1. 成为企业物流管理的常态

逆向物流活动是一个复杂的活动,它需要专业的人员进行管理和协调,因此它不能附属于其他部门,必须成立独立的物流职能部门进行管理。企业管理层应该对逆向物流工作有全面的认识和足够的重视。根据美国逆向物流委员会 2002 年一份针对 300 多位负责供应链及物流的企业经理人所做的调查报告,有 40% 的人认为,逆向物流失败的首要因素是管理层没有深刻认识逆向物流系统的重要意义,以至于没有引起足够的重视;其次是公司缺乏相关的有利于逆向物流运作的政策和系统。

企业要分层次实施逆向物流管理目标。首先要加强对逆向物流起始点的控制,就是在逆向物流流程的起始入口对有缺陷或无依据的回流产品进行审查,不能为了吸引顾客而对一切回流要求都响应。这种对流程起始入口严格把关的管理思想可以使企业提高逆向物流的效率。其次,要压缩逆向物流处置时间。对于通过审查可以回流的产品,企业也不能轻易放松。企业要积极做好回流产品的去向规划,是让其流入二级市场,还是拆卸下可用的零件进行再循环制造,这些都要引起企业的重视并进行认真规划。

2. 逆向物流外包

若企业在分析自己的核心竞争力时,认识到自己缺乏从事逆向物流的专业知识、技术、经验等,则应该将其外包给从事逆向物流的第三方物流服务商。第三方物流公司可以帮助厂商确定进行哪些逆向物流活动和如何进行这些逆向物流活动,可以集中对退回产品进行收集、选择、处理,对这些活动进行专业、规范的操作。一般情况下,这些外包供应商能把逆向物流活动做得更好。目前,美国联邦快递、联合包裹等第三方物流服务商都开展了逆向物流服务,而且市场反响非常好。第三方逆向物流将是有实力的物流服务商又一个激烈的争夺战场。

大部分中小企业无力投资进行逆向物流系统的建设,第三方逆向物流就显得尤为重要。而大型企业为了集中精力形成核心竞争力,也非常有必要将部分或全部逆向物流活动外包。

3. 再分销网络

有些回流产品状态良好,可以进行再次销售。要想使这些商品再次进入流通领域,企业必须自主构建再分销网络。这是企业逆向物流系统正常运作的关键,也是开环管理系统对企业提出的基本要求。

在美国,购买二手商品已经成为人们普遍接受的消费方式,大到房子、汽车,小到家用电器、日常用品,都可以从二手市场购得,由此可见美国商品再分销网络的发达程度。根据行业惯例,美国人把沃尔玛这样的大型连锁零售实体称为第一市场,把二级折扣商店称为第二市场。处在第一市场的企业会和第二市场的企业有合作关系,把它们回收来又可以继续出售的产品在第二市场的折扣店削价出售,这种合作既可以保证充分利用资源,又可以使企业从中获得收益。美国的生产或零售企业还借助互联网的便捷来繁荣它们的次级分销网,像 Ubid.com 和 Ebay.com 这样的网站是企业竞相合作的对象,这些网站销售的是一些整修后的退回商品,有些是过剩的存货和过时的商品。

由于国民的消费习惯不同,国内消费者对购买二手货的热情似乎没有国外消费者那么高,这也使得企业在发展再分销网络的时候遇到很多障碍。但随着人们受教育程度的不断提高,环保意识的不断加强,这种现象终究会得到改善。

4. 回收商品集中处理中心

建立逆向物流的处理中心,将进入逆向流通的产品集中到处理中心,以期形成规模效益。集中退货中心管理是逆向物流高品质运作的基础和前提。目前,外国跨国企业的配送中心都设有专门的退货集中地,逆向物流流程上所有的产品都会先被送到这里,经过分类、处理后,再送到其最终的归属地。

有人认为逆向物流的处理中心可以与商品配送中心合二为一,共同使用仓储、运输等硬件及管理等人力资源设施,最终将逆向物流与正向物流充分结合起来。一些同时管理双向物流的经理们表示这种做法就好像"一身侍二主",往往力不从心,结果通常会使逆向物流在管理中被忽略。现在的多数做法是使用独立的逆向物流处理中心,或即使与配送中心使用同一设施,也保持独立的两套操作系统。

国外的部分企业已经或即将建立专业的逆向物流回收中心,如福特的汽车回收中心、耐克的欧洲回收中心,这些回收中心都是很大规模的,能够体现较大的规模优势,向客户提供良好的服务。而我国,大型的厂商如大型家电厂商、大型汽车厂商可以考虑自建逆向物流回收中心;一般企业规模较小,可以考虑选择第三方的逆向物流回收中心。

5. 流量控制

逆向渠道的流量控制对企业逆向物流管理来说至关重要。治理结构和网络都是基于流量而定的,如果对逆向渠道流量不加以控制,那么企业的运作成本仍然会居高不下。虽然对逆向物流系统进行规划和设计可以达到为企业节约成本、创造利润的目的,但这并不意味着进入逆向渠道的产品越多越好。这是由于:第一,逆向物流资产占用投资大、资产专用性强,企业投进去的资金不易撤回或转向其他投资;第二,过多回收产品的运作可能会影响正向物流的运行;第三,企业为吸引顾客、占据市场,采取过于宽松的退货政策,会导致消费者滥用其手中的退货权利,对企业控制成本反而不利。

6. "固定返回商品流"计划

"固定返回商品流"计划是制造商或分销商根据自身运作逆向物流的能力,为了加强逆向渠道流量的可控性而给下游成员制定的固定回流商品额度。

"固定返回商品流"计划与在企业界推广已久的"零返回商品流"计划不同,虽然它们同是对逆向渠道进行控制。"零返回商品流"指制造商和分销商为了净化销售渠道,禁止退货流入自己的逆向渠道,它们会给零售商或其他下游成员一定的销售折让,让零售商自行解决退货问题,不允许回流产品进入逆向渠道。这种做法虽然净化了商品流通渠道,减轻了生产商、供应商这些上游企业逆向物流管理的担子,却加重了销售商等下游企业的压力,也损害了生产商的产品形象和企业声誉。

"固定返回商品流"计划将改变"零返回商品流"政策对回流产品的推诿局面,增加企业对退货处理的责任感。同时,可以大大降低逆向物流的成本,增加逆向物流的可控性,给企业带来方便。

7. 网络循环优化

逆向物流与正向物流一样,都是由不同的点和线组成的网络结构,因此,必须对无规则的网络进行规划,使其得到优化。逆向物流的管理可以分开环、闭环管理。

开环管理系统主要指回收的产品不回到初始的生产商而用于其他企业的情况。由于逆向物流渠道与传统正向物流渠道不同,整合这两种渠道的可能性很小,故一般构建一个独立的逆向物流网络,该系统成员可以由组织退货回收的企业和再分销商等构成。

闭环管理系统主要指回收的产品回到初始的生产商的情况。此时,可以利用正向物流渠道中现有的企业成员,在原有网络上或通过专业的物流服务商来构建逆向物流系统。尽管此时逆向物流系统与传统正向物流系统可能拥有相同的企业成员,但由于逆向物流中退货的收集和运输需要不同的操作处理,从而产生不同的运作程序,故将逆向物流系统和正向物流系统整合在一起是比较困难的。再制造、修理或直接再利用等系统常常构成闭环型网络。

开环、闭环管理系统是优化逆向物流循环网络的途径。图6-2描述的是逆向物流系统的循环网络结构。

实践中的逆向物流系统由许多过程组成,过程的设计是为了帮助企业以最低的成本组织回收产品,使运作系统得到优化,并从中获得最大的收益。企业可以同时采用开环和闭环系统来延长产品生命,增加其价值,也可以自营一部分重要的或涉及企业保密技术的部分,将另一部分外包。

IBM成功运用了闭环系统。M. Fleischmann等在2001—2002年针对IBM公司产品的特点,研究了从其使用过的产品中回收可再利用零部件的网络结构,以及回收行为对企业经济效益的影响。电子产品的回收再利用给该行业带来了巨大的潜在效益,结果促使IBM公司调整其营销计划:在北美、欧洲和亚洲无偿或有偿地回收使用过的产品并大力推行租赁服务。IBM回收产品再利用闭环流程如图6-3所示。

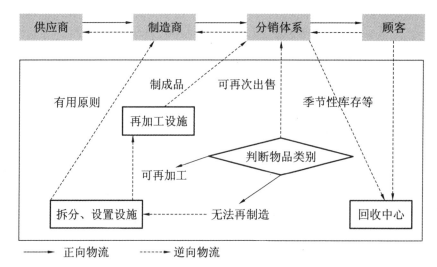

图6-2 逆向物流系统的循环网络结构

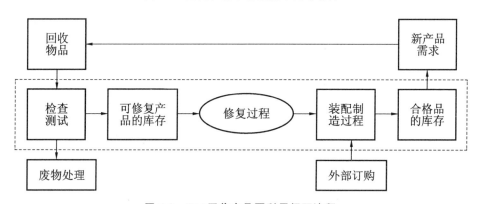

图6-3 IBM回收产品再利用闭环流程

IBM回收产品再利用闭环流程是这样操作的:IBM的电脑零售商将所有从消费者处收集的退货集中送到IBM的材料回收中心,可利用的产品会被支付一定的报酬。经回收中心检测后,对于新旧程度尚可、没有大的损坏的成品机,回收中心会将其进行再次简单包装,并交由第三方进行再分销处理,准备售与二级市场;对于无法再次出售的产品,IBM会将其纳入本企业的拆解和再制造系统,拆解下的完好或可继续利用的零部件重新进行数据标识,即更换条码,方便进行产品跟踪,随后进入备件库,准备再次利用。

第三节 生产企业物流运作方式

一、生产类型及其物流特征

一种生产方式是一种制造哲学的体现,它支持制造业企业的发展战略,并具体表现为生产过程中管理方式的集成,体现为与一定的社会生产力发展水平相适应的企业体制、经营、管理、生产组织和技术系统的形态和运作方式的总和。在一定的生产方式下,需要一定的物流方式与之相适应。不同的生产方式,与之匹配的物流管理有不同的特点,其物流方式表现出不同的特征。

生产系统中的物流,通常根据物流连续性特征从低到高,产品需求特征从品种多、产量少到品种少、产量多,而把生产过程划分成四种类型,可以用产品-工艺矩阵图(product-process matrix,PPM)表示,如图6-4所示。依对角线排列依次是:单件小批量型、多品种小批量型、单一品种大批量型、多品种大批量型。一般而言,沿对角线来选择和配置生产物流过程比较符合技术经济效益。

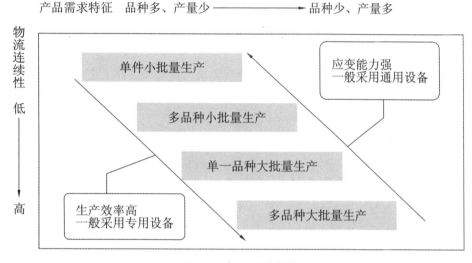

图 6-4 产品-工艺矩阵

(一)单件小批量生产的物流特征

1. 单件小批量生产的特点

单件小批量生产是指生产一定的产品品种,但每一品种生产的数量少,重复程度低的生产类型。产品设计、零件制造以及生产的组织较为分散,以技术工人人工作业为主导,主要使用通用设备。

2. 单件小批量生产的物流特征

单件小批量生产方式对物料的组织方式有其自身的要求,主要特征如下:

(1)由于生产的重复程度低,因而,物料需求与具体产品制造之间存在相关需求,物料组织主要依据相关需求的关系,其需求主要不是通过预测而是根据产品结构计算;

(2)由于产品设计和工艺设计的低重复性,因而,物料的消耗定额要依据产品及其工艺设计而确定,在未来一段时间内的需求不易于或不适宜准确制定计划;

(3)由于生产产品品种的多样性,使得制造过程中采购物料所需的供应商多变,外部物流较难控制。

（二）多品种小批量生产的物流特征

1. 多品种小批量生产的特点

多品种小批量生产是指生产的产品品种繁多，并且每一品种有一定的生产数量和一定的重复度的生产类型。其主要特点有：第一，品种数量多但产量有限，生产的重复程度处在中等水平；第二，产品设计系列化，一部分零部件制造标准化、通用化；第三，工艺过程采用成组技术；第四，运用柔性制造系统（PMS），能适应不同的产品或零件的加工要求，并能减少加工不同零部件之间的换模时间。

2. 多品种小批量生产物流的特征

为了适应多品种小批量生产的要求，其物流特征表现在：

（1）生产的重复度介于单件生产和大量生产之间，物料的需求具有一定的重复程度与周期性；

（2）依据物料需求计划实现物料的外部独立需求与内部相关需求之间的平衡；

（3）由于产品设计和工艺设计采用并行工程处理，物料的消耗定额容易准确制定，从而使产品成本容易降低；

（4）由于生产品种的多样性，对制造过程中物料的供应商有较强的选择要求，从而使外部物流的协调较难控制。

（三）单一品种大批量生产的物流特征

1. 单一品种大批量生产的特点

单一品种大批量生产是指生产的产品品种数相对单一，而产量却相当大，生产的重复度非常高的一种生产类型，大量生产的结果是使生产率大幅度提高，成本大幅度下降。其主要特点在于：第一，品种数量单一但产量相当大；第二，产品设计和零件制造标准化、通用化；第三，具有很强的零件互换性和装配的简单化，采用专用高效的机器设备，实行更广泛的分工和标准化操作。

2. 单一品种大批量生产物流的特征

为了适应单一品种大批量生产的要求，其物流特征表现在：

（1）由于物料需求的重复度高，物料独立需求具有可预测性，内部相关需求易于计划和控制；

（2）由于产品设计和工艺设计的标准化，物料的消耗定额容易并适宜准确制定；

（3）由于生产品种的单一性，使得制造过程中物料采购的供应商相对固定，外部物流较容易控制；

（4）由于生产的自动化程度较高，采用流水线作业，强调在采购、生产、销售物流各环节的系统化，引入运输、保管、配送、装卸、包装等物流作业中各种先进技术对物料组织进行有机配合。

（四）多品种大批量生产的物流特征

1. 多品种大批量生产的特点

多品种大批量生产也称为大批量定制（mass customization，MC），它是一种以大批量生产的成本和时间,提供满足客户特定需求的产品和服务的新的生产类型,它将定制产品的生产,通过产品重组和过程重组转化为或部分转化为大批量生产。对客户而言,所得到的产品是定制的、个性化的;对生产厂家而言,该产品是采用大批量生产方式制造的。其主要特点如下。

第一,在生产方面,要增加订单生产中库存生产的比例,可以将客户订单分离点(customer order decoupling point,CODP)尽可能向生产过程的下游移动,减少为满足客户订单中的特殊需求而在设计、制造及装配等环节中增加的各种费用。

第二,在时间维优化方面,关键是有效地推迟客户订单分离点。企业必须对其产品设计、制造和传递产品的过程和整个供应链的配置进行重新思考。通过采用这种集成的方法,企业能够以最高的效率运转,能够以最小的库存满足客户的订单要求。

第三,在空间维优化方面,关键是有效地扩大相似零件、部件和产品的优化范围,并充分识别、整理和利用这些零件、部件和产品中存在的相似性。

按照客户不同层次的需求,可以将大批量定制生产粗略分成三种模式,即面向订单设计(engineering to order,ETO)、面向订单制造(making to order,MTO)、面向订单装配(assembly to order,ATO)。

2. 多品种大批量生产的物流特征

多品种大批量生产三种模式都是以订单为前提,所以生产物流的特征表现在如下方面。

(1) 由于要按照大批量生产模式生产出标准化的基型产品,并在此基础上按客户订单的实际要求对基型产品进行重新配置和变形,所以物料被加工成基型产品的重复度高,而对装配流水线则有更高的柔性要求,从而实现大批量生产和传统定制生产的有机结合。

(2) 物料在采购、设计、加工、装配、销售等流程要满足个性化定制要求,这就促使物流必须有一个坚实的基础——订单信息化、工艺过程管理计算机化与物流配送网络化。而这个基础包括一些关键技术支持,如现代产品设计技术(CAD,CAM)、产品数据管理技术(PDM)、产品建模技术、编码技术、产品与过程的标准化技术、面向 MC 的供应链管理技术、柔性制造系统等。

(3) 产品设计的"可定制性"与零部件制造过程中由于"标准化、通用化、集中化"带来的"可操作性"的矛盾,往往与物料的性质与选购、生产技术手段的柔性与敏捷性有很大关联。因此,创建可定制的产品与服务非常关键。

(4) 库存不再是生产物流的终结点,以快速响应客户需求为目标的物流配送与合理化库存将真正体现出基于时间竞争的物流速度效益。单个企业物流将发展成为供应链系统物流、全球供应链系统物流。

(5) 生产品种的多样性和规模化制造,要求物料的供应商、零部件的制造商以及成品的销售商之间的选择是全球化、电子化、网络化的。这会促使生产与服务紧密结合,使得基于标准服务的定制化产品和基于定制服务的产品标准化,从交货点开始就提升整个企业供应链的价值。

二、生产企业物流运作方式

我国物流业的快速发展极大地带动了我国工业制造业企业管理模式的变革。随着物流管理的日渐成熟,全球工业制造业企业管理模式也经历了一个迅速发展的过程,从MRP、MRPⅡ到ERP等,企业的管理活动正向着合理化、科学化方向发展。

(一)物料需求计划模式的物流运作

1. 基本思想

20世纪50年代末,国外的企业就已经开始应用计算机辅助生产管理,主要侧重物料库存计划管理,且多采用订货点法,根据历史的生产和库存记录来推测未来生产需求。由于它没有按照各种物料真正需要的时间来确定订货与生产日期,往往造成库存积压,难以适应物料需求随时间的变化。对于一个制造企业,一种产品往往由多种部件组装而成,每种部件又是由多种零件和原材料制造而成,这样产品和零部件及材料用品之间就构成相互依赖的联动需求关系。物料需求计划把企业产品中的各种物料分为独立物料和相关物料,并将这种需求关系纳入按时间段确定的不同时期的物料需求,从而解决库存物料订货与组织生产问题。

物料需求计划(material requirements planning,MRP)是指制造企业内的物料计划管理模式。它是根据产品结构各层次物品的从属和数量关系,以每个物品为计划对象,以完工日期为时间基准倒排计划,按提前期长短区别各个物品下达计划时间先后顺序的管理方法。

按照MRP的基本原理,企业从原材料采购到产品销售,从自制零件的加工到外协零件的供应,从工具和工艺的准备到设备的维修,从人员的安排到资金的筹措与运用等,都要围绕MRP进行,从而形成一整套新的生产管理方法体系。

2. 物流运作特点

与传统的存货管理相比,MRP体现出如下的特点。

(1) 传统的存货管理用单项确定的办法解决生产中的物料联动需求,难免相互脱节,同时采取人工处理,工作量大。而MRP系统采用计划联动需求的办法,使各项物料相互依存、相互衔接,使需求计划更加客观可靠,也大大减少计划的工作量。

(2) 实施MRP要求企业制订详细、可靠的主生产计划,提供可靠的存货记录,迫使企业分析生产能力和对各项工作进行检查,把计划工作做得更细。MRP系统提供的物料需求计划又是企业编制现金需求计划的依据。

(3) 当企业的主生产计划发生变化时,MRP系统将根据主生产计划的最新数据进行调整,及时提供物料联动需求和存货计划,企业可以据此安排相关工作及采取必要措施。

(4) 在MRP环境下,可以做到在降低库存成本、减少库存资金占用的同时,保证物料按计划流动,保证生产过程中的物料需求及生产的正常运行,从而使产品满足用户和市场的需求。

(二)制造资源计划模式的物流运作

1. 基本原理

制造资源计划(manufacturing resource planning,简称MRPⅡ)是1977年由美国著名生产管理专家奥利夫·怀特(Oliver Wight)最早提出来的,在20世纪80年代初开始发展起来,代表了一种新的生产管理思想。制造资源计划是对制造企业全部资源进行系统综合计划的一种方法,在物料需求计划的基础上,增加营销、财务和采购功能,对企业制造资源和生产经营各环节实行合理有效的计划、组织、协调与控制,达到既能连续均衡生产,又能最大限度地降低各种物品的库存量的目的,进而提高企业经济效益。

MRPⅡ的基本思想是把MRP同所有其他与生产经营活动直接相关的工作和资源,以及财务计划连成一个整体,实现企业管理的系统化。从系统来看,MRPⅡ是一个闭环系统,一方面,它不单纯考虑MRP,还将与之有关的能力需求计划、车间生产作业计划和采购计划等方面考虑进去,使整个问题形成"闭环";另一方面,从控制论的观点看,计划制订与实施之后,需要不断根据企业的内外环境变化提供的信息反馈,适时做出调整,从而使整个系统处于动态的优化之中。所以,它实质上是一个面向企业内部信息集成及计算机化的信息系统,即将企业的经营计划、销售计划、生产计划、主生产计划、物料需求计划、生产能力计划、现金流动计划,以及物料需求和生产能力需求计划的实施执行等通过计算机有机地结合起来,形成一个由企业各功能子系统有机结合的一体化信息系统,使各子系统在统一的数据环境下运行。这样通过计算机模拟功能,系统输出按实物量表述的业务活动计划和以货币表述的财务报表集成,从而实现物流与现金流的统一。

2. 物流运作特点

1) 物流与资金流的统一

MRPⅡ中包含有成本会计和财务功能,用货币形式说明了执行企业"物料计划"带来的效益,实现了物流同资金流的集成。它可以由生产活动直接产生财务数据,保证生产和财务数据的一致性。把传统的账务处理同发生账务的事务结合起来,不仅说明账务的资金现状,而且追溯资金的来龙去脉,如将体现债务债权关系的应付账、应收账同采购业务和销售业务集成起来,同供应商或客户的业绩或信誉集成起来,同销售和生产计划集成起来等,按照物料位置、数量或价值变化,定义"事务处理(transaction)",使与生产相关的财务信息直接由生产活动生成。在定义事务处理相关的会计科目之间,按设定的借贷关系,自动转账登录,保证了"资金流(财务账)"同"物流"的同步和一致,改变了资金信息滞后于物料信息的状况,便于实时做出决策。

2) MRPⅡ是企业管理集成思想与计算机、信息技术相结合的产物

MRPⅡ的集成性表现在:横向上,以计划管理为核心,通过统一的计划与控制使企业制造、采购、仓储、销售、财务、设备、人事等部门协同运作;纵向上,通过经营计划、生产计划、物料需求计划、车间作业计划逐层细化,使企业的经营按预定目标滚动运作、分步实现。在企业级的集成环境下,与其他技术系统集成。

3) MRPⅡ能提供一个完整而详尽的计划

MRPⅡ能提供一个完整而详尽的计划,可使企业内各部门(销售、生产、财务、供应、设备、技术等部门)的活动协调一致,形成一个整体。各个部门享用共同的数据,消除了重复工作和不一致,也使得各部门的关系更加密切,提高了整体的效率。计划由粗到细逐层优化,始终与企业经营战略保持一致,加上能力的控制,使计划具有一贯性、有效性和可执行性。在"一个计划"的协调下将企业所有与生产经营直接相关的部门的工作连成一个整体,提高了整体效率。

（三）企业资源计划模式下的物流运作

1. 基本思想

企业资源计划（enterprise resource planning，ERP）是由美国加特纳公司（Gartner Group Inc.）在20世纪90年代初首先提出的。ERP是在MRP基础上发展起来的，以供应链管理思想为基础，以现代化的计算机及网络通信技术为运行平台，集企业的各项管理功能为一身，并能对供应链上所有资源进行有效控制的计算机管理系统。企业资源计划是在制造资源计划的基础上，通过前馈的物流和反馈的信息流、资金流，把客户需求和企业内部的生产经营活动及供应商的资源整合在一起，体现完全按用户需求进行经营管理的一种全新的管理方法。

ERP面向企业供应链的管理，可对供应链上的所有环节进行有效的管理，把客户需求和企业内部的制造活动以及供应商的制造资源整合在一起，体现了完全按用户需求制造的思想。它强调通过企业间的合作，实现对市场需求快速反应、高度柔性的战略管理以及降低风险成本、提高收益等目标。

2. 物流运作特点

全球化经济的形成，使以面向企业内部信息集成为主的MRPⅡ系统已不能满足企业多元化（多行业）、跨地区、多供应和销售渠道全球化经营管理模式的要求。进入20世纪90年代，随着网络通信技术的迅速发展和广泛应用，一些跨国经营的制造企业开始朝着更高的管理信息系统层次——ERP迈进。而且通过实践和发展，ERP至今已有了更多的内涵。

（1）ERP系统引入了供应链的思想，随着IT技术的飞速发展、网络通信技术的应用，ERP系统能够实现对整个供应链信息进行集成管理，即把客户需求和企业内部的制造活动以及供应商的制造资源整合在一起，并对供应链上的所有环节进行有效管理，这些环节包括订单、采购、库存、计划、生产制造、质量控制、运输、分销、服务与维护、财务管理、人事管理、实验室管理、项目管理、配方管理等。

（2）在生产方式上，MRPⅡ系统把企业分为几种典型的生产方式来进行管理，如重复制造、批量生产、按订单生产、按订单装配、按库存生产等，针对每一种类型都有一套管理标准。在20世纪90年代初期，企业为了紧跟市场的变化，多品种、小批量生产及看板式生产成为企业主要采用的生产方式，ERP因此能很好地支持和管理这种混合型制造环境，满足了企业多元化经营需求。

（3）ERP除了MRPⅡ系统的制造、分销、财务管理功能外，还增加了支持各个环节之间的运输管理和仓库管理。

（4）MRP是通过计划的及时滚动来控制整个生产过程的，它的实时性较差，一般只能实现事中控制。而ERP系统支持在线分析处理（online analytical processing，OLAP）、售后服务及质量反馈，强调企业的事前控制能力，它可以将设计、制造、销售、运输等通过集成来并行地进行各种相关的作业，为企业提供对质量、适应变化、客户满意、绩效等关键问题的实时分析能力。

分析以上述三种原理为指导的生产物流运作方式，可以看到，MRP是在产品结构的基础上，运用网络计划原理，根据产品结构各层次物料的从属和数量关系，以每个物料为计划对象，以完工日期为时间基准倒排计划,按提前期长短区别各个物料,下达计划时间的先后顺序。它不仅说明了供需之间的品种和数量关系,而且说明了供需之间的时间关系。MRPⅡ是在 MRP 基础上考虑所有其他与生产经营活动直接相关的工作和资源(如财务计划),把物料流动和资金流动结合起来,形成一个完整的经营生产信息系统,即人力、物料、设备、能源、资金、空间和时间等各种资源以"信息"的形式表现,并通过信息集成,对企业有限的各种制造资源进行有效的计划、合理运用,以提高企业的竞争力,实现企业管理的系统化。而 ERP 又是在 MRPⅡ 的基础上通过前馈的物流与反馈的信息流和资金流,把客户需求和企业内部的生产活动及供应商的制造资源整合在一起,形成了一种完全按用户需求制造的供应链管理思想的功能网络结构模式。它强调通过企业间的合作,强调对市场需求快速反应、高度柔性的战略管理,以及降低风险成本、提高收益目标等优势,从集成化的角度管理供应链。

三种原理的提出也体现出不同时期人们对生产物流的认知和发展,归纳起来是基于一种"推"动生产物流的物流管理理念,即从构成一个产品的所有物料出发,通过产品结构,一级一级地制订不同阶段的物料需求计划,在实践中不断完善、扩大运用范围,从一个企业的生产物流最终发展到互相有上下物料供应关系的企业之间的生产物流。生产物流在计划与控制手段上的不断发展和完善,也反映出生产物流的计划与控制与采购物流、销售物流的计划与控制息息相关。

(四) 精益生产下的物流运作

1. 基本思想

精益生产(lean production,LP)方式产生于 20 世纪 70 年代。第二次世界大战结束后,虽然以大批量生产方式获利颇丰的美国汽车工业已处于发展的顶点,但是以日本丰田公司为代表的汽车业却开始酝酿一场制造史上的革命。相对于第一次世界大战前的市场,当时环境发生了巨大变化:一方面,交通、通信技术的发展,各国对贸易限制的减少,使得市场按地域合并,生产竞争全球化;另一方面,制造业面临一个被消费者偏好分化、变化迅速且无法预测的买方市场,表现为消费者的价值观念发生了根本的变化,需求日趋主体化、个性化和多样化。市场出现了以下几个特征:产品品种日益增多,产品成本结构发生变化(直接劳动成本降低,间接劳动成本和原材料、外购件成本增加),产品生命周期明显缩短,产品交货期缩短。企业为了赢得竞争必须按客户的不同要求进行新产品开发和生产。而传统的大量生产方式由于产品的单一化,以及因过分要求提高生产率而形成的企业内部资源和社会资源调配的刚性系统很难适应变化迅速的市场环境,不能实现制造资源的动态优化整合等,显示出衰落的迹象。

20 世纪 80 年代,美国人研究丰田生产方式后得出结论:丰田的指导思想是通过生产过程整体优化,改进技术,理顺物流,杜绝超量生产,消除无效劳动与浪费,有效利用资源,降低成本,改善质量,达到用最少的投入实现最大产出的目的,是一种真正为制造业所瞩目的提高企业竞争力的精益生产方式。

2. 物流运作特点

精益生产下的物流类型有两种方式:推进式和拉动式。

1) 推进式

该方式是以在美国计算机信息技术的强大发展和美国制造业大批量生产基础上提出的MRPⅡ（制造资源计划）技术为核心的生产物流管理方式，但它的长处却在多品种小批量生产类型的加工装配企业得到了最有效的发挥。该方式的基本思想是：生产的目标应是围绕着物料转化组织制造资源，即在计算机、通信技术控制下制定和调节产品需求预测、主生产计划、物料需求计划、能力需求计划、物料采购计划、生产成本核算等环节。信息流往返于每道工序、车间，而生产物流要严格按照反工艺顺序确定的物料需要数量、需要时间（物料清单所表示的提前期），从前道工序推进到后道工序或下游车间，而不管后道工序或下游车间当时是否需要，信息流与生产物流完全分离。信息流控制的目的是要保证按生产作业计划要求按时完成物料加工任务，如图6-5所示。

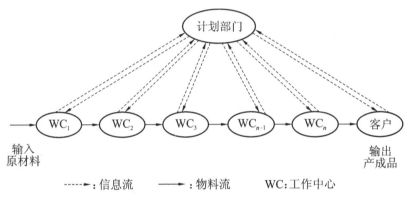

图6-5 推进式模式下信息流与物料流方式

推进式方式物流管理的特色体现在：①在管理标准化和制度方面，重点处理突发事件；②在管理手段上，大量运用计算机管理；③在生产物流方式上，以零件为中心，强调严格执行计划，维持一定量的在制品库存；④在生产物流计划编制和控制上，以零件需求为依据，用计算机编制主生产计划、物料需求计划、生产作业计划，执行中以计划为中心，工作的重点在管理部门；⑤在对待在制品库存的态度上，认为风险是外界的必然，因此必要的库存是合理的。为了防止计划与实际的差异所带来的库存短缺现象，编制物料需求计划时，往往制定较大的安全库存和留有余地的固定提前期，而实际生产时间又往往低于提前期，于是不可避免地会产生在制品库存。一方面，这些安全储存量可以用于调节生产和需求之间、不同工序之间的平衡；另一方面，过高的存储也会降低物料在制造系统中的流动速度，使生产周期加长。

2) 拉动式

该方式是以日本制造业提出的JIT（准时制）技术为核心的生产物流管理方式，也称"现场一个流"生产方式，表现为物流始终不停滞、不堆积、不超越、按节拍地贯穿于从原材料、毛坯的投入到成品的全过程。一般来说，制造系统中的物流方向是从零件到组装再到总装。而JIT方式却从反方向来看物流，即从装配到组装再到零件。当后一道工序需要运行时，才到前一道工序去拿取正好所需要的那些坯件或零部件，同时下达下一段时间的需求量，这就是JIT的基本思想——适时、适量、适度（只就质量而言）生产。

拉动式方式强调物流同步管理。第一，在必要的时间将必要数量的物料送到必要的地点。理想状态是整个企业按同一节拍,有一定比例性、节奏性、连续性和协调性,根据后道工序的需要投入和产出,不制造工序不需要的过量制品(零件、部件、组件、产品),工序件在制品向"零"挑战。第二,必要的生产工具、工位器具要按位置摆放挂牌明示,以保持现场无杂物。第三,从最终市场需求出发,每道工序、每个车间都按照当时的需要由看板向前道工序、上游车间下达生产指令,前道工序、上游车间只生产后道工序、下游车间需要的数量。信息流与物流完全结合在一起,但信息流(生产指令)与(生产)物流方向相反。信息流控制的目的是要保证按后道工序要求准时完成物料加工任务,如图6-6所示。

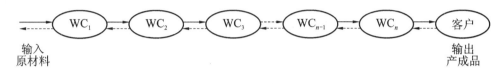

----▶:信息流　　──▶:物料流　　WC:工作中心

图6-6　拉动式模式下信息流与物料流方式

拉动式方式物流管理的特色如下。

(1) 在管理标准化和制度方面,重点采用标准化作业。

(2) 以看板管理为手段,采用"取料制",即后道工序根据市场需要的产品品种、数量、时间和质量进行生产,一环一环地拉动各个前道工序,对本工序在制品短缺的量从前道工序取相同的在制品量,从而消除生产过程中的一切松弛点,实现产品"无多余库存"以至"零库存",最大限度地提高生产过程的有效性。这种拉动方式有助于在工序间实现前一工序的操作,是把下一工序作为顾客来对待,下一工序用客户的眼光来检查上一道工序传来的零件,而这恰恰是实行全面质量管理过程的有效前提。

(3) 在生产物流方式上,以零件为中心,要求前一道工序加工完的零件立即进入后一道工序,强调物流平衡而没有在制品库存,从而保证物流与市场需求同步。

(4) 在生产物流计划编制和控制上,以零件为中心,用计算机编制物料生产计划,并运用看板系统执行和控制,以实施为中心,工作的重点在制造现场。

(5) 在对待库存的观念上(与传统的大批量生产比较),就整个生产系统而言,风险不仅来自外界的必然,更重要的是来自内部的在制品库存。正是库存掩盖了生产系统中的各种缺陷,所以应将生产中的一切库存视为浪费,要消灭一切浪费。库存管理思想表现为:一方面强调供应对生产的保证,但另一方面强调对零库存的要求,以便不断暴露生产中基本环节的矛盾并加以改进,不断降低库存,以消灭库存产生的浪费为终极目标。

从本质上看,JIT是基于"拉"动的生产物流的物流管理理念,即它从订货需求出发,根据市场需求确定应该生产的品种和数量,最终工序(组装厂)要求其前面的各专业工厂之间、工厂内的各道工序之间以及委托零部件生产厂到组装厂的零部件供应,必须在指定时间高质量地完成,严格管理供货时间误差,以保证在需要的时候按需要的量生产所需的产品。

以JIT思想为宗旨的生产物流运作方式,不仅是对一个企业的生产物流及时性的要求,它同样涉及与之有关的物料供应企业的生产物流能否及时到位的问题。所以,只有保证了采购物流、销售物流的JIT方式,才能真正保证生产物流的JIT。这又一次反映出生产物流的计划与控制与采购物流、销售物流的计划与控制息息相关。

【经典案例】

"零库存"管理的典型

——丰田汽车看板方式

丰田公司的看板管理是一种生产现场管理方法。它利用卡片作为传递作业指示的控制工具,将生产过程中传统的送料制改为取料制,以"看板"作为"取货指令""运输指令""生产指令"进行现场生产控制。看板作为可见的工具,反映了系统的物流,使企业中生产各工序、车间之间按照看板作业指示,协调一致地进行连续生产;同时,促使企业的产、供、销各部门密切配合,有效和合理地组织输入、输出物流,满足市场销售需要,实现整个生产过程的准时化、同步化和库存储备最小化,即所谓零库存,保证企业获取良好的经济效益。

一、原理

看板管理的基本原理如图 6-7 所示。

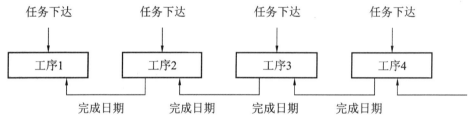

图 6-7 看板管理原理示意图

由图 6-7 可以看出:"看板管理"是由代表客户需求的订单开始,根据订单按产品结构自上而下进行分解,得出完成订单所需零部件的数量。生产控制人员检查现有零部件库存是否能满足订单的要求。如果不足,就由最后一道加工工序开始,反工艺顺序地逐级"拉动"前面的工序。在此过程中,看板起到指令的作用,通过看板的传递或运动来控制物流。

二、形式

看板形式很多。常见的有塑料夹内装着的卡片或类似的标识牌、存件箱上的标签、流水生产线上各种颜色的小球或信号灯、电视图像等。

看板主要可以分为生产看板和取货看板两种不同的类型。

1. 生产看板

生产看板是在工厂内指示某工序加工制造规定数量工件所用的看板,内容包括需要加工工件的件号、件名、类型、工件存放位置、工件背面编号、加工设备等。

2. 取货看板

取货看板是后工序的操作者按看板上所列件号、数量等信息,到前工序领取零部件的看板。它指出应领取的工件件号、件名、类型以及工件存放位置、工件背面编号、前加工工序号、后加工工序号等。

三、过程

日本丰田公司利用看板进行生产现场管理的过程如图6-8所示。

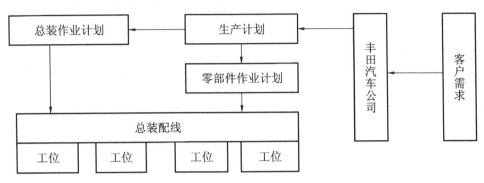

图 6-8 丰田看板管理系统运作示意图

图6-8中,在总装配线上有许多工位,每个工位有相应的存料点。各加工线上有多个工序,每个工序附近有两个存料点:一为进口存料点,用以存储上一工序已加工完毕、本工序准备加工的零部件;二为出口存料点,用于存储本工序已加工完毕、供下道工序随时提取的零部件。当总装线收到一个作业计划后,它按计划要求的品种、数量进行作业,从各工位存料点取用总装配所需的零部件。各工位存料点则从各子装配线出口存料点提取零部件,以补充相应减少的库存。各出口存料点为保持定额,又从相应的工序,按照生产需要取走一定数量的零部件。这样,就形成一条向上游工序流动的"链",使整个物流按总装配的要求同步运动。

案例思考题

1. 从微观操作的角度看,是否应当把形成看板管理的"适时适量"理念同样作为实现我国物流现代化的基本观念?
2. 如何理解看板管理在我国物流业中的实用性?
3. 你认为在我国企业管理中是否适宜推行看板管理?原因是什么?

【本章关键术语】

企业物流　（enterprise logistics）
供应物流　（supply logistics）
生产物流　（production logistics）
销售物流　（distribution logistics）
逆向物流　（reverse logistics）
物料需求计划　（material requirements planning,MRP）
制造资源计划　（manufacturing resource planning,MRPⅡ）

企业资源计划 （enterprise resource planning，ERP）
精益生产 （lean production，LP）
准时制物流 （just in time logistics）

【本章思考与练习题】

1. 如何理解企业物流的含义？
2. 企业物流的总体目标是什么？
3. 企业物流的主要环节有哪些？
4. 影响生产物流的主要因素有哪些？
5. 合理组织生产物流的基本要求是什么？
6. 销售物流的主要任务是什么？
7. 采购的主要模式有哪几种？
8. 如何理解企业物流方式与生产方式的关系？

第七章 行业物流

本章重点理论与问题

随着物流理论与实践在各领域应用的深化,行业物流的概念及其理论与实践得到了较快的发展。正确理解和认识不同的行业物流的特点、不同行业对物流的要求及其物流运作方式,对物流在各行业的应用实践十分重要。本章主要介绍了行业物流的含义与特点,重点介绍几类典型行业物流的特征与运作方式,包括制造业物流、批发零售业物流、农产品物流和图书出版业物流。

第一节 行业物流概述

随着我国物流产业的发展,物流市场逐步细分,出现了大量行业物流。行业物流的发展与行业本身的成熟度密切相关,我国行业物流处在不断发展之中。不同行业物流之间的差距较大,有的相对比较成熟,有的才开始起步。

一、行业物流的内涵与特点

行业物流是指不同行业领域伴随行业内部经济活动所发生的体现行业特点的物流活动。在不同的行业中,物流的表现形式和特征不同,比较典型的行业物流有制造业物流、批发零售业物流、农业农产品物流、图书出版业物流等行业物流。

行业物流具有普遍性,但由于各行业的产品特征及其生产方式存在较大差异,相关的物流也就有其特殊性。

二、物流在行业发展中的地位

现代物流除了服务于传统的社会性的物流领域之外,正在融入国民经济的各个行业领域之中。各个行业通过现代物流服务来提高行业的运行效率和质量水平,呈现出现代物流对国民经济的贡献不断增大。物流在不同的行业中表现出来的作用和贡献有所不同,一般而言有以下四种情形。

(一)行业核心竞争能力的来源

从物流的服务属性和物流的战略中心学说的角度而言,物流是许多行业发展的命脉,是行业的主要支撑力量和核心竞争能力的来源,对这些行业的生成和发展起着决定性的作用。属于这种类型的行业主要有运输业、仓储业、配送业、现代制造业、批发零售业等行业。

（二）行业经济活动的重要组成部分

物流活动是行业运行中的重要组成部分，物流已经成为行业发展中不可缺少的一部分，对行业成本有比较大的影响，是行业发展的支柱之一。属于这种类型的行业主要有石油业、煤炭业、建材业、制造业、钢铁工业、采掘业、电力生产与供应业、煤气及水的生产与供应业等。

（三）行业的支持和辅助性作用

行业的运行和发展，在一定程度上需要物流的支持，物流在产业成本中也发生一定的影响。属于这种类型的行业主要有农业、采矿业、电力、燃气及水的生产和供应业，以及建筑业等。

对某些行业领域有一定的辅助作用，如教育文化业、社会福利业、卫生体育业等。

第二节 现代制造业物流

一、现代制造业物流的概念

随着物流在制造业中的职能与作用越来越突出，人们对制造业物流的认识在不断加深，制造业物流的内涵也在不断拓展。传统观点认为，制造业物流是制造企业将产品推向用户的销售过程中的物流活动，是制造企业将产品输送到批发商、零售商、最终客户的过程，以及发生在这一过程中的需求预测、库存控制、运输优化和用户服务等一系列运营技术。现代观点认为，制造业物流还应该包括后向的供应商给制造企业提供原材料和零部件的物流过程，以及与该供应商发生的关于供应商选择、采购谈判和订单下达等一系列供应物流活动。同时，制造业物流还应包括围绕制造业企业的生产组织所进行的物流活动，保证生产平稳有序进行而又尽可能降低库存水平。

综上所述，制造业物流是围绕制造业企业的资源组织所进行的原材料、零部件等的供应物流，各生产工序上的生产物流，产品销售给用户的销售物流，以及企业产品的逆向物流。由制造业物流的范畴可看出，制造业物流是围绕制造企业所需要的物料供应、产品生产和销售的物流活动。

二、现代制造业物流的基本特征

（一）复杂性

对于制造业生产物流来说，因为组成产品的零部件成千上万，小到螺钉、螺母，大到大型铸件如汽车底盘、电器壳体，物流对象十分复杂。不仅需要现代化的立体仓库来储存各种大小适中的原材料和零部件，对于一些体积较大、形状不规则的零部件，如上面所说的汽车底盘，无法储存到立体库的货格上，因此必须在合适的地点建立相应自动化程度较低的平面仓库来存放这些零部件。这会造成物流作业效率的不一致，使物流中心的管理复杂化。此外，由于大型制造企业，特别是从事加工装配式生产的企业，一般来讲企业布局已经完成，物流网络相当复杂,而且由于当时设计的时候没有考虑周详,有可能没有经过优化,物流路线错综复杂。这些都将大大提高制造业物流管理的难度,不利于企业下决心来进行整顿和物流合理化建设。

(二) 有序性

对于制造业企业来说,特别是进行流水线生产的企业,其生产是平稳有序地进行的,其对各个零部件的需求在时间上也是有序的,在不同的加工、装配工序上的零部件在时间上是有先后之分的,即各零部件在进行物流时是可以有优先度之分的。在进行加工物流时要考虑到这一点。

(三) 匹配性

在制造业生产中,有些零部件的需求是配套的,如螺钉配螺母、相应的轴承配相应的轴等,而实际上整个产品的所有零部件可以看作是一套零部件的组合。在进行物流活动时,如果缺少某一部件没有配齐,即使其他零部件都能准时到位,由于在某一工序上缺少相应的零部件,也将造成整条生产线的停工;另一方面,当所有零部件都已配齐,如果其中有些零部件有余量,即在需要一个该部件时而送达了两个,它与另外的零部件没有配套,则该零部件只会造成多余的库存,造成无谓的浪费。

(四) 重复性

由于在进行生产时,一般来说加工工位的地理位置是不会发生变化的,即相应零部件的物流目的地没有发生改变,所以其物流路线是不变化的;同时随着生产节奏的变化,各个工位上的需求也是十分稳定的,体现在物流上是对物流时间的要求也是稳定的,而只是随着生产计划的变化有很小的变化。这就简化了物流中心的管理,由于物流的路线固定,我们可以利用自动化程度更高的连续输送机如辊道式输送机直接在物流中心与加工工位之间传送物资,加之物流的定时性,通过设定的物流流程,可以大大提高物流效率,同时也简化了物流管理的难度。

(五) 准时性

由于生产的连续性,特别是对于进行流水式生产的企业来说,其对物流的准时性有极高的要求。对于批发零售物流来说,若是没有及时安排配送造成缺货,其结果可能是暂时性地失去该客户,而对于制造业物流来说,若物料组织不及时,造成的后果将是整条生产线的停工待料,造成不可估量的损失。然而,我们可以通过将物流信息系统与企业计划信息系统(如 MRP、ERP 系统)高度集成,大大提高物流的可预测性,从而实现物料组织的高度准时性。

三、制造业物流的一般流程①

制造业物流的流程大体上跟一般物流的流程相似,只是因为制造业物流与制造业生产的联系更为紧密,所以制造业物流的流程体现在信息流上与企业生产计划等联系更为紧密,

---

① 汝宜红:《现代物流》,清华大学出版社,2005 年版。

而在运作上更强调货物(工厂零部件)的快速通过,越库式作业比较频繁,相对存货量不是很大,故需要较大的直通式理货区来进行快速作业。而对于销售物流过程,因为其一般是为大客户服务的,客户相对集中(制造业物流中心一般只负责为下一级销售物流中心、批发商或大零售商进行物流服务,而将小客户或个人订货交由下一级销售商来处理,以降低必须与每个客户进行交易而产生的交易成本),故在物流时较易实现整体运输,客户和订单管理也相对简单。除此之外,制造业物流的另一特征是往往将零部件、配件物流与成品物流的运作集成在一个物流中心之中,所以在管理时还要根据零部件与成品的不同特性区别管理。对于制造物流来说,制造工厂还扮演着双重角色:对于销售物流来说,制造工厂是其供应商,是物流中心存货的主要来源(此外还有一部分是直接采购回来的备件及其他附件);而对供应物流来说,制造工厂又是其用户,是其物流服务的主要目标。针对制造业物流中心的上述特征,制造业物流的流程也有自己的特征,如图 7-1 所示。

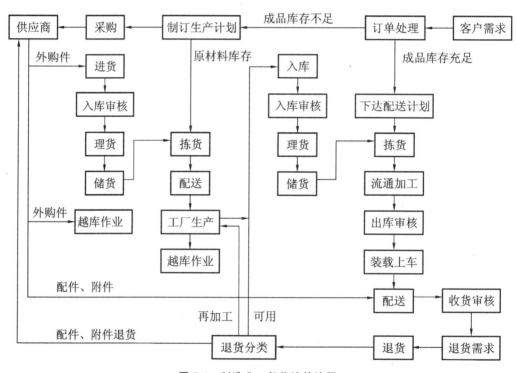

图 7-1　制造业一般物流的流程

从图 7-1 中可以看出,制造业物流的驱动力同样是客户需求,在接到客户的需求信息时,销售物流中心就查询库存,确定物流中心是否有足够的库存来满足这次订货。若库存满足需要,则下达物流计划,进行拣货、流通加工、装卸、物流等一系列物流中心作业,从而将货物迅速交到客户手中;若库存不足,则要组织生产,制订生产计划并下达到各个生产部门与生产物流中心,对于库存满足需要的零部件则通过生产物流中心经过一系列作业发送到生产部门,对于需要采购的零部件则需快速下达订单给供应商,并通过越库作业直接由供应商在物流中心暂存后送往生产部门,保证生产部门及时得到所需原材料和零部件。工厂完成产品的制造后,将一部分产品通过越库作业直接发给用户,而另一部分入库、理货后储存以保证后续需要。同时,外购的配件则可由供应商经过两次越库作业直接发送给客户。客户收到产品后可能会由于质量不合格等一系列原因而拒收货物,这时就会发生退货作业,将产品返回到物流中心后进行退货分类作业,根据不同的退货原因,明确责任。对于由于上游供应商配件造成的退货,将其退给上游供应商处理,并作相应的记录;而对于由于生产造成的退货则可退回加工工厂进行再加工,对于可以降级销售的产品则重新入库以等待机会降级销售,并作相应记录。

第三节 批发零售业物流

一、批发零售业物流的概念

伴随着市场的全球化和竞争的激烈化,以及社会生产方式、流通方式和生活方式的转变,流通领域的经营理念和竞争手段都在发生根本性改变,信息流、商流、物流和资金流在运作上集成起来,形成相互匹配与互动的格局。在流通领域,物流的专门化职能得到分离并越来越受到重视,为批发零售业带来的效率与效益显著增长。同时,批发零售业物流的理论与实践得到了较快的发展。批发零售业物流是指在商品的批发零售过程中一切物流活动的总称,可以分为批发业物流和零售业物流两个方面。

二、批发零售业物流的特征

(一)批发业物流的特征

批发企业面对的上游供应渠道是供应商生产企业,面向的客户不是流通环节的终点消费者,而是零售商业企业。对于上游供应商生产企业来说,由于所生产商品的产量一般都比较大,他们希望批发企业能尽可能多地大批量定购商品,与之相应的是大量的商品物流需求。对于零售企业来说,为了满足各种不同客户的需要,他们希望尽可能多地配备商品种类,由于经营场所空间利用的制约,希望批发企业适时、小批量供应商品,与之相应的是小批量、次数频繁的物流需求。因此,批发企业对其物流系统提出了必然的要求:一方面,要不断满足其零售客户多批次、少批量的订货及流通加工、包装等方面的需求;另一方面,还要满足其供应商大批量的供应物流的要求。这样,在生产企业的大批量物流供给和零售企业的小批量物流需求之间就产生了矛盾,批发企业正好从中发挥其职能,起到"蓄水池"和"调节器"的作用。

(二)零售业物流的特征

零售业物流是面向超级市场、大卖场、连锁商店、百货商店、邮购商店以及网上商城等商业企业的需求和服务的物流。在商流与物流分离的条件下,零售企业的物流需求,有从生产企业、批发企业等购进商品的采购需求,有将商品通过物流中心转运到各个连锁店和分销店的物流需求,还有把商品直接送到消费者手中的直销物流需求等。零售业物流系统是社会物流系统的分支或末端,是贴近消费者的物流活动,是零售行业管理与控制的关键环节。同其他行业物流活动相比,零售业物流主要体现出如下物流特点。

1. 统一采购，统一配送

连锁零售各门店的商品统一由总部采购,然后按照统一的营销策略和各分店对商品品种、规格、包装的要求进行统一配送。这两个统一使得连锁零售实现了大批量进货和整合输送,形成规模效益。

2. 品种多、批量小、频率高

为了增加供应链的柔性,零售店的订货批量一般较小,只能通过高频率的配送来满足门店需求。多品种、小批量、高频率的订货能够使零售店迅速适应市场变化,降低库存成本。

3. 运输和储存的形式多样

为了充分满足消费者的需要,零售店往往会同时经营种类繁多的商品,对运输和储存的要求呈现多样化,比如对于生鲜冷冻食品的卫生和保温要求、对玻璃等易碎物品的防震要求,等等。

4. 流通加工相伴而生

零售业物流的流通加工相伴而生,这是因为:一方面,零售配送中心的集中采购一般都以大包装形式进货,而门店销售时需要拆零;另一方面,为了保证商品质量而必须对农产品、即食食品等进行简单加工。因此零售配送系统要具备拆零、分拣、包装和简单加工等功能。

5. 逆向物流比较普遍

零售经营的特点要求其必须保持较高的商品更新频率,时尚商品或季节性产品往往会有更高的更新速度;同时,零售行业内较高的货损率也会造成退货频率和数量的增大。这些特点都会对零售物流系统提出退换货方面的逆向物流需求。

三、批发零售业物流的运营模式①

(一) 按主体划分的物流模式

1. 企业自营物流

企业自营物流即企业自己拥有物流中心。零售业巨人沃尔玛在物流方面的成功说明了物流中心的重要作用。在我国商业连锁经营中,具有一定规模的超级市场、便利店、专业店、综合商场等,都十分重视物流环节,相继建立了物流中心。实力较强的连锁企业自建物流中心,主要是为本企业的连锁分店进行配货,同时也可以为其他企业提供货物,能够创造更大的经济效益和社会效益。而且这种做法也符合企业的长期利益和战略发展需要。连锁企业都各有自己的经营特色,自建物流中心有利于协调与连锁店铺之间的关系,保证这种经营特色不受破坏和改变。

2. 社会化物流

在这种物流模式中,连锁企业的物流活动完全由第三方的专业物流公司来承担。社会

---

① 汝宜红:《现代物流》,清华大学出版社,2005年版。

化物流的优势在于专业物流公司能提供更多的作业和管理上的专业知识,可以使连锁企业降低经营风险。在运作中,专业物流公司对信息进行统一组合、处理后,按客户订单的要求,配送到各门店。这种模式的物流,还可为用户之间交流提供信息,从而起到调剂余缺、合理利用资源的作用。社会化的中介物流模式是一种比较完整意义上的物流模式,目前,国内多数物流企业正在积极探索。

3. 供应商直接物流

在中国批发零售业发展初期,许多连锁店都采取了把供应商直送方式简单地组合成连锁店的物流系统。实践证明这种方式失败了。从失败中连锁经营者认识到,由于导入期的中国连锁店在业态上大多选择了超级市场,而且是规模不大的第一代传统食品超市,连锁店规模扩大需要发展更多的店铺来实现。供应商的运输系统适应不了多店铺广域发展的连锁店的要求,物流不到位、缺货断档、时间衔接不上等制约了连锁店的发展。

4. 共同物流模式

共同物流模式属于一种横向集约联合,它为实现整体的物流合理化,以互惠互利为原则,互相提供便利的物流服务,相互协作。按供货和送货形式,共同物流模式又可分为共同集货型、共同送货型和共同集送型。共同集货型是指由几个物流部门组成的共同物流联合体的运输车辆,采用"捎脚"方式向各货主取货。共同送货型则是共同物流中心从货主处分散集货,而向客户送货采用"捎脚"方式。共同集送型则兼有上述两种模式的优点,是一种较理想的物流模式。按共用范围确定的模式,共同物流模式还可分为资源共同型和共同管理型。前者是指参加横向集约联合的企业组成共同物流中心,利用各加盟企业的有限资源(含人、财、物、时间和信息),使之得到充分利用;后者则是企业间在管理上各取所长,互通有无,优势互补,特别表现在人员使用与培训上。

共同物流模式可以极大地促进"物尽其用"和"货畅其流",值得大力推广。

(二)按物流时间及数量划分的物流模式

1. 定时物流

定时物流是按规定的时间间隔进行物流活动的模式。每次物流活动的品种和数量可按计划执行,也可在物流活动之前通过电话或电脑通知品种和数量。定时物流由于物流活动的时间固定,易于安排工作计划和使用车辆,对用户来讲,也易于安排人员、设备接货。但是,由于物流商品种类多,配货、装货难度较大,在物流数量变化时,也会使物流运力安排出现困难。

2. 定量物流

定量物流是按规定的批量在指定的时间内完成物流活动。这种方式数量固定,备货工作较为简单,可以按托盘、集装箱及车辆的装载能力规定物流数量,能有效利用托盘、集装箱等集装方式,也可做到整车物流,物流效率较高。对用户来讲,每次接货都处理同等数量的货物,有利于人力、物力的准备。

3. 定时、定量物流

定时、定量物流是按照规定的物流时间和物流数量进行物流活动的方式。这种方式兼有定时、定量两种方式的优点,但特殊性强,计划难度大,适合采用的对象不多。

4. 定时、定线物流

定时、定线物流是在规定的运行路线上按事先确定的运行时间表进行物流活动。用户可按规定路线、车站及规定时间接货及提出物流活动的要求。采用这种方式有利于计划安排车辆及驾驶人员。在配送用户较多的区域,也可免去过分复杂的配送要求所造成的配送组织工作及车辆安排的困难。

5. 即时物流

即时物流是完全按照用户突然提出的物流要求进行物流活动的方式,是一种灵活性很高的应急物流方式。

四、批发零售业物流的作业流程

批发零售业物流作业流程可分为一般作业流程、中转型作业流程、加工型作业流程和批量转换型作业流程。

(一) 一般作业流程

一般作业流程如图7-2所示,但不是所有的物流都按此流程进行,不同的商品,其作业流程长短不一,内容也不尽相同,但作为一个整体,作业流程又是统一的。

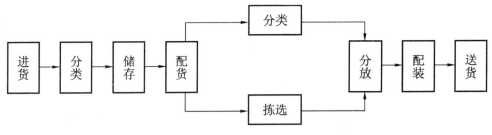

图 7-2 一般作业流程

一般配货作业以干货为主,主要包括服装、鞋帽、日用品等小百货,家用电器等机电产品,图书和印刷品等其他杂品。这类产品的特点是:有确定的包装,商品的尺寸不大,因此可以对它们进行混装、混载;同时这些产品品种、规格繁多,零售店的需求又是多品种、小批量的,所以要对它们进行理货和配货。

(二) 中转型作业流程

中转型作业流程专以暂存商品的物流为职能。暂存区设在配货场地,物流中心不单设存储区。这种类型物流中心的主要场所都用于理货、配货。许多采用"即时制"的商贸企业都采用这种物流中心,前门进货后门出货,它要求各方面做好协调,而且对技术,尤其是信息技术要求较高。

(三) 加工型作业流程

典型的加工型作业流程如图7-3所示。

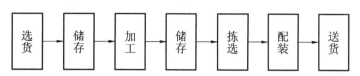

图 7-3 加工型作业流程

在这种流程中,商品按少品种、大批量进货,很少或无须分类存放。加工一般是按用户要求进行,加工后直接配货。

(四)批量转换型作业流程

采用批量转换型作业流程,商品以单一品种、大批量方式进货,在物流中心内转换成小批量商品。

第四节 农产品物流

一、农产品物流的概念

农产品物流是以农业产出物为对象,以实现农产品的保值增值为目的,以产后加工、包装、储存、运输和配送等物流作业为手段的一种行业物流形式。有人将农产品物流定义为:为了满足用户需求,实现农产品价值而进行的农产品物质实体及相关信息从生产者到消费者的物理性活动。具体地说,它包括农产品生产、收购、运输、储存、装卸、搬运、包装、配送、流通加工、分销、信息等活动过程。该定义着重强调了农产品物流的客体是脱离生产领域的农产品,因此将其与农业物流进行了区分。

二、农产品物流的分类

按照物流系统的空间范围不同,农产品物流可以分为:国际农产品物流、国内农产品物流和地区农产品物流。

按照物流系统的性质范围不同,农产品物流可以分为:社会农产品物流和企业农产品物流。

按照物流系统是否外包,农产品物流可以分为:自营农产品物流、第三方农产品物流和农产品物流联盟。

按照农产品的种类不同,农产品物流可以分为:粮食作物物流、经济作物物流、畜牧产品物流、水产品物流、林产品物流、其他农产品物流,等等。

三、农产品物流的特点

由于大多数农产品本身价值较低,所以相对于本身的价值而言,农产品耗费着更多的物流成本。也就是说,农产品物流的"第三利润源"更加丰厚,加强对农产品物流的管理意义更加重大。农产品物流具有以下一些特点。

（一）源头的分散性

农业生产不同于工业生产，其主体具有明显的分散性，而且这种分散性既不会随技术的进步而改变，也不会随制度的更迭而动摇。古往今来，世界各地，以家庭为单位的生产制度都普遍存在。众多分散、小规模、无差异的农户构成了农产品物流的源头。

（二）资产的专用性

农产品的生物特性具体体现在三个方面：第一，蔬菜水果等农产品的易腐易损性；第二，单位产品价值低、体积大；第三，最初产品形状、规格、质量参差不齐。这些特性限制了农产品物流的作业时间和流动半径，并要求物流作业过程中尽量减少装卸搬运次数，迫使物流经营者不得不投入更多的专用资产。

（三）加工的增值性

农产品加工可以划分为生产加工和促销加工两大类，其中生产加工包括研磨、抛光、色选、细分、干燥、规格化等具体内容；促销加工包括价格贴付、单元化和商品组合等。农产品加工和副产品的综合利用是减少农产品损失、延长保存期限、提高产品附加值的重要途径，也是农产品物流的重要增值内容。

（四）对通道的依赖性

大多数农产品都是生活必需品，其生产又受自然地理条件的制约，因此农产品的供给弹性和需求弹性都很小，容易出现价格的急剧波动。而农产品的生产与消费之间的空间跨度一般都较大，如果物流通道不畅则会加剧价格波动。因此，农产品物流对通道的依赖性较强。

第五节　图书出版业物流[①]

一、图书出版业物流的概念

图书出版业物流是指图书、期刊、报纸等出版物在其供应链上的物流过程，包括运输、储存、包装、装卸、搬运、流通加工、配送以及信息处理等活动。

图书出版业物流过程连接出版物的出版、印刷、批发、零售等活动，是出版物分销的重要组成部分。随着改革开放的不断深化和文化产品需求的不断增加，我国的出版业取得了长足发展，每年出版新书均超过10万种，产业化趋势正在形成。2002年，经中宣部、新闻出版总署批准成立58家试点集团，17家出版物连锁企业正式挂牌，4000多家分店覆盖国内各大区域，实现销售收入435亿元。出版业的跨越式发展，对图书出版业物流活动也提出了越来越大的需求，对物流时间、作业质量、物流费用等物流服务水平的要求越来越高。加入WTO后，为了支撑和保障出版业的持续快速发展和积极参与国际竞争，国家新闻出版总署

---

① 汝宜红：《现代物流》，清华大学出版社，2005年版。

等主管部门提出"要大力推进连锁经营,加快出版物流通体系建设""加强信息化、网络化和物流配送设施的建设"。实现图书出版业物流的现代化,已成为提高我国出版业经济效益、实现社会效益、降低企业乃至全产业流通总成本的主要途径。

二、我国图书出版业物流现状

(一)图书出版业物流的业务流程

目前,我国出版物经营企业的物流运作模式一般分为分散经营和行政区域集中经营两种模式。两种模式的图书出版业物流的业务流程和具体物流工作有所不同。

分散经营模式的图书出版业物流是自营形式的物流运作模式,多为出版社、批发商、零售商等单位所有,这些单位均有自己的配送中心或仓库,仅从事自己企业的物流业务。分散经营模式下的图书出版业物流业务流程如图 7-4 所示。

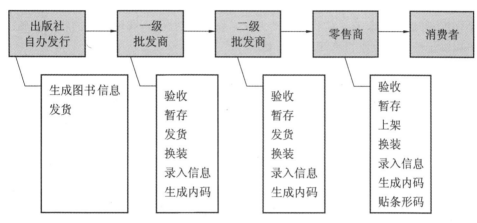

图 7-4 分散经营模式下的图书出版业物流业务流程

行政区域集中经营模式,一般是在省级行政区域范围内,在政府的引导下,出版社与省、市两级新华书店系统进行联盟与合作,组建企业集团,实现连锁经营。这种模式弱化了出版社的自办发行,通过省、市级新华书店的配送中心(或物流中心)实行统一采购、统一配送的集中化管理模式,实现物流业务的集中管理。行政区域集中经营模式下的图书出版业物流业务流程如图 7-5 所示。

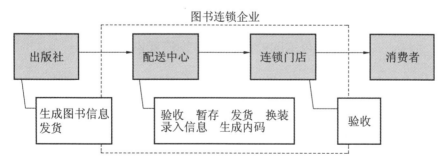

图 7-5 行政区域集中经营模式下的图书出版业物流业务流程

(二)图书出版业物流设施技术水平

目前,我国图书出版业物流设施的技术水平主要有两个特点。

1. 普遍采取手工和半机械化作业

我国图书出版业物流作业普遍采用手工和半机械化方式,自动化的作业设施还没有普及。进货验收、上架、分拣、发货等劳动强度较低的作业环节,通常都采取手工作业方式;而搬运、运输、包装等作业环节,通常采取机械化作业方式,如使用自动包装机械、搬运机械等。

2. 部分企业实现半自动化作业

近年来,部分规模较大的出版物经营企业对物流作业设施进行了改造,如采用了自动导引车、自动分拣流水线、无线数据采集系统、电子标签系统等技术,能够在一定程度上实现图书出版业物流作业的自动化。自动化设施的采用,有利于加快信息流动,提高物流效率,降低劳动强度,开展增值服务。在我国劳动力成本较低的情况下,我国目前的物流设施技术水平还可以满足图书出版业物流活动的需要。

(三)图书出版业物流信息化水平

目前,我国出版物供应链上的各企业一般都使用自己的企业管理信息系统,基本能够实现企业内部的信息化。部分实现连锁经营的企业,在政府的推动下,能够在连锁区域内使用统一的信息系统,实现区域内的信息共享。由于出版物的物流自动化水平较低,大多数地区和企业都没有实现物流自动化,因此尚未开发使用专门的物流管理信息系统,物流信息的传递通常与商务信息的传递共享一套信息系统。

(四)图书出版业物流成本状况

目前,我国的图书出版业物流成本还没有精确的统计数据。通过调查估算,2002年我国仅用于图书物流的总成本达到80亿元(物流费率按15%计算、退货率按10%计算),其中,用于图书运输的纸质包装材料成本约12亿元,用于图书退货的物流成本为7.3亿元。同时,据主管部门统计,2002年,全国图书库存累计总价值超过300亿元。库存图书占用的仓储空间、人力投入及资金占用利息等也都是物流成本的重要组成部分。

【经典案例1】

海尔的流程再造与物流实践

海尔集团创立于1984年,进入21世纪后已发展成为在海内外享有较高美誉度的大型国际化企业集团,初步搭建了国际化企业框架。从1984年引进德国利勃海尔电冰箱生产技术成立青岛电冰箱总厂,产品已由单一的冰箱发展到拥有白色家电、黑色家电在内的69大类10800多个规格的产品群,并出口到世界160多个国家和地区。海尔已建立起一个具有国际竞争力的全球设计网络、制造网络、营销与服务网络。现有设计中心15个,工业园9个,工厂49个,服务网点11976个,营销网点53000多个。

一、海尔市场链的内涵和运作方式

所谓市场链,是指企业围绕一个中心任务(如新产品的策划销售、生产成本控制以及其他需要多部门协作的工作等),相关职能部门和分厂形成一个责任清晰、利益共享的作业链条,一环扣一环,最后形成一个闭合的链,各环节间的责任关系在组建市场链时事先加以规定,并可随着整个任务的完成状况而进行适当调整。这样,使整个链能够有机地结合起来,高效运作,以求达到整体利益的最大化。当这条链围绕的中心任务完成后,市场链自动解体。一个部门或分厂可能同时是多个市场链的组成部分。

市场链的价值实现是将价值链与企业跨职能部门的组织模式结合,通过对上下游部门或企业之间的价值绩效评估,进行"索赔、索酬、跳闸"(即SST模型),同时将市场机制引入企业内部的部门与部门之间、工序与工序之间进行协作评估,SST即是对这种关系的很好解释。索赔,即如果下道工序对上道工序评估后,发现本道工序价值减少或成本增加是由上道工序造成的,则向上道工序提出索赔的要求。索酬,即上道工序高质量完成任务,并促进了下道工序任务以及整个任务的完成,则上道工序可以向下道工序提出索酬的要求。跳闸,即如果出现了索赔现象,且上道工序不向下道工序给予赔偿,则下道工序可以停止任务的执行,最终造成的损失都由上道工序承担。

二、以市场链为纽带的业务流程再造

海尔以实施市场链为纽带的业务流程再造为基础,以先进的信息技术为手段,以订单信息流为中心,带动物流和资金流的运动,通过整合全球供应链资源和全球用户资源,实现零库存、零营运资本和与用户零距离的目标。

海尔组织结构的创新经历了三个阶段:第一个阶段是直线职能式的组织结构,第二个阶段是矩阵式的组织结构,第三个阶段是市场链管理模式。

海尔过渡到市场链管理模式,已经被列入一些大学商学院的管理案例库。海尔认为,在新经济条件下,企业不能再把利润最大化当作目标,而应该以用户满意的最大化、获取用户的忠诚度为目标。在互联网时代,用户的需求是多样的,而且是个性化的,所以必须做到满足用户的个性化需求,企业才有可能获取利润。

市场链模型将直线职能式的管理转变为对市场负责的机制,把外部市场的竞争效应内部化,在企业内部的每个部门、每个人都有一个市场,下道工序就是用户。这种市场链的流程重组模型充分体现了以客户为中心的服务理念,使企业内部所有未直接面对消费者的个人和部门都直接面对客户,所有的工序都是市场链的环节,所有部门和个人都要对市场负责、对客户负责。每个部门都是一个市场,每个人都有一个市场。你有代表市场索赔的权利,也有对市场负责的责任。

海尔集团根据国际化发展思路,对原来的事业部制的组织机构进行了战略性调整,形成以订单信息流为中心的业务流程。市场链管理业务模式的具体做法如下。

把原来各事业部的财务、采购、销售业务全部分离出来,整合成商流推进本部、物流推进本部、资金流推进本部,实行全集团统一营销、采购、结算。这是海尔市场链的主流程。

把集团原来的职能管理资源进行整合,形成创新订单支持流程3R(R&D——研发、HR——人力资源开发、CRM——客户管理),以及保证订单实施完成的基础支持流程3T(TCM——全面预算、TPM——全面设备管理、TQM——全面质量管理),3R和3T支持流程以集团的职能中心为主体,注册成立独立经营的服务公司。这是海尔市场链的支持流程。

整合后,集团同步业务流程中全球的商流(商流本部、海外推进本部)搭建起全球的营销网络,从全球的用户资源中获取订单;产品本部在3R开发支持流程的支持下通过新产品的研发、市场研发及提高服务竞争力,不断满足用户新的需求,创造新的订单;产品事业部在3T基础支持流程支持下实施商流获取的订单和产品本部创造的订单,在海尔流程再造下的制造从过去的大批量生产变为大批量定制,采用CIMIS(计算机集成制造系统)辅助,实现柔性化生产;物流本部利用全球供应链资源搭建起全球采购配送网络,实现JIT订单加速流;资金流搭建起全面预算系统。

这样形成直接面对市场的、完整的物流、商流等核心流程体系和3R、3T等支持流程体系,商流、海外推进全球营销网络获得的订单形成订单信息流,传递到产品本部、事业部和物流本部,物流本部按照订单安排采购配送,产品事业部组织安排生产,生产的产品通过物流配送系统送到用户手中,而用户的货款也通过资金流依次传递到商流、产品本部、物流和供应方手中。这样就形成横向网络化的同步业务流程。这种结构实现了企业内部和外部网络相连,使企业形成一个开放的而不是封闭的系统。

海尔的市场管理业务模式通过对物流的集中控制,向采购要增值,加强供货商竞价评判,降低成本,并运用SCM强化供应商管理。

海尔的市场管理业务模式通过对商流的集中管理,有效地实现企业对客户的管理,提高客户的忠诚度及满意度,运用CRM强化客户关系与提高服务质量。

在该模式下生产制造中心成为最小的制造单元,其灵活度增强,能有效控制生产成本。

资金流控制中心将是企业追求成本控制战略的有效武器,从系统论的观点看,局部最优不能保证系统最优,为此资金流控制中心从全局把握企业集团整体成本利润,以便整合资源,保证企业集团的成本最低。

海尔的市场管理业务模式以订单信息流为中心带动物流、资金流。在业务流程再造的基础上,海尔形成了"前台一张网,后台一条链"的闭环系统。前台的一张网是海尔客户关系管理网站(haiercrm.com),后台的一条链是海尔的市场链,二者构筑了企业内部供应链系统、ERP系统、物流配送系统、资金流管理结算系统、遍布全国的分销管理系统和客户服务响应(Call-Center)系统,并形成了以订单信息流为核心的各子系统之间无缝连接的系统集成。

海尔ERP系统和CRM系统的目的是一致的，都是为了快速响应市场和客户的需求。前台的CRM网站作为与客户快速沟通的桥梁，将客户的需求快速收集、反馈，实现与客户的零距离。后台的ERP系统将客户需求快速触发到供应链系统、物流配送系统、财务结算系统、客户服务系统等流程系统，实现对客户需求的协同服务，大大缩短对客户需求的响应时间。对海尔来说，一个小小的订单牵动了企业的全身——设计、采购、制造、配送整个流程。

三、海尔对物流管理的战略认识

海尔集团首席执行官张瑞敏认为，"不抓物流就将无物可流，物流对海尔的发展非常重要"，这是由现代企业运作的驱动力所决定的。海尔认识到，现代企业运作的驱动力就是一个：订单。如果没有订单，现代企业就不可能运作。

从海尔的物流管理实践看，它对于现代物流的认识表现为：第一，它就是企业的管理革命；第二，它就是速度。为什么说物流是企业的管理革命呢？因为不管是谁，要搞现代物流，一定要搞流程再造，一定要革自己的命。就是把原来的组织结构，那种直线职能式的金字塔的结构改革为扁平化的组织结构。这对企业来讲，是一场非常痛苦的革命。

现代物流区别于传统物流的两个最大的特点：第一是信息化，第二是网络化。海尔在实践过程中，用"一流三网"来体现这两个特点。"一流"就是订单信息流。订单信息流体现了信息化。企业内部所有的信息，都必须围绕订单流动，否则信息化是完全没有意义的。"三网"就是全球的供应网络、全球配送网络、计算机管理网络。这三个网是物流的基础和支持。如果没有这三个网，物流的改造也是不可能的。

21世纪企业制胜的武器是速度。而这个速度，就是最快地满足消费者的个性化需求。怎么来实现这个速度呢？这就要依靠"同步模式"。对海尔来讲，在接到订单的那一刹那，所有与这个订单有关的部门和个人，都必须同步行动起来。如果没有同步流程，就不可能使订单快速传递、快速运作、最终以最快的速度将产品送达用户手里。

对海尔来讲，物流实现了三个零的目标，即零库存、零距离、零营运资本，物流也给了企业能够在市场取胜的核心竞争力。物流战略的实施使海尔一只手抓住了用户的需求，另一只手抓住了可以满足用户需求的全球供应链，并把这两种能力结合在了一起。通过业务流程再造，建立现代物流，海尔获得了在全世界都可以进行竞争的核心竞争力。

四、物流再造工程的实施

（一）管理机制再造

订单牵拉模式的核心是需求订单，企业的一切活动都应该围绕客户需求订单进行。因此，应该建立以订单信息流为中心、带动物流和资金流运行的机制。

（1）订单是企业管理和业务活动的驱动源；

（2）物流是满足客户需求并获得更多订单的根本保证，推行订单牵拉模式要求有及时、迅速、准确的物流加以保证；

（3）资金流的良性运行既是订单牵拉模式的成果，也是其有效执行的前提。

（二）建立柔性生产系统

采用订单牵拉模式，对制造过程提出了更高的要求。制造过程必须能够对市场变化做出更迅速的反应。对于需求弹性较大的产品，必须做到迅速转变并适应批量定制。同一条生产线，应该能够进行不同的调配和组装，以便在不同时期分别为不同的订单生产不同规格的产品。制造商的生产计划人员也需要与客户计划人员一起工作，以便为每一个客户制定细分市场的开发策略。

（三）实现JIT模式

JIT模式在这一领域中将有大的作为。采购JIT、原材料配送JIT和配货JIT都能以适当的方式加以采用，使客户对交货日期的要求得到最大限度的满足。

（1）采购JIT。对于大的国际化家电企业集团来说，采购需要在全球范围内进行，以获得质优价廉的零部件；需要与零部件供应商由过去的买卖关系转变成为战略合作伙伴关系，将采购管理转变成为资源管理，与供应商实现公平、互动、双赢的联盟合作。为了在更大程度上实现JIT采购，制造商可能需要为战略合作伙伴创造就近建立工厂、为公司生产所需部件的条件。

（2）原材料配送JIT。原材料配送JIT的目标是减少为生产过程服务的仓库和储存。订单牵拉模式下的原材料配送同样要以需求订单信息为核心，采用JIT配送手段，彻底消除资源浪费。

（3）成品分拨物流。成品分拨物流包括运输、配送、交货等环节。从生产基地到配送中心的装货、运输、卸货，配送中心的配货，以及从配送中心到客户指定地点的运输、卸货和移交等环节，都需要尽可能地采用机械化、自动化操作和先进的信息技术手段，才能够保证及时交货、降低出错率和损坏率并提高运转效率。发达国家的成品分拨物流较多地外包给专业化的第三方物流提供商。而目前国内第三方物流提供商的专业化服务水平还无法满足大型家电企业成品分拨物流运行的需要。大型企业有必要建立自己的成品分拨物流系统。

总之，订单牵拉模式的推行，需要对企业后勤管理进行改造，建立新的物流、信息流循环模式，才能为订单牵拉模式的顺利推行铺平道路。

案例思考题

1. 海尔实施业务流程再造前后有哪些改变？
2. 为什么要实施订单牵拉模式？订单牵拉模式实施的保障是什么？
3. JIT得以实施的内在动力是什么？
4. 海尔的物流管理的特色和经验是什么？

【经典案例2】

沃尔玛商品物流现代化

连锁经营之所以会成功,是因为其具有规模化、专业化、标准化和信息化,这些是非连锁商店永远都做不到的,正是这些使连锁商店具有更加旺盛的生命力,并且逐步被人们所接受。

沃尔玛公司是全球最大的连锁销售企业,经过短短的几十年时间,沃尔玛就从一个不起眼的小镇上的杂货店发展成为跨国经营的零售业巨头,不能不说是一个奇迹。

一、提供一站式服务

提供一站式服务是吸引消费者的一个行之有效的方法。顾客是否能够在商店中一次性购买所有需要的商品,能否得到一些及时的新产品的信息及另外一些附加服务,这都是衡量企业经营水平的重要标志。沃尔玛的商场比一般的超级市场要略大一些,经营的品种十分齐全,一个家庭所需要的物品几乎都能在这里买到,所以又被称为"家庭一次购物",而且陈列整洁、标识清楚,使人充分感受到购物的乐趣。

二、先进、完善、独特的配送体系

作为商品流通企业,采购、存货、运输、信息等是影响商品成本的关键因素。

(一)直接从工厂进货

首先是购货,即商品采购,它是商品销售价格的第一道关卡,也是商品物流管理的起始点。良好的监督体制及优秀的员工素质,使其避免了在采购过程中容易出现的"回扣""进货成本偏高"等问题。例如:禁止推销商向采购员送礼或请客吃饭;尽量避免采购人员单独同供货商签订合同;教育员工同供货商讨价还价,告诉他们,他们不仅仅是在为公司讨价还价,同时也是为自己和顾客。沃尔玛的大批量订购货物的形式,往往能够拿到比其他商家更加优惠的价格,这样一来,相对于其他零售商而言,沃尔玛的购货成本就低一些,所卖商品价格就更加具有竞争力。

(二)具有独特的配送体系

沃尔玛被称为是零售配送革命的领袖,所谓配送就是将各分店所需货物在规定日期,安全、准确地送达。在这个过程中,减少费用的措施有:确定最佳路径,减少运输次数,提高车辆装载效率,设定最低配送量,实施共同配送,选择最佳配送手段。

由于沃尔玛的目标是满足顾客的需要,因此要及时提供给顾客质优价低的商品。为使这些商品在顾客所需要的时间和地点出现,就一定要开发出一种低成本补充存货的方法——交叉装卸法。它的做法就是使商品不断地被送到公司的仓库中,在仓库中进行分类、再包装最后再发送到各个分店中,货物在仓库(配送中心)停留的时间很短,一般不会超过48小时。通过这种方法,可以减少公司正常库存条件下所付出的成本,得到大批量购买所带来的折让,很大程度上降低了成本,提高了存货周转速度。沃尔玛销售的商品中,87%左右是自己的配送中心所提供的,使用这种方法,其成本低于其他商家,价格更加具有吸引力。

要使交叉装卸法能够正常运作,就要求配送中心、各个分店、供货商之间密切联系,这样才能确保采购配送销售能在短时间内完成,这是一个紧密相关的系统。"天天平价"的基础,使销售情况便于预测,减少存货的同时带来了大量的顾客,创造了更好的销售额;紧密的联系使商家与供货商能及时联络,第一时间补充货架上缺少的货物;高效、快速的运输体系使商品的运输成本大大降低。

(三)选择配送中心地址

从配送中心的角度来看,配送中心负责将商品从供货商处运至各分店。配送中心的选址十分重要,它直接关系到成本、运输、采购等多方面的问题。从距离来看,配送中心到所负责的门店的路程不会超过一天,这样就能保证配送的及时性;从位置来看,由于沃尔玛的商店定位不是根据城市的大小来确定,在一些乡村也设有,因此它的配送中心一般不会在城里,而是在郊区,这样有利于降低成本;从面积来看,配送中心一般可达11万平方米,员工近千人,将近85%的货物通过配送中心发送。一般一个配送中心负责一定范围内的多个商店。

(四)自营运输业务

沃尔玛自己拥有庞大的运输队伍,担任着配送中心到商场的运输任务。公司的近20个配送中心拥有2000多辆公路长途运输卡车和1.1万辆以上的拖车,这是美国乃至世界上最大的私人商用车队,正是迅速的信息传递及先进的计算机跟踪系统,使之能够在全美范围内进行商品的快速运输,保证了沃尔玛能够及时地进行商品供给。

三、完善的信息处理系统

沃尔玛在利用先进的科技上花费了大量的人力和财力,经过多年的实践,充分证明了在科技上的投入是物有所值的。沃尔玛是世界上第一个拥有私人通信卫星的企业。1993年,沃尔玛用2400万美元建立了自己的卫星通信系统,通过这个系统每天直接把销售情况传送给5000家供应商。

就拿深圳的几家沃尔玛商场来说,公司计算机与总部相连,通过卫星系统,随时可以查货、点货、拨货和进行信息交流。

沃尔玛拥有自己的计算机网络体系,配送中心的管理是机械化与计算机化的有机结合。沃尔玛具有发达的计算机网络体系,总体上可以说呈发达的"根系"状,从分店的销售统计到自动存货再到自动订货,这就是它为什么能够及时地了解销售情况并能准时补充货源的原因所在。任何一家沃尔玛商场,都有自己的终端,并通过卫星与总部相连,在商场设有专门负责盘货的部门。沃尔玛每销售一件商品,都会即时通过与收款机相连的计算机记录下来,每天都能清楚地知道实际的销售情况。所有商品都利用条码通过计算机进行跟踪,既方便、安全,又快捷。

出售商品的价格并不是标在商品的包装上的,而是统一利用带有磁性的大标签贴在货架上,所以条码显得十分重要。沃尔玛所出售的商品都是通过条码来确定价款的,这种方法安全、可靠、方便、快捷,优势显而易见。

四、实施快速补充货架商品的物流战略

沃尔玛零售商集团把快速补充商场货架物流战略全面推广到合伙人经营的日用品和食品零售连锁店、零售商场、供货商、生产商和制造商,扩大快速补充货架物流战略的覆盖面和受益面。这项商场货架快速补充物流战略的最大优势就是通过缩短供货周期,增加小批量、多品种和大范围产品的供货频率,进一步大幅度降低存货成本,提高货架供应的经济效益。

射频识别技术标签(以下简称 RFID)是沃尔玛能不断更新、持续快速地补充货架商品的物流战略的撒手锏,它能确保货架持续保持商品数量、种类和质量,避免了货物的无故脱销和短缺。沃尔玛在美国和世界各地的零售商场和配送中心积极而又普遍采用射频识别技术标签以后,货物短缺和货架上的产品脱销发生率降低 16%,从而大幅度提高了客户服务满意率。在 RFID 标签技术和其他电子产品代码技术的大力支持下,产品在商场、仓库、运输甚至制造业中的动态全部一目了然,避免了订货和货物发送的重复操作和遗漏,更不会出现产品或者商品供应链经营操作规程中的死角和黑箱。仅在 2005 年,沃尔玛在原来的基础上又增加使用 5000 余万件 RFID 标签。据来自美国阿肯萨斯大学的一份报告,到 2005 年 10 月底,沃尔玛已经把射频识别技术标签等现代化供应链经营管理技术推广到美国和世界各地的 500 多家沃尔玛零售商场和连锁店,到 2006 年底把 RFID 技术的使用范围扩大到 1000 余家。

毫无疑问,按照沃尔玛的要求实施快速补充货架物流战略必然会造成货运成本增加,但是这些成本可以通过 RFID 等零售市场供应链技术功能效益和投资回报率的提高,降低存货成本,再加上供货商和制造商等合伙人的紧密合作,从供货源头开始就致力于物流成本的降低,最终达到零售行业整体利润提高。美国国内的 3600 间沃尔玛超市、零售商场和连锁店通过快速货架物流战略,仅仅在配送物流方面一年就节约 5200 万美元;而其远期目标是年均节约 31000 万美元。

案例思考题
1. 沃尔玛的商品物流的主要特色有哪些?
2. 沃尔玛配送体系有什么特点?
3. 沃尔玛的快速补充货架物流策略是如何实施的?

【本章关键术语】

行业物流　(trade logistics)
制造业　(manufacturing industry)

批发零售业 （wholesale and retail trade）
物流模式 （logistics pattern）
物流特征 （logistics type）

【本章思考与练习题】

1. 如何理解行业物流的含义？
2. 试举例说明物流在行业发展中的地位和作用。
3. 现代制造业物流的主要特征有哪些？
4. 如何理解批发业物流的主要特征与物流要求？
5. 如何理解零售业物流的主要特征与物流要求？
6. 批发零售业物流的一般运营模式有哪些类型？
7. 结合实际谈谈我国图书出版业物流存在的主要问题。

第四篇

现代物流产业

❖ 物流服务与物流企业

❖ 物流园区

❖ 物流产业

第八章 物流服务与物流企业

本章重点理论与问题

> 物流服务是满足客户需求所实施的一系列物流活动过程及其产生的结果,具有从属性、即时性等特点。物流企业是为客户提供物流服务的企业组织。第三方物流作为一种新的物流服务模式具有专业化、信息化、个性化和合同化的特点。本章首先介绍了物流服务的概念与物流服务的基本内容;然后讨论了物流企业的概念、物流企业的职能与分类;最后讨论了第三方物流的概念、创造价值的途径和开展第三方物流服务的条件。

第一节 物流服务

物流服务水平是衡量物流系统为顾客创造的时间和场所效用能力的尺度。物流服务水平决定了企业能否留住现有的顾客及吸引新顾客。当今的每一个行业,从汽车到服装,消费者都有很大的选择余地。物流服务水平直接影响着企业的市场份额和物流总成本,并最终影响其赢利能力。

一、物流服务的概念

(一)物流服务的定义

《物流术语》(GB/T 18354—2006)对物流服务(logistics service)的定义是:为满足客户需求所实施的一系列物流活动过程及其产生的结果。

供应商和它们的客户对物流服务定义的理解可能是不同的。从广义上说,物流服务可以衡量物流系统为某种商品或服务创造时间和空间效用的好坏,包括诸如减少库存审核、订货的工作量,以及售后服务的行为。

在大多数组织里,物流服务通过一种或几种方式定义,包括以下几点。

(1)一种活动或职能,如订单处理或客户投诉处理。

(2)实际绩效指标,如在 24 小时内发运 98% 的订单的能力。

(3)它是整个企业理念的一部分,而不仅仅是一种行为或绩效的衡量尺度。如果组织把物流服务看作一种理念,那么它可能会有正规的物流服务职能部门和各种绩效衡量指标。

(二)物流服务的内涵

物流服务是企业为了满足客户(包括内部和外部客户)的需求,开展一系列物流活动的过程及其产生的结果。物流的本质是服务,它本身并不创造商品的形质效用,而是产生空间效用和时间效用。站在不同的经营实体上,物流服务有着不同的内容和要求。

1. 作为客户服务一部分的物流服务

从工商企业的经营角度看,物流服务是企业物流系统(enterprise logistics system)的输出,是保证顾客对商品可得性的过程。企业物流服务属于客户服务的范畴,是客户服务的主要构成部分。在这里,物流服务主要包括以下三个要素:

(1) 备货保证,有顾客所期望的商品;

(2) 输送保证,在顾客所期望的时间内传递商品;

(3) 品质保证,符合顾客所期望的服务质量。

日本物流学者阿保荣司教授认为,用以解释物流概念的"距离理论"强调的是物流在克服空间距离方面发挥的作用,很难反映出物流的真正目的,应该用"到达理论"替代"距离理论"。"到达理论"强调物流服务的本质是将商品送达用户手中,使其获得商品的"利用可能性"。利用可能性等于存货服务率与配送服务率的乘积。如果存货随时能够满足订货要求,则存货服务率为100%;所订货物按规定的时间准确送达用户手中,则配送服务率为100%。如两项服务率都是100%,则用户的商品利用可能性也达到100%。这个观点实际上体现了物流系统(logistics system)的内涵。

2. 作为物流企业产品的物流服务

从提供物流服务的物流企业角度看,物流服务就是企业的产品,其产品内容就是物流服务的内容。物流企业的服务要满足货主企业向其客户提供物流服务的需要,无论是在服务能力上,还是在服务质量上都要以货主满意为目标。在能力上满足货主需求,主要表现在适量性、多批次、广泛性(场所分散)等方面;在质量上满足货主需求,主要表现在安全、准确、迅速、经济等方面。物流企业的服务市场,来自工商企业的物流需求。因此,物流企业要提高自身的竞争力,开拓市场,首先要把握服务企业的物流需求内容和特征,将物流服务融入被服务企业的物流系统当中去,树立以货主为中心的服务理念。

(三)物流服务的特点

1. 从属性

由于物流需求以商流为基础,伴随商流而发生,因此,物流服务必须从属于(货主)企业的物流系统,表现为流通货物的种类、流通时间、流通方式、提货配送方式都是由货主选择决定,物流企业只是按照货主的需求提供相应的物流服务。

2. 即时性

物流服务是属于非物质形态的劳动,它生产的不是有形的产品,而是一种伴随销售和消费同时发生的即时服务。

3. 移动性和分散性

物流服务以分布广泛、大多数是不固定的客户为对象,所以,具有移动性以及面广、分散的特性,它的移动性和分散性会使产业局部出现供需不平衡,也会给经营管理带来一定的难度。

4. 需求波动性

由于物流服务是以数量多而又不固定的顾客为对象,他们的需求在方式上和数量上是多变的,有较强的波动性,因此容易造成供需失衡,这是物流企业在经营上劳动效率低、费用高的重要原因。

5. 可替代性

物流服务的可替代性主要表现在两个方面。一是站在物流活动承担主体的角度看,产生于工商企业生产经营的物流需求,既可以由工商企业自身采用自营运输、自营保管等自营物流的形式来完成,也可以委托给专业的物流服务供应商,即采用社会化物流的方式来完成。因此,对于专业物流企业,不仅有来自行业内部的竞争,也有来自货主企业的竞争。如果物流行业整体水平还难以满足货主企业的需求,则意味着物流企业会失去一部分市场。在物流行业的服务水准难以达到货主要求的情况下,货主企业就会以自营物流的形式拒绝物流企业的服务,物流企业的市场空间的扩展就会面临困难。二是站在物流企业提供的服务品种看,由于存在着公路、铁路、船舶、航空等多种运输方式,货主可以在对服务的成本和质量等各种相关因素权衡之后,自主选择运输形式。因此,不同运输手段便会产生竞争。物流企业的竞争不仅来自同业种内的不同企业,还来自不同业种的其他企业。

物流服务的可替代性,对于货主企业来说增加了物流服务实现形式选择的灵活性,但对物流企业,特别是运输企业来说,就增加了经营难度。

二、物流服务的内容

根据物流服务的定义,物流服务包含了为满足用户需求所实施的一系列物流活动过程及其产生的结果。传统的物流服务是指按照用户的要求,为克服货物在空间和时间上的间隔而进行的劳动;而现代物流服务以传统物流服务为基础,尽量向两端延伸并赋予新的内涵,在物流全过程中以最小的综合成本来满足顾客的需求。

(一) 传统物流服务

传统物流服务的内容是满足客户需求,通过物流的相关功能活动,满足客户消除货物在空间和时间上的间隔要求。具体来说,为满足客户的需求,传统的物流服务的基本内容主要体现在运输、储存,以及为了实现和方便运输、储存所提供的装卸、搬运、包装、流通加工等服务内容。

1. 运输服务

在社会分工和商品生产条件下,企业生产的产品作为商品销售给其他企业或消费者使用,但商品生产者与其消费者在空间距离上常是相互分离的。运输就在于完成商品在空间的实体转移,克服商品生产者(或供给者)与消费者(或需求者)之间的空间距离,创造商品的空间效用。运输是物流职能的核心环节,不论是企业的输入物流或输出物流,都依靠运输来实现商品的空间转移。可以这样说:没有运输,就没有物流,也就没有物流服务。为了适应物流服务的需要,要求一个四通八达、畅行无阻的运输线路网系统作为支持。

2. 储存服务

产品的生产完成时间与其消费时间之间总有一段时间间隔,特别是季节性生产和季节性消费的产品。此外,为了保证再生产过程的顺利进行,也需要在供、产、销各个环节中保持一定的储备。储存就是将商品的使用价值和价值保存起来,克服商品生产与消费在时间上的差异,创造商品的时间效用。储存是物流服务的一项重要内容。为储存商品,须要建立相应的仓库设施。在产品销售集中地区所设置的、作为商品集聚和分散基地,并进行短期保管的流通仓库就是配送中心。

3. 装卸、搬运服务

装卸、搬运是伴随运输和储存而附带产生的物流服务活动,如装车(船)、卸车(船)、入库堆码、拣选出库,以及连接以上各项活动的短距离搬运。在企业生产过程中,材料、零部件、产成品等在各仓库、车间、工序之间的传递转移也包括在物料搬运的范畴内。为了提高装卸、搬运作业的效率,减轻体力劳动强度,应配备一定的装卸、搬运设备。

4. 包装服务

商品包装是为了便利销售和运输保管,并保护商品在流通过程中不受毁损、保持完好。为便利运输和保管将商品分装为一定的包装单位,以及保护商品免受损毁而进行包装,都是物流服务的内容。

5. 流通加工服务

流通加工是在流通过程中为满足用户需要进行必要的加工,包括切割、套裁、配套等。

运输与储存是传统物流服务的主要内容,其中运输是物流服务体系中所有动态内容的核心,而储存则是唯一的静态内容。物流服务的装卸、搬运、包装、流通加工与物流信息则是物流的辅助内容。它们的有机结合构成了一个完整的物流服务系统。

(二)现代物流服务

现代物流服务离不开传统的物流服务活动,但现代物流服务在传统物流服务的基础上,通过向两端延伸赋予了新的内涵,是各种新的服务理念的体现。具体来说,现代物流服务主要体现在一体化物流服务、增值物流服务、虚拟物流服务、差异化物流服务和绿色物流服务等方面。现代物流服务的服务内容和服务理念将在实践中逐步完善和拓展。

1. 一体化物流服务

一体化物流服务(integrated logistics service)亦称集成式物流服务或综合物流服务。《物流术语》(GB/T 18354—2006)对一体化物流服务的定义是:根据客户需求所提供的多功能、全过程的物流服务。它是一种集成各种物流功能,为最大限度地方便客户、服务客户而推出的一种服务模式。一体化物流服务不是对物流功能的简单组合,它体现的是"一站式服务",体现的是以顾客为中心的物流服务理念。客户只需在一个物流服务点办理一次手续,其物流业务就可得到办理。也就是说,客户只需要找一位物流企业的业务员,或者进一家物流公司的一个部门、一道门,办理一次委托,就可以将其极其繁杂的物流业务交付给物流企业处理,物流企业便可以按客户的要求完成这笔业务。"一站式服务"的最大优点是方便客户,其追求的目标是"让客户找的人越少越好;让客户等的时间越短越好;让客户来企业的次数越少越好"。为实现这一目标,要求物流企业全球营销网络中的每一个服务窗口全部接受业务,并完成客户原先须在几个企业或几个部门、几个窗口才能完成的操作手续。这便对现代物流企业的服务能力、服务体系提出了很高的要求。

2. 增值物流服务

增值物流服务（value-added logistics service）是随着第三方物流的兴起而逐渐引起人们注意的一个词。《物流术语》（GB/T 18354—2006）对增值物流服务的定义为：是在完成物流基本功能的基础上，根据客户需求提供的各种延伸业务活动。也就是说，物流增值服务是根据客户需要，为客户提供的超出常规服务范围的服务，或者采用超出常规的服务方法提供的服务创新。超出常规、满足客户需要是增值性物流服务的本质特征。它主要包括以下几种类型的服务。

1）增加便利性的服务

尽可能地简化手续、简化作业，方便客户，让客户满意，推行一条龙、门到门服务，提供完备的操作或作业提示，包括免培训、免维护、省力设计或安装、代办业务、一张面孔接待客户、24小时营业、自动订货、传递信息和转账（利用EOS、EDI、EFT）、物流全过程追踪等。

2）加快反应速度的服务

快速响应是让客户满意的重要服务内容。与传统的单纯追求快速运输的方式不同，现代物流是通过优化物流服务网络系统、配送中心或重新设计流通渠道，来减少物流环节，简化物流过程，提高物流系统的快速响应能力。

3）降低成本的服务

帮助客户企业发掘第三利润源，降低物流成本，如通过采用比较适用但投资比较少的物流技术和设施设备等。

4）其他延伸服务

物流企业的服务范围在为客户提供物流服务的同时，可以向上延伸到市场调查与预测、采购及订单处理，向下延伸到配送与客户服务等；横向延伸到物流咨询与教育培训，以及为客户提供物流系统的规划设计服务、代客结算收费等。

3. 虚拟物流服务

《物流术语》（GB/T 18354—2006）对虚拟物流（virtual logistics）的定义是：以计算机网络技术进行物流运作与管理，实现企业间物流资源共享和优化配置的物流方式。虚拟物流的实现方式从一般意义上讲就是构建虚拟物流组织。通过这种方式将物流企业、承运人、仓库运营商、产品供应商及配送商等通过计算机网络技术集成到一起，提供"一站式"的物流服务，从而有效改善单个企业在物流市场竞争中的弱势地位。

虚拟物流的技术基础是信息技术，虚拟物流以信息技术为手段为客户提供物流服务。虚拟物流的组织基础是虚拟物流企业，虚拟物流企业通过电子商务、信息网络化将分散在各地的分属不同所有者的仓库、车队、码头、路线通过网络系统地连接起来，使之成为"虚拟仓库""虚拟配送中心"，进行统一管理和配套使用。

虚拟物流及其物流服务内容是一个前沿课题，其服务目标就是通过虚拟物流组织提供一体化的物流服务。

4. 差异化物流服务

现代物流的差异化服务包括两方面的含义。第一层含义是物流企业根据各类客户的不同要求提供个性化的需求服务。它又可以分两种情况：一种是同行业不同企业的情况有差别，因而其各自所需的物流服务内容与水平要求就有区别；一种是不同行业的企业，其物流服务的需求差别就更大，从而就细分出家电物流、医药物流、食品物流、汽车物流、烟草物流、农产品物流等不同的物流服务形式,这就要求我们必须依据各行业的实际情况区别对待。差异化服务的第二层含义是物流企业为客户提供某些专营或特种物流服务,如对化工、石油、液化气及其他危险物品、鲜活易腐品、贵重物品等,开展专营或特种的物流服务。与一般的物流服务相比,此类服务对物流企业提出了一些比较特殊的要求。物流企业一般需要具备相应的经营资质和实力,否则就难以承担此类服务。

差异化服务是现代物流企业对市场柔性反应的集中体现,也是现代物流企业综合素质和竞争能力的体现。一般情况下,它将为物流企业带来比普通物流服务更高的利润回报。现代物流企业如果能根据市场需求和自身实际开发出更多适销对路的差异化物流服务产品,便可确保获得更多的收入与利润,并在激烈的市场竞争中处于有利地位。

5. 绿色物流服务

绿色物流是融入环境可持续发展理念的物流活动,是指在物流过程中抑制物流对环境造成危害的同时,实现对物流环境的净化,使物流资源得到最充分利用,创造更多的价值。具体包括集约资源、绿色运输、绿色仓储、绿色包装、逆向物流等。

绿色物流的目标之一是以最小能耗和最少的资源投入,创造最大化利润;目标之二是在物流系统优化的同时将物流体系对环境的污染进行控制。现代物流中的绿色服务就是要求企业在给客户提供物流服务时遵循"绿色化"原则,采用绿色化的作业方式,尽力减少物流过程对环境造成的危害。同时把"效率化"放在首位,尽量降低物流作业成本,力争以最小的能耗和最少的资源投入为客户提供满意的服务,为企业和客户创造出最大化的利润。

6. 物流创新服务

现代物流的创新服务就是现代物流服务提供者运用新的物流生产组织方式方法或采用新的技术,开辟新的物流服务市场或为物流服务需求者提供新的物流服务内容。

创新是现代企业生存与发展的永恒主题,离开了创新,现代企业的发展就无从谈起。因此,创新服务理念也是现代物流最重要的理念之一,现代物流企业必须树立这一理念,具备创新服务能力,从而提高企业的竞争能力,使企业获得生存与发展的动力。

目前美国的物流业所提供的服务内容已远远超过了仓储、分拨和运送等服务。物流公司提供的维修服务、电子跟踪和其他具有附加值的服务日益增加。物流服务商正在变为客户服务中心、加工和维修中心、信息处理中心和金融中心,根据顾客需要而增加新的服务是一个不断发展的观念。

第二节 物流企业

一、物流企业的概念

(一)物流企业的定义

《物流术语》(GB/T 18354—2006)对物流企业(logistics enterprise)的定义为:从事物流基本功能范围内的物流业务设计及系统运作,具有与自身业务相适应的信息管理系统,实行独立核算、独立承担民事责任的经济组织。

从对物流企业基本含义的认识出发,可以认为,能够为客户提供阶段性或全程性物流管理服务的,能够为客户提供一体化物流管理解决方案的,能够为客户提供运输管理服务或仓储管理服务的企业都是物流企业。包括那些拥有或不拥有实体储运资产(能力)的企业,那些具备了物流管理服务能力的运输和仓储企业,那些专门从事多式联运整合营销的企业,那些专门从事物流解决方案设计的咨询企业,那些专门从事物流信息支持和管理服务的企业。

随着科学技术的迅速发展和世界经济一体化进程的加快,物流产业作为我国国民经济的重要新兴力量,正表现出强大的生命力和广阔的发展前景。许多传统仓储运输企业开始利用现代物流理念和物流技术改造自己,以塑造现代物流企业管理的新模式。

(二)物流企业的主要特征

相对于传统物流企业而言,现代物流企业在运营模式、结构特征、经营目标和管理要素等方面都有较大的发展。概括起来主要有以下特征:

(1)以产品为中心的物流服务体系是物流企业最显著的结构特征;
(2)以客户为中心的物流服务模式是物流企业最显著的运营特征;
(3)以追求价值增值为核心的物流企业经营是物流企业的经营特征;
(4)以追求效益最大化和效率最大化统一为目标是物流企业的管理特征;
(5)以降低物流总成本为中心的物流服务运作是物流企业最显著的效用特征。

二、物流企业的职能

物流是一个过程,这个过程是存货的流动和储存的过程,是信息传递的过程,是满足客户需求的过程,是若干功能协调运作的过程,是提高企业运营效率和效益的过程。在整个物流过程中,物流企业承担着十分重要的职能。

(一)物流企业的宏观职能

物流企业的宏观职能是指解决社会生产与消费之间在数量、时间和空间上的矛盾,促进社会总供求的结构平衡和社会再生产过程的顺利实现。物流企业可以为国民经济的发展提供有利的条件,具体来说表现在以下方面:

(1)优化国家资源配置,改善和有效利用国家的基础设施,促进国民经济和社会的快速、健康发展;
(2)提高原材料和产品流动的质量、效益和水平;
(3)促进经济增长方式由粗放型向集约型转变;
(4)促进城市化水平的提高;
(5)提高居民的综合生活水平和质量;
(6)增强制成品在国际市场上的竞争能力。

(二)物流企业的微观职能

从企业运营的角度来考察,物流企业的职能包括如下内容。

1. 提供物流服务

物流是以制造商为中心,即以产品的生产制造和市场营销为主线,以相关信息流为手段,来协调供应商和客户行为的协作性竞争体系或市场竞争共同体。物流企业是物流服务的供应商,物流的本质就是服务,为制造商的产品生产和营销提供服务,为最终用户的产品可得性提供服务,为供应链的组织协调提供服务,这就要求物流企业改变传统经营方式,主动出击,进行市场调查,了解用户物流服务需求,并分析客户对物流服务的要求,为客户提供满意的物流服务。所有这一切的实现都依赖于物流信息的畅通和传递速度,而信息的处理与传递必须实行电子化方式才能迅速、高效。

2. 管理客户企业的存货资产

物流管理的核心是在供应链中流动的存货,所以物流管理在本质上是对存货资产的管理。这是企业理解物流体系、把握物流过程的关键所在。物流企业必须为制造商的存货管理提供解决方案。

3. 满足最终消费者对商品的需求

物流系统的功能目标就是满足客户需求。从客户服务的角度来说,有学者把物流定义为:以恰当的成本和恰当的条件,去保证恰当的客户在恰当的时间和恰当的地点,对恰当商品的可得性。实际上,产品的可得性不仅是对物流系统功能评价的首要指标,也是物流系统优化的最主要目标。

4. 提升企业的核心竞争力

由于越来越多的企业认识到物流系统是获得竞争优势的重要战略手段,实际上,物流系统的竞争优势主要取决于它的一体化程度。电子商务公司希望物流企业提供的配送不仅仅是送货,而是最终成为电子商务公司的客户服务商,协助电子商务公司完成售后服务,提供更多增值服务内容,如跟踪产品订单、提供销售统计、代买卖双方结算货款、进行市场调查与预测、提供采购信息及咨询服务、协助选择与规划物流方案、提供库存控制策略建议、实施物流教育培训等系列化服务,以进一步增加电子商务公司的核心服务价值。

三、物流企业的分类

(一)国家标准物流企业分类

国家标准《物流企业分类与评估指标》(GB/T 19680—2013)对符合物流企业定义的企业进行了分类。分类有两个原则:一是将业务相近的企业合并为同一类型;二是将传统单项服务功能与物流服务功能相结合。

分类的方法是"根据物流企业以某项服务功能为主要特征,并向物流服务其他功能延伸的不同状况,划分物流企业类型"。

1. 运输型物流企业

运输型物流企业应同时符合以下要求:

(1)以从事货物运输业务为主,包括货物快递服务或运输代理服务,具备一定规模;

(2)可以提供门到门运输、门到站运输、站到门运输、站到站运输服务和其他物流服务;

(3) 企业自有一定数量的运输设备；
(4) 具备网络化信息服务功能,应用信息系统可对运输货物进行状态查询、监控。

2. 仓储型物流企业

仓储型物流企业应同时符合以下要求：

(1) 以从事仓储业务为主,为客户提供货物储存、保管、中转等仓储服务,具备一定规模；
(2) 企业能为客户提供配送服务以及商品经销、流通加工等其他服务；
(3) 企业自有一定规模的仓储设施、设备,自有或租用必要的货运车辆；
(4) 具备网络化信息服务功能,应用信息系统可对货物进行状态查询、监控。

3. 综合服务型物流企业

综合服务型物流企业应同时符合以下要求：

(1) 从事多种物流服务业务,可以为客户提供运输、货运代理、仓储、配送等多种物流服务,具备一定规模；
(2) 根据客户的需求,为客户制定整合物流资源的运作方案,为客户提供契约性的综合物流服务；
(3) 按照业务要求,企业自有或租用必要的运输设备、仓储设施及设备；
(4) 企业具有一定运营范围的货物集散、分拨网络；
(5) 企业配置专门的机构和人员,建立完备的客户服务体系,能及时、有效地提供客户服务；
(6) 具备网络化信息服务功能,应用信息系统可对物流服务全过程进行状态查询和监控。

(二) 其他角度的物流企业分类

国家标准物流企业的分类基本上是基于物流企业的业务功能,有时为了分析问题的方便我们还可以从其他的角度对物流企业进行分类。

1. 从物流企业运作方式的角度划分

(1) 以提供物流作业服务为主的物流企业。
(2) 以提供物流管理服务为主的物流企业。
(3) 以提供物流代理服务为主的物流企业。

2. 从物流服务的对象企业所属的行业划分

(1) 专门为工业制造企业提供物流服务的物流企业。
(2) 专门为商业企业提供物流服务的物流企业。
(3) 既服务于工业制造企业又服务于商业企业的物流企业。
(4) 专门为社会提供物流服务的物流企业(快递、废品回收、废弃物的回收处理等)。

3. 从物流业务竞争优势和所属的市场划分

(1) 操作性的物流企业,即精于某项物流作业,具有成本优势,如 UPS、Fedex 等精于快递业务。

（2）行业倾向性的物流企业，即为满足某一特定行业需求而设计的物流系统，专业化程度高，如专门为化工品提供物流服务的企业。

（3）多元化物流企业，即提供综合的物流服务，一般具有相当的经济实力和网络规模，如中远物流。

（4）顾客化的物流企业，即服务的对象是个性化要求很强的用户，这类企业之间的竞争主要在于个性化服务而不是费用。

4. 从物流企业拥有的资产的角度划分

（1）资产型，主要拥有Ⅰ类资产：机械装备、运输工具、仓库、港口等从事实物物流活动的资产。

（2）管理型，主要拥有Ⅱ类资产：信息系统硬件、软件、网络及相关人才，以管理、信息、人才优势为主要服务手段。

（3）综合型，拥有管理型的优势，同时有必要的物流设施。

5. 从物流企业提供的服务层次上划分

根据物流企业提供的服务层次不同，相应可将物流企业分为传统物流企业和现代物流企业。现代物流企业又分为第三方物流企业和第四方物流企业。目前这种分类方法很常用。

1）传统物流企业

传统物流企业是指从事运输、仓储、包装、货代等物流两个或多个环节的传统企业。这种类型的企业目前比例最大。长期以来，我国传统物流企业是地区、行业各自为政，其业务主要依赖行业的发展，依附性强，缺乏外部竞争力，是行业内部的一个附属企业。作为生产和流通的附属企业，传统物流企业依附性强且功能单一，只注重硬件投入，对软件投入甚少。如果说有一些科技积累，那么也不过是仓储养护技术上有一些人才和设备的积累而已。另外，大部分传统物流企业规模小，设施老化落后，专业人才匮乏，人才流失严重。由于传统的物流企业难以提供多功能、全方位和一体化的服务，缺乏竞争力，所以改革开放后90%的物流业务由企业自办，加之社会力量参与储存业务，使得传统物流企业的生存成了问题。

2）第三方物流企业

第三方物流企业为客户提供的不是一次性的运输或配送服务，而是一种具有长期契约性质的综合物流服务，其最终职能是保证客户物流体系的高效运作和不断优化供应链的管理。与传统储运企业相比，第三方物流的服务范围不仅仅限于运输、仓储业务，它更加注重客户物流体系的整体运作效率与效益。供应链的管理与不断优化是它的核心服务内容。它的业务深深地触及客户企业销售计划、库存管理、订货计划、生产计划等整个生产经营过程，这远远超越了与客户一般意义上的买卖关系，形成了一种战略合作伙伴关系。今后，第三方物流企业的服务领域还将进一步扩展，甚至会成为客户销售体系的一个组成部分，与客户形成相互依赖的市场共生关系。

第三方物流公司追求的是利益一体化。例如，为了适应客户的业务发展需要，第三方物流企业往往自行投资或合资，为客户建造现代化的专用仓库、个性化的信息系统以及特种运输设备等,这种投资直接为客户节省了大量的建设费用,而其中的风险必然也由第三方物流公司自身承担。

3) 第四方物流企业

第四方物流企业主要从事协调第三方物流企业和其他服务供应商的运营,也有人把它们称为"牵头的物流服务供应商(lead logistics providers)"。就物流服务来说,总承包人就是第四方物流企业,分包商就是第三方物流企业、运输企业、货代企业、报关行或其他公司。

第四方物流是一个供应链集成商,它调集和管理组织自己的、客户的,以及具有互补性的服务提供商的资源、能力、资金和技术,以提供一个综合的供应链解决方案,而这种方案仅仅通过上述联盟中的一方是难以解决的。第四方物流是在解决企业物流的基础上,整合社会资源,解决物流信息充分共享、社会物流资源充分利用的问题。同时也发挥资源调动职能,推进现代物流产业快速和科学的发展。

要想进入第四方物流领域,企业必须在某个或某些方面已经具备很强的核心能力,并且有能力通过战略合作伙伴关系很容易地进入其他领域。目前,物流专家列出了一些成为第四方物流的前提条件:在集成供应链管理和外包能力方面处于领先地位;能够同时管理多个不同的供应商,具有良好的关系管理和组织能力;在业务流程管理和外包的实施方面有一大批富有经验的供应链管理专业人员;具有世界水平的供应链策略制定、业务流程再造、管理集成和人力资源管理能力;对组织变革问题具有深刻理解和管理能力;具有全球化的地域覆盖能力和支持能力。

第三节 第三方物流

一、第三方物流的概念

(一) 第三方物流的定义

《物流术语》(GB/T 18354—2006)对第三方物流(third party logistics,简称 TPL 或 3PL)的表述是:独立于供需双方,为客户提供专项或全面的物流系统设计或系统运营的物流服务模式。"第三方物流"是为区别于"第一方物流"和"第二方物流"而引入的概念。第一方物流是指由物资的提供者自己承担物资需求者所需物资的物流服务;第二方物流是指由物资的需求者自己为自己提供所需物资的物流服务。

第三方物流提供的是专业化的物流服务,通过运用现代技术手段与专业化经营管理方式,基于对目标行业的丰富经验和对客户需求的深度理解,为客户提供定制化的全部或大部分协同化、专业化物流系统服务,包括设计、组织、控制、优化和管理等物流服务活动的过程。

第三方物流提供的物流服务是介于供应商和制造商、供应商与零售商之间的,即它是联系供应方和需求方的纽带,是实现供应链管理的业务模式。第三方物流处于流通的中间环节,其性质属于中间流通企业,其独特的功能是为供应方提供运输、配送、保管及相关的物流服务,为需求方提供运输的物流服务。

在新经济时代的环境下,第三方物流不断发展、壮大。这是一种新型的专业物流服务。其服务宗旨是面向特定客户,满足客户需要;其服务方式是以客户满意为起点,尽量利用新技术,创造新项目;其服务内容是集合物流功能要素,追求成本最优、效率和效益最佳。这是一种以全新面貌出现的物流管理,是现代物流的标志。

（二）第三方物流的内涵

第三方物流服务提供商要做好第三方物流,必须深知第三方物流的以下内涵。

1. 独立于供需双方,提供专业化物流服务

第三方物流独立于供需双方,提供具有特色的专业化物流服务。这种特色服务就在于与客户情况紧密结合,对客户需求具有深度的了解,如对客户的生产（或交易）规模、分销渠道、"客户的客户"的地域分布、"客户的客户"的消费特性等有较深的了解。

第三方物流服务提供商的专业化包含两个方面:一是在物流经营管理方面专业化;二是在目标客户行业方面专业化。

2. 提供专项或全面服务

企业向第三方物流外购运输、保管、配送、装卸、包装物流服务,同时也通过第三方物流开展向客户收款、向供应商订货以及安装产品、回收次品等项工作。此时,第三方物流的功能大大扩展了,成为一种现代物流模式,它是一种广义的物流活动。第三方物流提供的物流服务是全面的物流服务,为供需双方企业提供运输、储存、装卸、搬运、集装化、流通加工、配送、物流信息处理等服务。

3. 物流系统设计或系统运营

第三方物流可以是系统的设计者,为客户降低物流成本,为客户市场整体战略服务。要做到这一点,第三方物流须与客户无缝衔接,实现"信息共享、过程同步、合作互利"的协同化服务。

第三方物流也可以是系统的运营者,对客户所处的行业有丰富的物流操作经验,了解该领域的物流特性（如冷冻链物流、服装物流、大型设备物流等）,为客户提供专业的运营物流服务。

（三）第三方物流的主要特征

1. 专业化

对于专业从事物流服务的企业,它的物流设计、物流操作过程、物流管理都应该是专业化的,物流设备和设施都应是标准化的。

2. 信息化

网络技术、信息技术的高速发展实现了信息资源实时共享,在提高物流服务效率的同时也加剧了市场竞争。第三方物流企业只有建立适应综合物流发展的信息技术平台,及时地与客户交流和协作,实现资金流、物流、信息流的有机结合,才能够赢得客户,赢得市场,才能生存和发展。

3. 个性化

第三方物流面向的都是一个个具体企业承包物流业务,不同的企业要求提供不同的物流服务。第三方物流根据不同企业的要求,提供针对性强的个性化服务和增值服务。

4. 合同关系

这是第三方物流最显著的特征。首先,第三方物流通过合同的形式来规范物流经营者与物流消费者之间的关系。第三方物流完全根据双方共同约定的合同规定来承担指定的物流业务,并用合同来管理所有提供的物流服务活动及其过程。其次,第三方发展物流联盟也是通过合同形式来界定物流联盟参与者之间的关系的。

二、第三方物流创造价值的途径

第三方物流供应方要提供比客户自身进行运作更高的价值,必须研究在物流服务过程中利用更多的资源提供多种高水平的服务,体现服务的价值。

(一) 提高物流运作效率

第三方物流为客户创造价值的基本途径是达到比客户更高的运作效率,并能提供较高的服务成本比。物流运作效率的提高意味着要对形成物流活动的系统效率进行开发,使系统具有完备的设施,有熟练的运作技能,有良好的协调与沟通技能,并能通过信息技术这一工具来实现。

(二) 注重与客户运作的整合

第三方物流带来增值的另一个方法是对相似的资源进行整合。整合运作的规模效益能使第三方物流扩展市场份额,吸纳拥有大量货流的大客户,这是整合创造价值的基础。

(三) 加强横向或纵向整合

纵向整合是指发展与供应商的关系。这是创造价值的一种方法,被视为提高核心能力的服务。横向整合是指能够结合类似的但不是竞争对手的公司,扩大为客户提供服务的地域覆盖面。这两方面业务由客户运作的外部化驱动,也是创造价值的一个方面。

(四) 提高发展客户的运作水平

第三方物流企业具有独特的资本,能在物流方面拥有高水平的运作技能,可将客户业务与整个物流系统综合起来进行分析、设计,并进行统筹安排,提供个性化的服务,扩大服务范围。它不是通过内部发展,而是通过发展客户公司及组织来获取价值。

目前,第三方物流企业所获收益中,85%来自基础性的服务,如运输及仓储管理,物流信息服务等增值服务约占15%。

三、开展第三方物流服务的条件

物流企业开展第三方物流服务应当至少具备以下条件。

(一) 拥有或控制现代化的仓储设施与运输工具

对一个物流公司来说,现代化的仓储设施与运输工具极其重要。仓储成本在一个企业的产品成本中占很大比例。因此,当一个企业把其物流业务外包给第三方物流提供者时,企业希望通过该物流提供商以其仓储设施来降低产品成本。对拥有现代化仓储设施的物流公司来说,快速周转货物正是其优势所在。现代化的仓储设施要求先进的搬运技术,而随着科技的进步,搬运系统正由机械化、半自动化系统向着自动化、信息引导系统方向发展。

(二) 具备迅速修复物流障碍的能力

现在厂商之间的竞争已发展成为快速反应顾客需求能力的竞争,即基于时间的竞争。因此,物流服务能否做到安全、准时显得至关重要。不管物流公司的作业如何完善,故障发生的概率总是存在的。例如,货物运输途中运输工具出现机械故障或交通出现堵塞、仓库搬运设备需要立即维修等。怎样处理这些突发性事件而使物流过程不停滞是物流公司必须考虑的问题。所以,物流公司应当制定预防或应急方案来应对异常情况的发生,使得突发性事件发生时公司能迅速采用替换方案来恢复物流流程。故障恢复能力的大小往往是客户选择物流公司的一个重要依据。

(三) 提供增值服务的能力

顾客需求的多样性增加了企业生产产品的种类。专业物流公司若希望在物流行业有所发展,还应提供增值服务。增值服务是指特别的与额外的活动。根据实现目标不同,增值服务又可分为以顾客为核心的服务、以促销为核心的服务、以制造为核心的服务和以时间为核心的服务。例如,美国 Exel 公司属下专设一个部门建立了一种订货登记服务,将 P&G 公司生产的一次性尿布送到有刚出生婴儿的顾客家中。又如,一家仓储公司使用多达六种不同的纸箱重新包装一种普通消费者洗碗用的肥皂,以支持各种促销方案和各种等级的贸易要求。通过提供增值服务,有助于提高企业在顾客心目中的地位,而这在未来的市场竞争中更加重要。

(四) 拥有以先进的信息技术为基础的物流信息系统

信息技术的高速发展,使得物流过程中库存积压、送货延时、运输不可控等危险大大降低。目前,世界上最先进的物流系统已经使用了 GPS(全球定位系统)、卫星通信、RF(射频识别装置)。此外,电子商务的高速增长与现代物流的发展相互渗透,形成了电子商务物流。网上订仓、网上签单、客户个性化管理和网上结算正成为趋势。随着电子商务的进一步发展,更多的无形物流活动将通过互联网与 EDI 来实现。优秀的第三方物流提供商必须有能力与客户之间建立基于互联网与 EDI 的物流信息系统。它可以帮助物流公司及时跟踪货物的运输过程,掌握库存的准确信息,从而合理调配和使用车辆、库房和人员等各种资源。通过为企业与顾客提供实时的信息查询,在有效沟通企业生产与顾客需求的同时为企业与顾客提供优良的客户服务,使物流公司占有更多市场。所以,信息系统是物流企业生存的必要条件,这是生产厂商选择物流服务企业的首要条件。

（五）拥有高素质的现代物流人才

现代物流作业过程环节复杂、信息量大、对技术要求高，而且各种物流信息具有不确定性、难以捕捉的特点。因此，现代物流企业属于人才与技术密集型企业。一个将来要在第三方物流行业立于不败之地的物流企业必须拥有一批熟悉现代物流运作规律、懂得生产管理并具备计算机网络技能的人才。

【经典案例】

基于长安民生智慧仓储管理系统 i-VWMS 的整车物流仓储智能调度应用①

一、应用企业简况

重庆长安民生物流股份有限公司（以下简称"长安民生"）成立于 2001 年 8 月，是一家极富专业精神的第三方汽车供应链物流综合服务商。2006 年 2 月在香港联交所创业板上市，并于 2013 年 7 月成功由创业板转主板交易，主要股东为中国长安汽车集团股份有限公司、民生实业（集团）有限公司、新加坡美集物流有限公司。2017 年长安民生在中国物流企业中排名第 29 位，在汽车物流企业中排名第 3 位。

长安民生已同长安汽车、长安福特、长安马自达、长安铃木、北奔重汽、德尔福、伟世通、西门子威迪欧、伟巴斯特、台湾六和、宝钢集团、正新轮胎、杜邦、本特勒、富士康等国内外近千家汽车制造商、零部件供应商及原材料供应商建立了长期合作关系，为客户提供国内外零部件集并运输、散杂货运输、大型设备运输、供应商仓储管理、生产配送、模块化分装、商品车仓储管理及发运、售后件仓储及发运、KD 件包装、保税仓储、物流方案设计、物流咨询与培训等全程一体化物流服务。

长安民生在全国设立了 27 个分支机构，业务网点遍布全国，建立了 8 个仓储发运基地（VDC）、3 个水运中转站/码头、4 个铁路中转站、8 个长安福特 PDC、3 个取货点，掌控整车公路运力近 6000 辆，水路滚装船 29 艘，零部件运输车辆超过 1000 辆，为实现未来全国网点间的多式联运、高效协同联动提供了可能。

二、需要解决的问题

企业通过信息化技术要解决的业务流程、经营管理等方面的突出问题或者行业内存在的影响物流效率的突出问题列表如下，见表 8-1。长安民生现有整车仓储 VDC（Vehicle Distribution Center）系统是一个经过 10 年修改的定制化系统，系统扩展性差，同时承载了较多的外挂程序，废旧功能堆积，业务相关操作出现卡滞，数据处理、报表输出异常等情况日渐频繁。

---

① 摘引来源：中国物流与采购网。篇幅受限，编者进行了节选。

表 8-1　现状问题表

序号	问题举例
1	VDC1 的车辆不能直接发往临时库、中转站
2	开 TM 缓冲区留库车进行挑车时需要挪动该 TM 道次其他车辆;TM 区单道次库位停满以后系统无法自动锁定道次,且人工锁定道次操作烦琐;TM 缓冲区与 F 库同时暴库,系统建议逻辑混乱,须人为介入,由班长临时安排人员开某一库区车辆
3	CQ2/VDC2 出场时需要回收 RFID 标签,到 VDC2/CQ2 后须再次绑定 RFID 标签后入库,CQ2 无外基地车辆入场流程
4	库位只能依次或单个进行设置,无法将所需设置的库位批量进行设置或删除

同时,经过 10 年的发展,中国经济环境、汽车行业环境、客户需求已发生颠覆性的改变,主要情况如下。

中国经济环境:"低成本时代"来临,企业必须实施创新驱动战略,形成核心竞争力,寻找低成本要素新来源,降低运营成本。

汽车行业环境:汽车行业呈现新技术跨界融合、服务体验网络化、需求定制化的特点,主机厂对整车物流的协同性、专业性、柔性提出更高要求,需要新的服务、管理模式。汽车物流行业处于一个转型变革期,各种创新思维风起云涌,如果继续沿用传统的物流模式,我们就会被这个工业 4.0 时代淘汰。要跟上时代的步伐,我们必须转变思维方式,从原有的劳动密集型向技术密集型转变,让互联网思维及大数据分析植入传统业务,线上与线下结合,流程与系统并行,以信息系统为依托,迈出"智慧物流"第一步。

客户需求:长安汽车、长安福特等主机厂在销售网络逐年下沉,互联网销售模式逐渐兴起的多重影响下,OTD 交付要求不断提高,对整车仓储发运效率提出了更高的要求。

为此,长安民生物流构建了整车智慧仓储管理系统 i-VWMS 项目,项目联合国内物流系统建设经验丰富的唯智信息技术(上海)股份有限公司共同进行研发实施,该系统覆盖了长安民生整车仓储从商品车下线收车、发运出库、发运出场等场景,包含现有旧系统的所有功能,增加了资源智能调度功能、场站智能化管理、盘存管理、自有车辆管理、过程质量管理,实现库房作业无纸自动化、调度管理智能化、操作过程管理精益集成化和仓储场地运营可视化,有效提高操作效率,达到降本增效目的;同时具有快速模板化复制向外部进行市场化拓展能力,满足多品牌客户需求,提升客户满意度,降低运营成本,高效完成客户指标。

三、实施困难和解决措施

在整车智慧仓储管理系统 i-VWMS 项目实施进程中,主要的困难和问题有以下五点:

第一,项目计划上线时期为销售旺季,存在影响整车业务操作风险;

第二,通过前期充分调研交流,国内外市场上没有成熟的解决方案;

第三,项目时间紧、需求创新性高;

第四,系统实施要求有高可复制性,可实现快速推广;

第五,涉及数据接口众多,还有外部系统接口打通需要同步协调。

项目组经过多次调研、讨论和规划,整合主机厂、供应商等链条企业需求和意见,并结合项目自身特点和发展要求,制定了如下解决措施:

第一,选择合适的上线时间,做好应急预案;

第二,以业务团队为主进行业务场景梳理与流程逻辑设计,并与供应商共同评估实施可行性及折中方案;

第三,严控时间节点、严格任务分解和跟踪;

第四,充分调研、细致设计,实现标准化、易用性、推广性;

第五,做好与外部系统接口建设同步的规划,确保项目最终实施效果。

四、信息化主要效益分析与评估

第一,信息化实施前后的效益指标对比分析。整车智慧仓储管理系统 i-VWMS全面上线后,在当前作业场景下,总体操作效率提升15%左右,随着作业均衡性、业务量的提升,操作效率将进一步提升,可达20%以上。

通过数据积累和分析,效率提升率主要受当日作业量和任务链接率两大因素影响,即操作量越大、任务链接率越高则效率提升越明显。

① 当日作业量:受限于主机厂近期产量低、发运量少的原因,导致不能有大幅提升。

② 任务链接率:主机厂下线量不均衡(部分时段收车量少或无车收,只能安排单独出库返修);收车和出库任务比例不对称,多数情况前半天能完成当日出库任务,导致后半天仅有收车任务而影响任务链接率。

同时,基于整车智慧仓储管理系统 i-VWMS 的设计,优化了项目组织架构与职能职责,实现了人员精简和管理效率提升。设立了中控中心,优化后项目科室由6个精减为4个,所需管理人员及操作工可精简19%,在当前产能下合计精减人员19人,年节约人力成本140万元。

整车智慧仓储管理系统 i-VWMS 系统共计投入 395.9 万元(包含硬件),按每年节约人力成本 140 万元计算,预计 3 年可收回成本。

第二,信息化实施对企业业务流程改造与创新模式的影响。通过整车智慧仓储管理系统 i-VWMS 实施和上线应用,与业务流程的融会贯通,作业模式的创新应用,有效提升了整个仓储管理作业的效率,降低了运营成本。

第三,信息化实施对提高企业竞争力的作用。i-VWMS 系统的建设改善了原有 VDC 系统功能的缺陷,加强了系统灵活性,同时实现了场站智能化管理,能够满足客户日益增长的信息需求,提升了客户的满意度,也创新地研发应用了仓库作业智能调度、智能链接、智能化库位和交通车分配,在行业内具有领先水平,有效提高了公司在行业仓储领域的竞争力。

案例思考题

1. 总结经验与启示,是否具有推广意义?
2. 有何改进设想与建议?

【本章关键术语】

物流服务 (logistics services)
企业物流系统 (enterprise logistics system)
一体化物流服务 (integrated logistics service)
增值性物流服务 (value added logistics services)
虚拟物流 (virtual logistics)
物流企业 (logistics enterprises)
合同物流 (contract logistics)
第三方物流 (third party logistics,3PL)
第四方物流 (fourth party logistics,4PL)

【本章思考与练习题】

1. 物流服务的内容有哪些?
2. 如何提高物流服务的质量?
3. 物流企业有哪些特征?
4. 物流企业的职能有哪些?
5. 第三方物流创造价值的途径与方法有哪些?
6. 开展第三方物流服务的条件有哪些?
7. 谈谈发展第三方物流的必要性。

第九章 物流园区

本章重点理论与问题

物流园区是集中建设的物流设施群与众多物流业者在地域上的物理集结地，可以提供一定种类、一定规模、较高水平的综合物流服务，因而其发展备受人们的关注。本章简单介绍了物流园区的概念与特点，重点讨论了物流园区的功能作用与分类及物流园区的规划建设与运营开发模式。

第一节 物流园区概述

一、物流园区的概念

《物流术语》(GB/T 18354—2006)对物流园区(logistics park)的定义是：为了实现物流设施集约化和物流运作共同化，或者出于城市物流设施空间布局合理化的目的而在城市周边区域，集中建设的物流设施群与众多物流业者在地域上的物理集结地。

物流园区也称物流团地(distribution park)，最早出现在日本东京，近十多年来在欧洲一些国家也开始出现。它是政府从整体利益出发，为解决城市功能紊乱，缓解城市交通拥挤，减轻环境压力，顺应物流业发展趋势，实现"货畅其流"，在郊区和城乡接合部主要交通干道附近专辟用地，通过逐步配套完善基础设施、服务设施，提供优惠政策，吸引大型物流配送中心在此聚集，使其获得规模效益，降低物流成本，同时减轻大型配送中心在市中心分布所带来的种种不利影响而建立的。

物流园区是一家或多家物流(配送)企业在空间上集中布局的场所，也是提供一定品类、一定规模、较高水平的综合物流服务的物流集结点。物流园区主要是一个区域概念，与工业园区、科技园区等概念一样，是具有产业一致性或相关性且集中连片的物流用地空间。简单地说，物流园区就是为了实现物流设施集约化和物流运作共同化的目的而在城市周边区域集中建设的物流设施群与众多物流业者在地域上的物流集结地。

从国内提出进行物流园区或物流基地建设的城市、企业的相关项目的界定，借鉴日本开发建设物流团地、德国不来梅建设城市基础设施的大规模物流中心等的经验，考虑到大规模和相对集中的物流基础设施的建设不仅仅是为了发展物流本身，往往会涉及物流运作、交通运输组织、信息组织、产业整合、资源整合和城市功能开发与调整等综合性方面，可对物流园区的内涵进行如下界定：物流园区是对物流组织管理节点进行相对集中建设与发展的具有经济开发性质的城市物流功能区域，同时，也是依托相关物流服务设施进行与降低物流成本、提高物流运作效率和改善企业服务有关的流通加工、原材料采购,以及便于与消费地直接联系的生产等活动并具有产业发展性质的经济功能区。

按照上述内涵,物流园区存在的理由更多的应当是经济发展、城市功能和物流的集约化发展方面的,而非单纯的基础设施。即作为城市物流功能区,物流园区包括物流中心、配送中心、运输枢纽设施、运输组织及管理中心和物流信息管理中心等适应城市物流管理与运作需要的物流基础设施;作为经济功能区,其主要作用是开展满足城市居民消费、就近生产、区域生产组织所需要的企业生产、经营活动。

二、物流园区的特点

物流园区是集中建设的物流设施群与众多物流业者在地域上的物理集结地,它提供一定种类、一定规模、较高水平的综合物流服务。它的特点主要有以下几点。

(1) 作为物流基础设施,物流园区的建设具有投资大、资金回收期长的特点,单独的企业难以承担物流园区的基础建设。尤其在目前我国物流市场还远未达到成熟阶段的情况下,物流企业数量多、规模小,无法形成对物流园区建设的集中投资建设。

(2) 建设物流园区的核心目标是实现集约化和规模效应,单独企业的物流中心不能满足这个要求。从各个企业自身的角度来看,它们对物流园区的选址及功能定位都各有不同的需求。但是如果不能把众多企业的需求统一起来,就无法实现物流业的集约化和规模效应。统一物流企业的需求和集中建设资金的方法多种多样,例如在日本,是由多个企业共同组成的社团来进行物流园区的建设和管理;在深圳,市政府则担任起了公用的物流基础设施建设的组织管理职责。

(3) 物流园区可能会干扰城市的正常生活,对城市环境有一定的负面影响,因此物流园区的建设需要政府部门进行统一规划。对物流企业来讲,物流园区距离城市中心区越近,运输线路越短,运输成本就越低;而对城市居民来讲,如果物流园区离城市中心区过近,将会增大城市道路交通的压力,干扰城市生活。如何解决这个矛盾,需要市政管理部门及交通运输管理部门进行统筹规划、统一管理。

三、物流园区的功能与作用

(一) 物流园区的功能

按照对物流园区所下的定义,现代物流园区主要具有两大功能,即物流组织与管理功能和依托物流服务的经济开发功能。

1. 物流园区的物流组织与管理功能

物流园区在功能上首先是物流的核心内涵所涵盖的物流服务组织与物流运作管理的功能,即物流活动必须具备的存储、运输、装卸、简单流通加工等功能,但与传统的货物运输组织中心所不同的是,组成园区的各个要素要具有高科技、高效率特征。

1) 物流园区的物流功能构成要素

由于现代物流的组织与管理活动大多是在物流节点和物流企业的组织下完成的,因此,作为物流园区,从其物流活动的多样性和物流组织的广泛性,以及园区在区域经济和城市经济发展中的地位出发,其发挥物流的组织管理作用,离不开大规模和功能各异的物流组织节点。

从目前国内外对于物流节点的功能分析看,物流园区主要有:①区域运输组织中心,如集装箱运输枢纽、零担货物运输场站、货运配载场站等;②物流中心,包括单一功能的企业物流中心和综合功能的提供物流组织服务的社会化物流中心等;③配送中心,其在功能和分类上与物流中心较为相似。

由于运输组织功能已为各界所熟悉,根据物流的发展趋势,运输组织中心的功能也将逐渐由物流中心和配送中心等现代物流发展中出现的综合性物流节点所涵盖。

2) 物流园区的物流组织与管理功能

物流园区的物流组织与管理的功能一般包括货物运输、分拣包装、储存保管、集散中转、市场信息、货物配载、业务受理等,而且多数情况下是通过不同节点对这些功能进行有机结合和集成而体现的,从而在园区形成了一个社会化的高效物流服务系统。

物流园区是物流组织活动相对集中的区域,在外在形态上不同园区有相似之处。但是,物流的组织功能、园区的地理位置、服务地区的经济和产业结构及企业的物流组织内容和形式、区位交通运输地位及条件等存在较大不同或差异。因此,物流园区的功能不应有统一的界定。

2. 物流园区的经济开发功能

物流园区概念的提出,很重要的原因不是由于其在物流发展方面和运作方面的作用,而在于其经济开发功能。

1) 物流基础设施项目的经济开发功能

物流园区的经济开发功能首先体现在物流基础设施及经营所带来的经济开发上。基础设施项目的建设对经济发展具有开发性的功能和作用,已为宏观及微观经济领域所认识。

(1) 新建设施的开发功能。物流园区一般从区域经济发展和城市物流功能区的角度进行,具有较大的规模。国内目前一般较大的物流园区占地均在 1 平方千米以上。经济发达国家更有占地数平方千米之多者。因此,物流园区的开发和建设,将因在局部地区的大量基本建设投入而带动所在地区的经济增长。

现代物流在我国尚处于发展初期,物流管理技术的落后和现代物流基础设施的缺乏,均是阻碍物流快速发展的因素。加快物流园区大量、大规模基础设施的建设,对改善物流发展环境及基础条件、培育物流产业具有重要意义和作用。以物流业在国民经济中的地位,物流园区将因带动物流业发展而成为新的经济增长点,从而开发出新的经济发展领域。

(2) 既有设施及资源的整合功能。开发和建设物流园区,将因为物流园区在物流组织上规模较大和管理水平较高等因素而对既有物流设施在功能上产生替代效应,在既有设施已客观存在局部过剩的情况下,物流园区不是简单的重复建设,而是通过在功能设计和布局上对当前及未来物流组织管理的适应,并通过规模化和组织化经营,从而实现对既有设施的合理整合。加速不适应设施的淘汰和退出,使城市中心地区的土地使用价值增值,从而带来较好的经济开发效应;使物流园区的物流运作更为集中,为运输组织资源调整与整合创造条件。

2）完善的物流服务所支持的经济开发功能

从定义的角度出发,物流园区除具有自身的经济开发功能外,还具有支持产业经济开发的功能。主要原因是物流园区在物流基础设施方面比较完善,物流服务功能较为齐全,从而确保了经济发展所必需的物流运作效率和水平,这正是经济进一步上台阶发展的重要基础。

（二）物流园区的作用

作为城市物流功能区,物流园区包括物流中心、配送中心、运输枢纽设施、运输组织及管理中心和物流信息中心,以及适应城市物流管理与运作需要的物流基础设施;作为经济功能区,其主要作用是开展满足城市居民消费、就近生产、区域生产组织所需要的企业生产和经营活动。

对于物流园区的主要作用可以概括如下。

1. 集约作用

（1）量的集约,将过去许多个货站、场集约在一处;

（2）货物处理的集约,表现在将过去多处进行分散的货物处理集约在一处;

（3）技术的集约,表现在物流园区中采用类似生产流方式的流程和大规模处理设备;

（4）管理的集约,可以利用现代化手段进行有效的组织和管理。

2. 有效衔接作用

物流园区的有效衔接作用主要表现在实现了公路、铁路、航空、港口等不同运输形式的有效衔接。

3. 对联合运输的支撑作用

物流园区对联合运输的支撑作用主要表现在对已经应用的集装、散装等联合运输形式,通过物流园区使这种联合运输形式获得更大的发展。受过去条件的限制,联合运输只在集装系统等领域才获得了稳固的发展,其他散杂和分散接运的货物很难进入联合运输的领域。而物流园区可以通过园区之间的干线运输和与之衔接的配送、集货运输,使联合运输的对象大为扩展。

4. 对提高物流水平的作用

物流园区对提高物流水平的作用主要表现在缩短了物流时间,提高了物流速度,减少了多次搬运、装卸、储存环节,提高了准时服务水平,减少了物流损失,降低了物流费用。物流园区对改善城市环境的作用主要表现在减少了线路、货站、货场及相关设施在城市内的占地,减少车辆出行次数,集中进行车辆出行前的清洁处理,从而减少噪声、尾气、货物对城市环境的污染。

5. 对促进城市经济发展的作用

物流园区对促进城市经济发展的作用主要表现在通过降低物流成本来降低企业生产成本从而促进经济发展方面,以及完善物流系统在保证供给、降低库存从而解决企业后顾之忧方面。

由于物流园区优势与作用的显现,全国各地的物流园区发展已经形成了比较完备的物流园体系。截至2018年,全国各类物流园区共计1638家,比2015年第四次调查数据1210

家增长35.37%。物流园区作为产业集群空间集聚的外在表现,其规划布局与经济发展程度密切相关。东部地区率先改革开放,推动经济持续快速增长,物流园区规划建设起步早,目前75.7%的园区已进入运营状态。西部地区随着近年来经济增速加快,物流园区进入规划建设快速发展期,规划和在建园区占比分别为15.9%和22.8%,高于其他地区。

四、物流园区的分类

(一) 按园区依托的物流资源和市场需求特征分类

根据国家标准《物流园区分类与规划基本要求》(GB/T 21334—2017),按依托的物流资源和市场需求特征,根据服务对象和功能,将园区分为五种类型。

1. 货运服务型

货运服务型物流园区的主要特征为:
(1) 依托空运、水运或陆运节点(枢纽)而规划建设;
(2) 为大批量货物分拨、转运提供配套设施;
(3) 主要服务于区域性物流转运及运输方式的转换。

2. 生产服务型

生产服务型物流园区的主要特征为:
(1) 依托经济开发区、高新技术园区、工业园区等制造业集聚园区而规划建设;
(2) 为生产型企业提供一体化物流服务;
(3) 主要服务于生产企业物料供应、产品生产、销售和回收等。

3. 商贸服务型

商贸服务型物流园区的主要特征为:
(1) 依托各类批发市场、专业市场等商品集散地而规划建设;
(2) 为商贸流通企业提供一体化物流服务及配套商务服务;
(3) 主要服务于商贸流通业商品集散。

4. 口岸服务型

口岸服务型物流园区的主要特征为:
(1) 依托对外开放的海港、空港、陆港及海关特殊监管区域及场所而规划建设;
(2) 为国际贸易企业提供国际物流综合服务;
(3) 主要服务于进出口货物的报关、报检、仓储、国际采购、分销和配送、国际中转、国际转口贸易、商品展示等。

5. 综合服务型

具备上述两种及两种以上服务功能的物流园区。一些大型的物流园区往往属于此类。

(二) 按园区的功能分类

根据物流园区主要的服务内容,可以把物流园区分为以下五种类型。

1. 配送型物流园区

配送型物流园区主要以配送功能为主,主要向商业集中的区域进行配送,为零售商、消费者提供配货供应,来实现货物配送的主要功能。

2. 流通加工型物流园区

流通加工型物流园区,主要对商品进行流通加工,进而向枢纽型物流园区运送。

3. 枢纽型物流园区

枢纽型物流园区是围绕交通便利的枢纽而建的,以货物的发运作为主要功能,是以连接铁路、公路、航空等不同运输方式的枢纽物流中心。

4. 集散型物流园区

集散型物流园区,是将零散货物集中或者将集中货物拆分成零散货物的物流园区。

5. 储存型物流园区

储存型物流园区,是以储存管理货物作为主要功能,它通常依附于其他物流园区或者交通枢纽。

6. 综合型物流园区

综合型物流园区是结合以上几种物流园区功能的物流园区。

(三)按园区主要依托的运输方式分类

物流园区按主要依托的运输方式分,可分为以下四种类型。

1. 公路型物流园区

公路型物流园区依托公路枢纽,衔接公路与其他运输形式的转运。

2. 铁路型物流园区

铁路型物流园区依托铁路场站,衔接铁路与其他运输形式的转运。

3. 港口型物流园区

港口型物流园区依托海港或河港,衔接水运、铁路、公路转运。

4. 空港型物流园区

空港型物流园区依托机场,以空运、快运为主,衔接航空与公路转运。

建立物流园区的一个重要目的是能够使运输更加畅通有序、高效便捷,所以便利的交通运输条件是建立物流园区的重要条件。港口物流园区紧邻港口,空港物流园区紧邻机场,港口运输和航空运输作为国际物流运输的重要模式。因此,这两种物流园区主要进行国际货运,是进出口商品的集散地。铁路物流园区和公路物流园区分布在交通便利、经济发达、资源丰富的地区,通常为当地城市及辐射范围内的城市服务。

第二节　物流园区的规划与建设

物流园区规划是指对城市区域物流用地进行空间布局,对区内功能进行设计和定位,对设备与设施进行配置,这是对现代物流的空间结构进行规划。另外,也需要对物流园区经营方针和管理政策进行详细规划。

一、物流园区规划的目的

总结国内外物流园区规划建设的经验,一般主要有以下几个方面的目的。

1. 改善城市交通管理,减轻物流对城市交通的压力

交通问题是世界任何大城市都难以避免的,通过合理布局与建立物流园区,将货运交通尽量安排在市中心区外是国内外不少城市缓解交通压力的有力措施。

2. 减少物流对城市环境的种种不利影响

物流除了会对城市交通带来压力和产生噪声污染,物流中心本身也会对城市环境造成一些不利影响,因而在空间布局上受到规划的限制和制约。

3. 促进城市用地结构调整,完善城市功能布局

经济的高速发展导致了城市格局的重大变化,城市范围不断扩大。原来的城市边缘区成为市中心区,商贸、金融、饮食服务等第三产业在此集中,大型配送中心因无力支付上涨的地价和对城市交通和环境影响较大需要迁出中心区,占地面积较大的物流用地面临着功能调整问题。为此,物流园区的规划,不仅要为物流企业的发展提供良好场所,也要为城市用地结构的调整和城市功能布局的完善创造有利条件。

4. 推进资源整合,提高物流经营的规模效益

组织建设物流园区,可将多个物流企业集中在一起,发挥整体优势和规模优势,实现物流企业的专业化和互补性,同时这些企业还可共享一些基础设施和配套服务设施,降低运营成本和费用支出,获得规模效益。

5. 满足仓库建设的大型化发展趋势的要求

随着仓库作业自动化、机械化和管理水平的提高,仓库单体体积建设有一个朝着大型化方向发展的趋势,而在城市中心地区,大面积可用于大型仓库建设的土地越来越少,必然迫使其向城市中心以外地区寻找新的发展空间,这就从一定程度上导致了集中布局的物流园区的出现。

6. 为物流企业发展提供有利发展空间

按照规划先行原则,为物流企业发展提供或准备一定的合理空间,就显得十分必要。从满足物流企业发展的角度来说,物流园区的规划应该满足三个方面的要求:第一,给物流提供必要的停歇中转空间;第二,减少物流在空间上的不合理流动;第三,保证物流供应的顺畅和反应的快捷。

7. 优化城市生态环境,满足可持续发展要求

可持续的城市发展原则、国际性城市、区域经济中心城市、花园式园林城市的目标定位都要求在规划建设中未雨绸缪,尽量满足环境发展要求。物流园区在国外产生的直接原因就是出于城市环境方面的考虑。因此,通过园区规划建设,减少线路、货站、货场及相关设施在城市内的占地,避免对城市景观的破坏,并将分散的物流企业和仓储设施等集中起来,促进物流基地废弃物的集中处理,降低对城市环境的破坏或影响,尽量满足城市可持续发展的要求,是物流园区规划建设的目的之一。

8. 满足市场需求，推进物流产业发展

经济的快速发展，对物流市场的现实需求和潜在需求巨大，特别是全方位、高质量、全过程、系统化的物流服务需求将不断增长。例如，上海规划建设物流园区旨在构建上海物流产业发展的高地，为物流企业营造一个良好的发展环境，使其尽快成为物流企业的集聚区和示范区，向全社会提供高水平、符合国际惯例和运行方式的物流服务，进而全面推动物流产业的快速发展。

二、物流园区规划的内容

（一）物流园区的定位

物流园区的规划应结合国家和地方物流产业规划要求，以属地物流需求为导向，编制符合所在地城市总体规划、土地利用规划和交通设施规划的物流园区详细规划，做好各功能区规划，配套设施规划建设应符合国家和所属地相关法规规定，遵循资源优化、布局合理、节能减排的原则，防止重复建设。

对物流园区进行合理规划，不但可以提高物流企业经营的规模效益，使物流企业朝系统化、综合化、集约化方向发展，而且有利于充分发挥城市的总体规划功能，缓解城市交通拥挤，减轻环境压力，顺应物流业发展趋势，提高物流基础设施资源的利用率。

由于物流园区是大规模的投资建设项目，投资大，回收周期长，关系到我国现代流通产业的战略性发展，这就需要我们把物流园区的开发建设作为一个系统工程，进行科学规范的规划和运作，尤其需要重视和强化物流园区的前期定位，把定位工作作为园区规划的重点。

物流园区的定位需要在宏观的战略层次进行，就是需要明晰内外部环境，明确物流园区在区域经济中所起的作用，突出自身的特点与优势，提出发展物流园区的使命、远景目标和制胜策略。一个成功的物流园区的战略定位，需要规划者把握其战略环境，采用适当的分析工具和方法进行分析。

（二）物流园区的选址

物流园区作为物流企业集聚的空间，是物流系统的重要节点，其选址布局合理与否直接影响物流空间分布和系统最优功能的实现。就空间布局而言，不同类型的物流园区各有不同的区位要求。物流园区选址应遵循以下原则。

（1）经济合理性原则。物流园区所发挥的功能及效益和其投入要遵循经济合理性原则，尽可能达到最佳的投入产出比。

（2）环境合理性原则。将分布于城市各角落的物流节点在特定空间内集聚，除了物流产业效率的提升，也有利于城市布局、功能优化，缓解交通拥堵，保护环境，促进城市可持续发展。

（3）利用现有设施。由于物流园区投入巨大的特点，如能尽可能利用现有设施，将是节省投入的有效途径。

（4）循序渐进原则。由于投入大、周期长，在城市、区域经济发展中具有一定的战略性，因此其建设应适度超前，但又要避免过度超前所带来的资源浪费，因此要遵循循序渐进的原则，按照一次规划，分期实施的原则，分阶段逐步开发，既能满足城市发展的需要，又能避免大量资源的浪费。

（5）与城市总体规划相协调原则。物流园区除了自身物流功能的发挥，还关系着城市的布局及整体功能的提升。因此物流园区的建设规划应与城市总体规划及国家、省市的相关方针政策相适应。

在市场经济条件下，物流园区的区位选择与布局应从满足物流企业发展的需要出发，尽量靠近市场，缩短运输距离，降低运费及经营成本，并创造实现迅速供货的各种条件；另外，还需要兼顾社会、环境等方面的要求，注意避免带来过大的城市交通压力，减轻物流活动对城市环境的负面影响，促进城市用地结构调整。

（三）物流园区规划的程序

物流园区规划的基本步骤如下。

第一步，城市概况调查。通过调查了解城市的主要功能区分布，产业结构及分布，城市的人口、经济、消费状况，在区域经济中的地位等情况。

第二步，城市物流现状分析。这一过程需要了解城市的物流对象、货运量、交通网络状况、现有物流节点的网络布局等。其目的是发现目标城市现有物流系统的优劣，为本物流园区的规划设计提供依据。

第三步，城市发展规划与预测。物流园区是规模较大的基础设施投资项目，需要结合目标城市的综合发展规划以及土地、交通等专项规划，通过分析预测目标城市的物流量、客户需求等来确定该物流园区规划设计方案。

第四步，城市物流园区的规划设计。这一过程是在前面步骤的基础上对物流园区的整体规划与设计，包括选址方案、定位、用地规模、基础设施和信息平台建设、运作模式等。

第五步，系统修正。这一阶段主要对业已规划的系统进行投资分析、财务分析、经济效益分析、社会效益分析，在此基础上进行可行性评价和系统修正，并对未来整个项目的具体实施情况进行跟踪。

（四）物流园区的功能设计

物流园区的功能设计主要采用自顶向下的方法，即在确定物流园区的规划定位与选址以后，对物流功能规划所涉及的核心因素进行列举和分析，然后通过收集整理一系列国际最先进的物流园区案例，总结出对国内物流园区最适合的经验。再根据需要将整个物流园区分为几个大的功能区域，例如物流产业区和管理服务区，再为每个功能区域命名、定义，分配相应的面积，引入相关的设施、设备和IT系统。功能规划的最后一步是对物流园区的核心流程进行定义和描述。这些流程包括：集装箱服务流程、生产原材料供应和配送流程、生活资料采购和配送流程、保税物流作业流程，以及空港、海港、铁路物流服务流程等。

物流园区系统的整体效率依赖系统的各组成部分有机配合与协调，因此，对于各组成部分的功能定位设计，应从物流园区整体系统出发，强调各组成部分之间的功能协调，使各组成部分既合理分工，又相互联系，形成一个有序的整体，以实现园区的总体效率最大化。

物流园区系统功能规划应遵循以下原则。

1. 服务产业的原则

规划物流园区首先要结合区域或城市的产业基础、产业特点来统筹考虑，这是规划物流园区的首要原则。

2. 系统化原则

在构筑物流系统功能时，既要考虑各组成部分的个体效应，也要考虑整个园区的整体效应，各功能、各组成部分必须协调、衔接，实现物流功能的一体化、集成化，才能有利于物流系统综合功能的协调发挥，保证物流系统各环节的无缝链接。

3. 资源优化配置的原则

近期在对现有物流资源整合、利用的基础上，构筑各组成部分的系统功能，充分发挥现有资源优势。远期强调功能、资源的优化配置，逐步调整园区的空间用地布局和功能配置组合，最终形成空间布局合理、资源和功能配置优化、各组成部分相互协调的综合性物流园区。

4. 系统功能生态化的原则

物流园区系统功能的生态化表现为物流园区保持井然有序的作业活动、全面环境净化控制、优美的园林化园区环境，包括车辆尾气监控、车容车貌整治、绿化面积与容积保障、污水排放治理、环境形象设计等。

5. 利于物流企业发展的原则

园区功能设计必须有助于培育物流龙头企业及企业联盟。在构筑物流系统功能时，一方面要积极为物流企业的发展营造一个良好的发展环境，促进物流龙头企业的快速成长，同时还必须兼顾主要物流企业的核心能力，使这些企业进驻物流园区，通过全方位的功能整合，形成协同工作的物流企业群体，构筑企业联盟。

三、物流园区的开发与运作模式

（一）物流园区的开发模式

1. 由企业主导的开发模式

由企业主导的开发模式从市场经济发展的角度，从利用市场进行物流资源和产业资源合理有效配置的角度，通过利用在物流技术进行企业经营和企业供应链管理中具有优势的企业，由其率先在园区进行开发和发展，并在宏观政策的合理引导下，逐步实现物流产业的聚集并依托物流环境进行发展。在沿海地区，这种开放模式往往由港务集团主导开发。由于其拥有港口和后方场地的资源，以及物流供应链的管理经验，其在物流运作方面极具优势。这种模式在我国的物流园区开发中占大多数。如上港集箱浦东物流园区、南京龙潭海关保税物流园区、外高桥保税物流园区等工程都采用了这个模式。

2. 由政府投资的开发模式

对于一些大型的物流工程，或对当地或国家有重大影响的物流工程往往由政府成立投资公司直接投资。如洋山港同盛保税物流园区、义乌内陆口岸工程等采用了这种开发模式。

3. 由政府引进投资的开发模式

与政府投资的开发模式不同，这种开发模式是由政府牵头，引进投资方进行园区的开发。如太仓保税物流园区(B型)工程，由当地管委会牵头开发，在资金缺乏的情况下，引进该项目的施工企业以 BOT 方式进行开发,运作非常成功。

4. 工业地产商开发模式

工业地产商开发模式是指将物流园区作为工业地产项目,通过给予开发者适合工业项目开发的土地政策、税收政策和优惠的市政配套等相关政策,由工业地产商主持进行物流园区的道路、仓库和其他物流基础设施及基础性装备的建设和投资,然后以租赁、转让或合资、合作经营的方式进行物流园区的经营和管理。

物流园区的工业地产商开发模式的理论基础是物流园区的开发和建设目的在于建立良好的物流运作与管理环境,为工业、商业以及物流经营企业创造提高物流效率和降低物流成本的条件,园区建设自身不是为了赢利,而是注重社会效益,城市及政府的收益来自整体经济规模的扩大和经济效益的提高。

因此物流园区开发采用工业地产商模式要求政府确立物流业对国民经济的贡献,同时,要求管理部门具有较强的宏观基础支持地位,并在土地和建设投资上具有资助调控能力与较为高效的工作效率,并有良好的经济管理与运行制度体系做保障;要求工业地产商具有较强的投资能力和融资能力,保证按照政府对物流园区的规划进行开发和建设。

5. 上述几种模式结合的开发模式

政府和企业共同投资开发、企业主导再引进工业地产商投资开发等模式都是上述几种模式结合的开发模式。

我国的物流园区开发过程中,政府起着重要的作用,一般由政府先统一规划,制定各种优惠政策。此外,政府还参与部分投资和招商引资。

(二)物流园区的运作模式

确认发展物流园区的可行性之后,如何选择物流园区的建设发展模式就成为必须谨慎斟酌的关键问题。根据国内外与物流园区功能相同或相当的物流基础设施开发建设的经验,中心城市物流园区在发展模式上可能的选择有三种,即经济开发区模式、企业引导模式和综合运作模式。其中,经济开发区模式是将物流园区作为一个类似于目前的工业开发区、经济开发区或高新技术开发区的项目进行有组织的开发和建设;企业引导模式则是以在物流技术和供应链管理中具有优势的企业为龙头,由其率先在园区开发和发展,并逐步实现物流产业的聚集;综合运作模式是指对上述的经济开发区模式、企业引导模式和工业地产商模式进行混合运用的物流园区开发模式。

1. 经济开发区模式

经济开发区模式是在特定的开发规划、政策和设立专门的开发部门的组织下进行的经济开发项目。

由于近几年经济开发区的盲目发展和开发效率的下降,国家对动辄圈地数千亩进行的毫无经济发展潜力和前景的开发项目的控制较严格,如何使开发区健康发展已成为经济发展进程中的重要问题之一。由于物流园区将物流自身的发展前景和对工业、商业经济的有力支持紧密结合,将有可能成为既有经济开发区和物流与产业经济结合的新的经济开发区的发展方向。

因此,物流园区的经济开发区模式要求开发者按照现代物流在中心城市、经济区域的发展规律和经济发展要求,在充分总结既有开发区项目建设和发展经验的基础上,通过更新观念和创新运作方式、管理制度,达到为中心城市寻求新的经济增长点和带动区域经济发展的目的,实现物流、经济双重发展的目标。

2. 企业引导模式

物流园区的重要功能是物流的组织和管理,是物流企业和工业、商业企业在相对集中的场所建设和开发物流园区,是希望在规模化物流运作资源及条件的支撑下,达到降低物流成本和提高物流经营与管理效益的目的。

从市场经济发展和利用市场进行物流资源和产业资源合理有效配置的角度,通过把对利用物流技术进行企业经营和企业供应链管理具有优势的企业引入园区,由其率先在园区进行开发和发展,并在宏观政策的合理引导下,逐步实现物流产业的聚集,并依托物流环境引进发展的工业、商业企业,达到物流园区开发和建设的目的,这就是主体企业引导下的物流园区开发模式。

主体企业引导的物流园区开发模式,要求在城市经济管理体制、管理机制等制度方面具有大的改革步伐和创新,要求能从中心城市发展和区域经济发展的高度,培育物流园区发展所需要的实力企业和良好的市场环境。

3. 综合运作模式

综合运作模式是指对上述的经济开发区模式、主体企业引导模式进行综合运用的物流园区开发模式。

由于物流园区项目一般具有较大的建设规模,涉及经营范围较广,既要求政府在土地、税收等政策上给予有力支持,也要求投资能跟上开发建设的步伐,还要求保证园区的经营运作能力,因此,单纯采用一种开发模式往往很难达到园区建设顺利推进的目的,必须对经济开发区模式、主体企业引导模式等进行综合运用。

鉴于各种开发模式均有相应的开发制度及运作机制,采用综合开发模式对园区整体制度的设计和建设期的管理要求较高,而且,还有可能出现相关政策的协调问题,这对园区开发建设的承担者的综合能力提出了较大挑战,所以,即便采用综合开发模式,往往也以一种相对固定的模式为主,对园区的一些特殊开发项目,有选择地采用其他辅助的模式,以保证园区建设的顺利进行。

【经典案例】

构建智慧物流园区新生态[①]

物流园区是物流业集聚发展的重要载体,产业地位日益突出,对于转变物流发展方式,加快行业转型升级具有重要作用。

---

① 本文作者余栋梁。编者摘编。

一、发展现状

从规模上看,高速增长,急剧扩张。近年来,物流园区数量稳步增加,规模以上的物流园区数量超过1600家,年均增长率超10%,在营园区占比达到68%,公路为主的物流园区占比80.2%。从业人员、车辆以及货运量都非常大。从类型上看,群雄逐鹿,百花齐放。越来越多的新模式、新类型百花齐放。从差距上看,支撑不足,协同滞后。在这么多的类型与很大的体量下,我们可以清醒地看到物流园区还存在对产业的支撑不足,协同滞后的差距,与国家、行业的要求,国际的水平都有很大的差距。存在的问题是"有形无神,有网无络"。主要包括六方面。第一缺"络",园区区域性、全国性、垂直领域的网非常多,改变了单点运作的模式,但没有实现互联互通,网络都是单一的,或者是小区域板块的网;第二缺"术",很多园区停留在传统以物业为主的经营模式上,没有转向平台型、服务型、智慧型、网络型的新模式,没有实现降本增效;第三缺"器",在科技领域方面,很多园区都希望拥抱高科技与新技术,但是不知道如何解决新问题;第四缺"制",在组织模式方面如何改变,实现共享协同,还缺乏一个体系;第五缺"才",按照现在新型、智慧型园区建设,园区缺少新型人才来支撑新业态与新模式发展,最终影响园区的竞争力,甚至影响政府对园区在当地落地的认可度;第六缺"力",产业支撑乏力,没有形成平台合力。

二、面临痛点

转型迷茫,创新艰难。现在竞争加剧,成本上升,网络冲击,资本烧钱,创新艰难。对未来看不清,场景变换,结构调整,技术升级,转型风险大,创新成本高。园区出现"保守派",安于现状,自给自足,还没有忧患意识。第二种是"改良派",自主变革,局部改造,试验求证。第三种是"创新派",主动请进来,走出去,互学互鉴,开放共享。面对痛点,转型与改革是很艰难的,可以用"加减乘除"四个字概括。"加",规模增大,但是压力也在加大;"减",很多人对物流园区投资热情不减,但利润在不断下滑;"乘",有机会可乘,无论是高质量发展还是物流枢纽,都是国家很好的政策,给我们创造很多发展机会,但我们确实面临了很多挑战;"除"就是要布新除旧,将过去的逻辑重新颠覆,现在都在探索,但不知道路在哪里。这都是园区现在比较困惑的问题。

三、发展出路

出路在哪里?从四个方面总结"加减乘除"。做加法,首先解决物流园区新场景的应用问题,为物流园区带来一些新智慧的要素,包括嵌入供应链、专线联盟、打造仓干配的一体化平台、互联互通等。如果不创造应用场景,只依靠收租和一般性的物业管理难以为继。做减法,就是要利用新技术为物流园区带来新动能。物流成本高、诚信缺失等问题,也是因为在新技术的应用上没有跟上步伐。需要利用大数据、物联网,特别是5G时代的万物互联,以及VR、AR、人机交互等技术改变传统粗放型的管理方式,减少管理过程中的人员成本以及其他管理费用的增加。做乘法,通过新的网络为园区带来新动力。"天网"是信息化,"地网"是第四方网络,"云网"是供应链金融,同时还要把人网、仓网、商网与当地的生态结合起来。2018年中物联已经牵头打造了百驿网,为全国各个园区提供更多的网络化服务。做除法,是指新生态,为物流园区带来新变革。由传统服务向智慧平台转型、由孤岛园区向网络园区转型、由粗放园区向集约园区转型、由单点运作向生态协同转型、由实体园区向数智园区转型。

四、打造新生态

(一)一个模式

这个模式为"互联网＋物流＋产业＋金融"(见图9-1)。如果还按照传统模式,园区难以走远。我们需要与当地产业合作,结合起来产生聚集和辐射效应,让物流、人流、商流、信息流动起来,与供应链金融、产业结合起来。

图9-1 物流园区互联网＋物流＋产业＋金融模式

(二)两个业态

在智慧物流园区基础上又增加一个智能未来社区(见图9-2)。智慧物流园区解决的是物流供应链的问题,智能未来社区解决的是以人为需求的提高品质生活的问题。按照"产业化、信息化、生态化、人性化"的发展理念,既能得到政府的认同,也能在业态的整合方面变得更丰富,同时在智慧化方面更容易打造,更容易接地气。

图9-2 物流园的两个业态

(三)三个链条

如何通过供应链推动产业链,以产业链来提升价值链,供应链是一个基础,把这三个链真正地链起来我们园区才能是可持续、有生命力的智慧化园区(见图 9-3)。

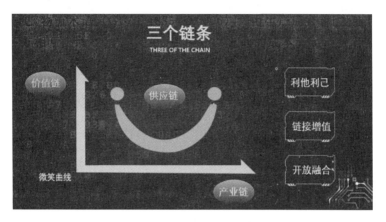

图 9-3 物流园的三个链条

(四)四个转化

"平台共享化",现在很多地方做信息平台,但是没有共享。"数据网联化",我们希望大家都能把数据贡献出来,实现数据网联化。"产品智能化",我们希望大家都去拥抱新兴的、智能的产品。物流园的四个转化见图 9-4。

图 9-4 物流园的四个转化

(五)五个系统

第一是"一幅图",中物联在去年牵头打造了中国物流园区图谱,今年 4 月份发布。第二是"一张网",将仓干配网络一体化,与全国的网络联通形成一张网,那么所有园区的信息化就有希望。第三是"一条路",要解决高速路司机的车和服务的系列问题。第四是"一个码",是指物联网的应用,通过一个码实现所有支付结算优惠,让所有物流从业人员都能享受各种一体化的服务。最后是"一朵云",让大数据真正用起来,为行业提供助力。物流园的五个系统见图 9-5。

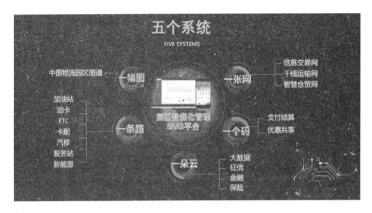

图 9-5　物流园的五个系统

（六）六个生态

区域生态讲的是"人、车、货、仓、商、线",形成这六个生态（见图 9-6）。第二个层面是国家生态,就是高质量发展,互联互通等一系列国家的战略理念。第三个层面是国际生态,在把国内的事做好后,一些园区有国际化需求,融入"一带一路"等国家战略中。

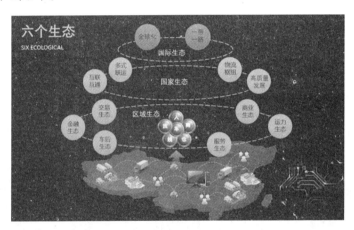

图 9-6　物流园的六个生态

【本章关键术语】

物流园区　（logistics park）
集约化　（intensification）
运输枢纽　（transportation junction）
产业聚集　（industry gather）
商贸型物流园区　（trade logistics park）
综合型物流园区　（comprehensive logistics park）

【本章思考与练习题】

1. 如何理解物流园区的概念?
2. 简述物流园区的特点和作用。
3. 试从不同角度对物流园区进行分类。
4. 物流园区规划的目的是什么?
5. 物流园区的内容包括哪些?

第十章 物流产业

本章重点理论与问题

> 物流产业是物流资源产业化而形成的一种复合型或聚合型产业。物流产业具有体系庞大,分布广泛,横跨第一、第二和第三产业等特点。本章介绍了物流产业的相关概念、物流产业的形成与发展状况,重点讨论了物流产业的构成、分类方法。

第一节 物流产业的概念

一、产业的概念

产业是随着社会分工的产生而产生,并随社会分工的发展而发展的。社会分工产生和发展的根本动力是生产力的不断提高。科学技术进步则是生产力不断发展的最重要的因素,它对产业的形成和发展具有重大的影响,技术革命必然要相应地引起产业革命。

一般认为,真正意义上的产业革命发生于18世纪下半叶。这次产业革命把工业推上了历史的前沿,农业的主导地位开始动摇,机器大工业已成为社会经济发展的主导力量。由于工业同手工业的分离及工业内部特殊分工的形成,产业部门也迅速发展起来。马克思曾把社会分工划分为一般分工、特殊分工和个别分工三种形式,指出:单就劳动本身来说,可以把社会生产分为农业、工业等大类,叫作一般分工;把这些生产大类分为种和亚种,叫作特殊分工;把工场内部的分工叫作个别分工。因此,三次社会分工是一般分工,其结果是农业、工业和商业等产业的产生;而工业内部的具体工业则是特殊分工,其结果是冶金、纺织、机械、食品等产业的产生;至于个别分工,则是指企业内部的分工,如不同的车间、班组和管理形式。随着社会生产力的不断向前发展,后两种分工将愈来愈细化,新的具体产业将不断地产生。

根据马克思对社会分工的三种形式的区别,可以看出一般分工导致了广义上的产业部门的形成,即农业、工业、服务业的形成;在一般分工的基础上产生的特殊分工导致了狭义上的产业部门的形成,如在农业内部形成了种植业、畜牧业、林业、渔业等不同的产业部门,在工业内部形成了冶金、机械、纺织、电子、造纸、建筑材料等不同产业部门,在服务业中形成了商业、金融保险、旅游、教育、信息、通信、生活服务等一系列产业部门;在个别分工的基础上产生了企业内部管理和生产等一系列的企业组织环节。总之,社会生产和再生产的庞大而复杂的系统,不过是由一般分工、特殊分工和个别分工所形成的各层次的产业形式和产业结构构筑起来的。

产业是指从事国民经济中同一性质的生产部门或其他社会经济活动的企业、事业单位、机关团体的总和,即在社会分工条件下的国民经济各部门的总称。

产业分类的方法有多种,目前研究一般使用克拉克大分类法,即将经济活动分为三类产业:第一类产业为农业;第二类产业为工业和建筑业;第三类产业是指除上述第一类、第二类产业以外的其他各业,主要有流通业和服务业等。

二、物流产业的概念及特点

(一) 物流产业的概念

从产业形成规律来看,专业化分工不断深化的结果导致许多非核心业务从企业生产经营活动中分离出来,物流业是其中之一。生产企业为增强市场竞争力,将企业的资金、人力、物力投入其核心业务上,寻求社会化分工协作带来的效率最大化,如果将物流业务委托给第三方专业物流公司以降低企业物流成本,物流产业的发展便具备了条件。物流产业是物流资源产业化而形成的一种复合型产业,是一个跨行业、跨部门的综合产业。物流产业包括运输业、仓储业、配送业、装卸搬运业、包装业、流通加工业、物流信息业、邮政业、快递业等,是现代服务业中的一种新兴产业。

物流产业部门从事的服务职能活动日趋社会化、市场化及组织化,因此愈来愈成为一个独立的产业门类。故有学者将物流产业定义为:物流产业是指专门从事将商品或服务由起始地到消费地发生空间位移,对其进行高效率与高效益流动及储存为经营(活动)内容的营利性事业组织的集群。

(二) 物流产业的特点

1. 跨行业部门

物流产业横跨第一产业、第二产业和第三产业。在国民经济行业中,几乎每种类型的行业之中,都嵌入了大量围绕行业经济活动开展的物流服务活动,这些物流服务作为产业的中间投入而构成各类行业物流。例如:第一产业中的粮食、棉花、油料等仓储业和运输业等农产品物流业;第二产业中的制造业物流等;第三产业中批发零售业物流仓储业、配送服务业等。

2. 产业体系庞大

物流产业体系是由不同物流服务内涵与方式构成的庞大体系,如运输业、仓储业、配送业、包装业、托盘业、集装箱业、装卸搬运业、物流信息业、流通加工业等。其中,运输产业体系又包括铁道、公路、水运、空运体系组成,所以,物流产业体系非常庞大。

3. 派生大量的物流活动

物流活动的涉及面和影响深度远远超过物流产业本身。很多类型的生产企业和商业企业中都有必不可少的物流活动。这些物流活动虽然有产业化的趋势,但是并没有以独立的物流产业形态出现,因此不能包括在物流产业之中。但是,我们应当认识到,这些物流活动之所以能够成为企业必不可少的活动,成为企业经营的重要支持因素,是因为它们和物流产业有密切的联系。从某种意义来讲,物流产业支持和影响这些活动,可以看成是物流产业派生的活动。

4. 产业集中度较低

物流产业和制造业、农业、商业等产业的重要区别在于：从地域范围来讲，工业、农业生产活动都可以集中在一定的地域空间进行，而物流业则是广泛分布在有需求的空间范围。虽然也有一定的相对集中度，但是总体上是广泛分布在不同的地域范围。

三、物流产业的分类

（一）按物流功能分类

按照对物流七大功能的认识，这七大功能都可以形成相应的行业。它们是：包装业、装卸搬运业、运输业、仓储业、流通加工业、配送业和物流信息业。这七大行业又都包含了很多不同类型的企业。

（二）按物流基础平台分类

以基础平台网络或节点为依托经营运作的机构，都可以形成相应的物流业，主要有铁路业、公路业、水运业、航空业、管道物流业、物流信息业和物流通信业。

各种物流节点中有的可能是某个物流企业的一部分，不是社会化的行业和企业，并不独立经营。但是，也有相当多的物流节点是独立经营的主体，是面向社会的独立实体，主要有物流园区业、物流基地业、物流中心业、配送中心业、营业货站、营业仓库、营业堆场等。

（三）按物流服务内容与方式分类

按物流企业经营内容分类，主要有两种：综合型物流企业和单一型物流企业。综合型物流企业可以满足客户有关物流领域的所有服务的需求，可以成为完整的第三方物流企业；单一型物流企业服务范围较窄，但是有比较强的专业服务能力。单一型物流企业可以按照物流的七大功能形成相应的行业，即包装业、装卸搬运业、运输业、仓储业、流通加工业、配送业和物流信息业。七大行业又包含了很多不同类型的企业。

按物流服务方式分类，主要有邮政物流业、快递业、铁路行包业、包装服务业、第三方物流业、第四方物流业、配送业等。

（四）按物流服务地域范畴分类

现代物流远远突破了局部城市、局部地区的范畴。随着经济全球化的进展，物流的远程化特点越来越突出、越来越明显，这就形成了相应的行业，主要有国际物流业、国际集装箱业、国际联运业、大陆桥联运业、同城物流业、区域物流业等。

第二节 物流产业的构成

一、物流产业构成的三个层面

物流产业所包含的行业和企业，相互间形成了一种层叠状的结构体系，大体上可以分成三个层面:基础层面、平台层面和运作层面。

(一) 基础层面

基础层面是每一种类型产业都需要有的产业基础。一个产业的存在,不仅依托于这个产业在国民经济中的作用和地位,也不仅仅依托于这个产业存在的理论基础,更重要的是这个产业需要有一些基本的支持行业和企业,需要有基本的支持力量。国民经济中许多产业的基础有共同性,那就是,凡是产业都必然有着雄厚的支持行业和企业。

物流产业的基础层面构成主要包括科技、教育、研究、设计、装备制造及劳动手段提供和管理等行业部门和企业。

(二) 平台层面

物流产业的平台层面构成主要包括实物物流网络和物流信息网络。其中,实物物流网络包括铁道网络、公路网络、水运网络、空运网络、管道网络等五大网络体系和由它们所组成的综合网络体系,是平台层面的最重要资源。

物流产业的平台层面在所有产业中是比较独特的,平台层面的行业和企业,本身可以成为物流运作的一种形式,但是更重要的是它们主要支持和承载物流企业的运作。物流产业的运行需要有平台的支持,这与物流远程化和广泛化有关。不同国家、不同地区存在着很多差异,平台的主要作用是均化差异、保证运作。平台的构筑,必须是系统化的,这是国家非常重要的资源,往往代表一个国家的经济发展水平和开放程度。

(三) 运作层面

运作层面由具体从事各种类型的物流经营和组织物流活动的行业和企业所构成。鉴于物流的复杂性和广泛性,这个层面的行业与企业数量是最多的,种类也是最多的。

国民经济具有复杂性,无论是在最发达的国家还是在非常落后的国家,物流需求都是多种多样的,必然有一般需求与高端需求之分。所以,运作层面也必然适应这种需求,有相当大量的一般物流运作行业和企业,还有相当大量的从事高端物流运作的行业和企业。

物流运作的高端运作与一般运作,并没有严格的、绝对的界限。在不同的经济发展时期和不同国家,高端运作和一般运作所涉及的行业和企业也是有区别的。

一般来说,可以认为高端运作是信息化和高度工业化所支持的物流行业和企业的运作;一般机械化所支持的是一般物流运作企业。当然,就我国而言,还有相当数量的物流运作没有达到一般运作的水平,仍然采用原始的、落后的运作方式,这些也不属于一般的运作层面的内容。在产业划分时,对于这种技术极端落后、劳动消耗很大、对环境有相当严重的影响的运作方式还不能称之为一般运作,只能称之为低端运作。中国物流产业中存在低端运作的物流行业和企业,是不容回避的事实,也是我们必须改变的。

二、物流产业的地区结构

物流产业的地区结构是指不同地区的物流产业呈现不同的特点。这是因为不同地区物流基础资源及该地区传统经济结构,与物流相关的产业不同、产业发展程度不同而造成的。物流产业的地区结构尤其与该地区的物流平台资源有关。

一般而言,内陆地区物流平台主要是公路、铁路、航道及管道,主要集约以公路、铁路网络为平台的物流基础及物流运作企业；沿海、沿江地区，除了一般的物流平台资源之外，还有内陆地区不具备的水运平台资源，主要集约以水运为主体的物流基础及物流运作企业，在这些地区，由于水网的分隔，公路网络的资源会相对比较短缺。

在经济全球化的环境下，物流出现了远程化、大型化的趋势，沿海港口的物流产业集约化程度越来越高。沿海港口的物流产业不但承担着国际物流终端的职能，而且承担着国际、国内综合物流的转换、指挥、管理的职能和大进大出的综合基地职能。一般而言，沿海的港口城市是国际物流企业、大型第三方物流企业、大型营业仓库和储备基地、大型运输枢纽的集约地，是一个国家非常重要的物流资源集约地区。

物流产业的这种地区性的差异，也在一定程度上决定了物流产业在不同地区的作用和地位。一般而言，物流产业在地区国民经济中的地位有三种。第一，重要支柱产业。承担国际交往的沿海港口城市，其物流产业对地区经济发展有决定作用，同时物流产业本身又可以通过本地区物流企业国际化的、远程化的、全国的、地区的物流运作取得经济利益，该地区的物流产业明显是"利润中心"，物流可以成为重要支柱产业。第二，支柱产业。内陆的物流枢纽城市和一般的港口城市，其物流产业也可以通过外部的运作取得收益，一般的情况是物流作为支柱产业存在，有时也可以成为重要支柱产业。第三，一般产业。不属于物流枢纽地区的城市，物流在该地区和城市国民经济中的作用只是支持本地国民经济，物流在国民经济中的总体作用是"成本中心"，物流则主要作为一般产业存在，有时也可以作为支柱产业存在。

三、物流的关联产业

（一）商业

和物流共生的，甚至有时候是一体化的关联产业是商业，包括国内贸易及国际贸易两种商业。商业和物流业共同构筑了流通产业，它们之间相互依存、相互影响和相互作用的关系非常明显。

国际贸易的发展，根本决定因素在于物流。现代商业的许多重大发展，如连锁商业的发展，是依靠配送系统；没有配送，电子商务也就不可能存在。尽管如此，物流业和商业的关系，仍然是商业派生了物流业。虽然物流业的水平决定了商业的水平，但是对于流通的总体而言，商业发展是物流业发展的动力。

（二）工业和农业

如果说商业和物流业是平行关联的产业，那么工业和农业与物流业的关联则是两端的关联。工业和农业是物流业的用户。

工业和农业与物流业存在着一般的关联关系与供应链的关联关系。尤其对于制造业而言，物流业是供应链非常重要的组成部分，有时候甚至可以成为供应链的整合者。所以，当产业形成了供应链系统之后，物流业与该产业的关联关系就变得非常密切。

物流业作为国民经济的一个产业部门，必然与国民经济其他产业部门存在着联系。从行业角度来看，物流产业主要包括货物运输业、仓储业、包装业等；从企业角度来看，物流产业主要包括运输企业、仓储企业、配送企业、包装企业等。根据产业分类方法的划分标准，直接从自然界获取产品的物资生产部门属于第一产业，加工取自自然界的物资生产部门属于第二产业,从第一和第二产业生产活动中衍生出来的非物资生产部门属于第三产业。物流业应属于第三产业。

首先,从物流活动的特点及物流产业的特征来看,与物流产业关联的产业不仅包括第一产业和第二产业,而且包括第三产业的其他部门。其次,从产业关联来看,物流产业一方面需要其他产业为其提供供给,对其他产业形成需求;另一方面,它也为其他产业提供供给,满足其他产业对物流的需求。物流产业与其他产业的关联是由供给和需求所联系的,尽管这种联系的方向与方式可能因其他产业在产业链中的位置不同而存在着差异,但这并不影响物流产业与其他产业的关系。对于物流产业与其他产业的关系,赫希曼认为:一个产业与其他产业的关联有前向关联、后向关联和环向关联三类方式。前向关联就是通过供给联系与其他产业部门发生的关联;后向关联就是通过需求联系与其他产业部门发生的关联;环向关联是指经济活动中各产业依前后的关联形成了产业链,产业链通过复杂的技术经济联系往往又会形成一个"环"。再次,从后向关联关系来看,与物流产业直接关系的产业主要包括运输设备、包装机械等产业部门,物流产业吸收这些产业的产出。从前向关联来看,与物流产业直接关联的产业很多,既包括第一产业、第二产业,也包括第三产业的其他部门,因为,第一产业、第二产业和第三产业的其他产业部门,都存在着对物流产业的需求,而物流产业也为这些产业提供了服务。在环向关系上,物流产业与一些产业也存在环向关联,这些产业一方面为物流产业提供产出,即物流产业对这些产业形成需求;另一方面,物流产业为这些产业提供服务,即这些产业形成了对物流产业的需求。可以与物流产业形成环向关联的产业主要有运输设备、包装机械等产业部门。

第三节 物流产业发展概况

一、物流产业的形成

产业原是指生成一组密切可替代的同类商品或服务的企业的集合,这一企业集合面对着相同的买者或卖者集合。物流产业的产生和发展是经济发展到一定阶段、社会分工不断深化的产物。传统意义上的物流活动分散在不同的经济部门、不同的企业以及企业组织内部不同的职能部门之中。随着经济快速发展、科学技术水平的提高及工业化进程的加快,大规模生产、大量消费使得经济中的物流规模日益庞大和复杂。传统的、分散进行的物流活动已远远不能适应现代经济发展的要求,物流活动的低效率和高额成本已经成为影响经济运行效率和社会再生产顺利进行的制约因素,并被视为"经济的黑暗大陆"。

20世纪50—70年代,围绕企业生产经营活动中的物质管理和产品分销,发达国家的企业开始注重和强化对物流活动的科学管理,在降低物流成本方面取得了显著的成效。20世纪80年代以来,随着经济全球化的发展、科学技术水平不断提高以及专业化分工进一步深化,在美国、欧洲一些发达国家开始了一场对各种物流功能、要素进行整合的物流革命。首先是企业内部物流资源整合和一体化,形成了以企业为核心的物流系统,物流管理也随之成为企业内一个独立的部门和职能领域。之后,物流资源整合和一体化不再仅仅局限于企业层面,而是转移到相互联系、分工协作的整个产业链条上,形成了以供应链管理为核心的、社会化的物流系统,物流活动逐步从生产、交易和消费过程中分化出来,成为一种专业化的、由独立的经济组织承担的新型经济活动。在此基础上,发达国家经济中出现了为工商企业和消费者提供专业化物流服务的企业,即"第三方物流"企业。各种专业化物流企业迅速发展的趋势表明,专业化物流服务作为一个新的专业化分工领域,已经发展成为一个新兴产业部门和国民经济的一个重要组成部分。

因此,物流产业可以说是由物流资源的产业化而形成的一种复合型或聚合型产业。其中,物流资源包括运输、仓储、装卸、搬运、包装、流通加工、配送、信息平台等。这些资源的产业化就相应形成了运输业、仓储业、装卸业、包装业、加工配送业、物流信息业等。同时,这些物质资源也分散在多个领域,包括制造业、农业、流通业等。把产业化的物流资源加以整合,就形成了一种新的服务业,即物流服务业。

二、物流产业的现状

(一)国外物流产业现状

1. 美国物流产业发展现状

美国是世界上最早推进物流业发展的国家之一。自20世纪60年代以来,美国物流产业特别是物流配送业迅速发展。1960年,美国建立了配送中心,为国内市场提供物流服务。1963年,成立了国家实物配送管理委员会。到20世纪80年代,美国物流管理由企业内部延伸到企业外部,将供货商、分销商、用户纳入物流管理范围,通过电子数据交换、准时制生产、配送计划,为物流管理提供技术支持。20世纪90年代,随着电子商务的快速发展,以及B2B、B2C等电子交易方式的广泛应用,促进物流管理向信息化、网络化发展。目前,美国已形成了多渠道、多形式的物流产业结构,物流产业规模已达9000亿美元,为高技术产业规模的2倍多,占美国国内生产总值的10%以上。1996—2000年,美国物流产业为各类公司降低了500多亿美元的商品分拨成本,物流费用仅占制成品成本的15%~20%。

2. 欧洲物流产业发展现状

20世纪70年代,欧洲开始形成了基于工厂集成的物流管理体系。20世纪80年代,欧洲探索出一种新型联盟制物流体系,即综合物流供应链管理,实现最终消费者和最初供应商之间的物流与信息流整合,提高物流产出效率。20世纪90年代以来,电子数据交换、信息处理技术的广泛应用和互联网的发展,为物流管理、服务提供了更多的便利。1998年,欧洲物流产业市场总值(含企业内部物流和合同物流)1460亿美元,其中德国占27.8%,法国占19.9%,英国占17.4%,其他欧洲国家占34.9%。目前,在欧洲市场上,第三方物流收入占物流总收入的比重平均达24.42%。

3. 日本物流产业发展现状

日本自1956年从美国引进物流管理理念后,将运输业作为物流改革的重点:一是加快物流基础设施的建设,包括高速公路网、铁路运输网、港口设施、航空枢纽、流通聚集地等各项基础设施建设,充实了物流业发展的硬件基础;二是提高物流管理水平。汽车工业推行"零库存"管理,设立物流中心,形成中央物流管理网络,促进物流业发展的国际化、系统化、标准化、协作化。1975年,日本主要制造业物流成本占销售额比例为10.16%,到1999年下降为8.09%,物流成本占GDP比重由1991年的10.6%下降为1997年的9.6%,低于美国10.7%的水平。

(二) 我国物流产业发展现状

自20世纪80年代以来,我国经济在改革中迅速发展,经济总量、结构、质量都发生了巨大的变化,与经济发展密切相关的物流业也获得了长足的发展。

与发达国家相比,目前我国在基础设施、经营管理、理论研究、物流技术、信息技术等方面还比较落后,但其市场规模巨大,前景广阔。

近年来中国经济平稳较快增长,为实现物流及供应链管理外包服务行业的快速发展,提供了良好的宏观环境。据国家统计局数据显示,2019年我国物流总费用为14.6万亿元。

物流业前景指数(LPI)反映物流业经济发展的总体变化情况,以50%作为经济强弱分界点,高于50%时,反映物流业经济扩张,低于50%则反映物流业经济收缩。我国物流业前景指数,从2014年以来均保持在50%以上,反映我国物流业总体仍处在平稳较快发展周期。

物流费用占国内生产总值的比重是衡量物流业总体运行效率重要指标之一。我国物流业近年来虽保持较快增长势头,但整体运行效率仍然较低。我国该指标从1991年的23.79%下降到2019年的14.7%。美国、日本物流费用占GDP的比重稳定在8%左右,我国与美国、日本相差仍然较大。

1. 物流产业发展的特点

1) 物流企业加大并购力度,行业整合提速

物流行业集中度低,导致市场竞争激烈,呈现了降低服务价格为主要竞争手段的特点,行业整体缺乏差异化的产品和服务。进入门槛低导致物流业集中度低、价格竞争激烈的重要原因之一。近年来物流行业集中度不断提升,但行业仍缺乏具有定价权的龙头型公司。

规模较大的物流公司,可利用规模经济,在网络覆盖、运力配置等方面发挥及时、安全、低成本等优势。小企业服务功能少,综合化程度低,管理能力弱,竞争能力弱,信息能力弱,经济秩序不规范,不具备适应现代物流追求动态运作、快速响应的要求。

2) 服务范围不断向供应链两端延伸

目前我国物流企业与制造业的联动深入发展、建立深度合作关系,物流服务范围不断向供应链两端延伸。一些物流企业从只承担少量简单物流功能外包的第三方物流,拓展到全面介入制造企业供应链的第四方物流。在供应链上游为制造企业提供原材料与零部件采购服务、原材料入场物流服务、原材料库存管理服务等。在供应链下游为制造企业提供生产线后端物流加工服务、产成品销售物流服务、零部件销售物流服务、售后物流服务等,物流专业化服务水平和效益显著提高。自2014年以来,业内形成一批具有一定规模、富有国际竞争力的领先供应链管理企业,与此同时,国家政策大力支持,鼓动和引导更多的物流企业向供应链两端延伸服务范围。

3) 通用物流与专业物流分化

近年来物流行业内的通用与专业分化趋势日益明显,专业化逐渐成为物流企业的发展方向。物流向专业化发展的趋势是由需求来决定的,企业对降低物流成本的需求越来越大,通过优化内部物流管理节约成本可增加企业利润,但通过优化供应链管理来降低成本。对专业能力要求很高,要求物流服务的专业化。

通用物流与专业物流相比,对于客户依赖度较小,市场规模更大,但竞争相对更激烈。对一些企业在物流环节中特殊要求较少的,通用物流相比专业物流,具备客户门槛较低,对自身资源要求较少,更具成本优势的特点。通用物流与专业物流的分化,有利于为不同物流需求的企业提供更适合的自身发展服务。

2. 供应链管理行业的发展

供应链管理行业是典型的轻资产、高技术含量的现代服务产业,供应链管理企业通过对不同行业运行模式的深入研究,利用综合专业能力和自身的整合能力,为客户量身定制集成解决方案,将单一、分散的报关、运输、仓储、贸易、结算服务等组合为供应链管理服务产品,实现商流、资金流、信息流、物流"四流"合一,为客户节约成本,提升价值。

供应链管理行业特有的经营模式要求供应链管理企业需要具备以下能力。

第一,跨领域、跨区域、跨行业的专业能力。跨领域能力,即纵向贯穿经营活动的商流、资金流、信息流、物流多个层次,具备在每个单一层次都能提供解决方案的专业能力。跨区域能力,即横向跨越区域乃至不同的国度、不同制度和不同法律框架,具备在不同区域扫除障碍并执行既定方案的专业能力。跨行业能力,即深刻掌握不同行业、同行业不同客户、不同类型商业模式,并具备针对客户个性化需求量身定做解决方案的能力。

第二,整合与运营能力。供应链管理服务与普通物流服务不同,供应链管理企业只对供应链上的关键节点进行投资,不依赖大规模固定资产投入谋求产出,而是强调整合各层级现有资源,在供应链管理解决方案的指导下为客户提供全方位服务,这就要求从业企业具备较强的整合与运营能力。

第三,信息系统支持能力。供应链管理集成服务具有大范围、跨领域、多层次立体全方位整合的特点。信息传递也会表现出多边、交叉、同步等特性,信息流是供应链管理中的关键要素。要求企业配备的信息系统技术架构先进、功能层次分明、高效协同以满足业务需求。

供应链管理的价值创造体现在缩短客户交易时间,降低交易成本,提升企业供、产、销的整体运行效率,有助于企业在应对频繁变化的市场需求和激烈的市场竞争时提升响应速度。

三、物流产业的发展趋势

20世纪50年代以来,国际上一些发达国家的物流产业在不到40年的时间里获得了迅速发展,从而打破了产业革命200多年来物流一直落后于生产发展的状况,完成了生产主导型经济向市场主导型经济的转变;同时,逐步形成了与传统的不发达国家流通状况迥然不同的现代物流特征,并从这些特征中反映出现代物流产业的发展趋势。

(一)规模化

传统物流规模往往落后于生产规模,而现代物流规模,如从业人数、商业店铺、仓储设施、运输工具、货物流量等方面的发展速度都超出了各种生产要素的平均发展速度。从总的趋势来看,生产社会化程度越高,流通规模的发展速度越快,流通在社会再生产中的地位越重要,所占的比例就越大。出现流通规模扩大化的原因是随着社会生产中商品率的上升、市场的扩大、消费水平的提高和竞争的加剧,进入流通领域的货物流量越来越大。

(二) 一体化

物流产业作为与生产过程相分离的相对独立的经济过程而存在,是社会生产力发展到一定阶段的必然结果。然而,现代物流产业呈现出的则是生产过程与流通过程相互渗透、相互融合的一体化趋势。一方面,生产专业化的发展,使原来完整的生产过程逐步分化为许多个紧密相关的生产过程和流通过程,甚至在发达国家的某些大型企业内部,不同车间之间也形成了带有商品交换性质的物质流转,从而使流通逐步渗透到生产过程中去,形成了流通与生产的一体化;另一方面,流通加工这一新兴产业的出现和迅速发展,是生产过程渗透到流通过程中的一种典型的经济形式。目前,国外还大量发展了生产、流通一体化的特种运输。在运输过程中,同时进行加工活动和利用现代化通信手段进行商品交易活动。鉴于现代经济发展的这一特点,国外已有国家以法律形式将流通部门改称为"流通加工"部门。

(三) 社会化

生产社会化的发展必然要求流通社会化,而流通社会化的发展又反过来促进了生产社会化程度的提高。同时,流通社会化提高了自身的流通效率,从而适应和促进了生产的发展。近百年来,流通当事人的出现,商业内部批发与零售业的分工,批发业的专业化及专业批发公司的迅速兴起,工商业之间批发业务的分工,交通运输部门的独立,运输部门各种运输方式的分工,邮电通信和保险业的发展,以及第三次科技革命的兴起,使得流通过程中的信息流、价值流和使用价值流的有关业务活动纷纷走向社会化。尤其是在近20年以来,物流即使用价值流的社会化更加引人注目,原来由企业自己进行的运输、包装、储存、装卸等物流活动,都逐步走向社会化。随着物流社会化的发展,联合的趋势也在发展,在高度社会化基础上呈现出物流功能综合化的趋势。在工业发达地区,形成了由经营购销、仓储、配送、加工、信息等业务的各种流通企业集成的"流通中心"。这种流通中心的兴起,对于实现流通结构合理化和保证生产的连续均衡运行、减少社会库存、促进生产社会化程度的进一步提高等方面,都发挥了积极作用。介于货主与传统物流业之间的第三方物流的出现,则是物流社会化的必然结果。

研究表明,欧洲24%和美国33%的非第三方物流服务用户正积极考虑使用第三方物流服务,欧洲62%和美国72%的第三方物流服务用户认为他们有可能在三年内更多地使用第三方物流服务。由于公司面对着竞争压力、预算收缩、规模减小及改善客户服务水平的需要,它们将部分或全部物流活动外包给第三方。全世界的第三方物流市场具有潜力大、渐进性和高增长率的特征,这种状况将使第三方物流企业拥有大量的服务客户。国际上大多数第三方物流服务公司是以传统的"类物流"业为起点而发展起来的,如仓储业、运输业、海运、货运代理和企业内的物流部等,但规模都比较小,无法与所需企业之间建立战略联盟和伙伴关系。物流企业应通过重组与购并,逐步形成少量拥有成熟的商业模式、核心能力和服务特色,并在特定物流市场处于领先地位的大型第三方企业。

（四）系统化

传统物流往往是从某一企业的角度进行组织和管理，而现代物流则是从社会的角度实行系统综合管理。20世纪70年代以来兴起的系统科学，不仅在生产管理上，而且在物流管理上得到了广泛的应用。社会分工的发展使国民经济各部门之间的联系和相互依赖关系日益密切，而这种相互依赖的关系在相当程度上是依靠物流部门来组织的。因此，从宏观角度讲，系统科学地应用在物流部门要比生产部门有着更大的优越性和更为广阔的领域。物流过程的系统化管理，其基本标志就是打破了传统物流分散进行的状况，而将整个物流过程作为一个大系统来进行合理组织和有效经营。20世纪60年代以后，借助计算机和现代通信技术，趋向把物流各环节的业务，包括采购、运输、包装、装卸、仓储、分销等联系起来，作为社会再生产过程中的一个总体来进行综合性研究和筹划，通盘考虑如何发挥流通的综合功能。在欧美一些发达国家，普遍强调发挥物资供应的系统工程，组成供、运、需一体化的供应网络。在日本，则强调综合地规划和改革运输、包装、仓储、加工、销售等各种物流功能，以获得更大的经济效益。

（五）现代化

随着现代技术的广泛应用，流通领域的自动化、电子化程度在不断提高。尤其是信息技术和电子技术在物流中的应用，使流通方式和条件发生了根本性改变，从而带动了流通生产力的重大革命，使物流及其管理走向现代化。

1. 自动化信息处理系统带来了流通管理技术的革命

现代通信技术的发展使生产和流通部门有可能建立起完整的信息系统。电子计算机在物流的许多环节，如市场预测、信用审查、订货管理、合同管理、库存控制、设计包装、配送方式选择、资金结算及资料积累、统计等方面得到了广泛应用。特别是物品生产信息系统的销售系统以及储备信息系统相互联系，形成整体化信息控制系统，使物流系统的自动化程度大幅度提高，出现了"看板方式""准时方式""集中物流"等新的供应方式。

2. 自动销售机的应用和普及是销售革命的首要标志

销售业务的自动化大大提高了订货和供货效率，电子计算机在销售业务中的应用，显示了现代化商业的极大优越性。同时，现代通信技术的发展、电视的普及，使得函购订货、电话订货、电视订货业迅速发展起来。

3. 集装箱带来了包装和运输技术的革命

集装箱运输本身就能保管货物，它使过去那种包装、装卸、保管、运送分割的状态趋向综合化，发挥了流通的综合功能。现代化集装箱运输比较复杂，大型集装箱车站、码头都采用了电脑系统进行管理。利用电脑控制，集装箱装卸货物的时间一般可缩短80%以上，大大提高了船舶、港口和仓库的利用率，加速了物品流转。世界上年吞吐量在亿吨以上的港口，如鹿特丹、汉堡、神户、纽约等，能在10分钟之内装卸几万吨货物，其主要原因就是广泛使用集装箱、托盘等专用设备。

4. 自动化立体仓库的发展是"物流革命的宠儿"

由于电子计算机、光电计数器和识别装置等新技术在库存管理中的应用，使得货物的分类、计量、计价、入库、出库、包装、配送等正在实现无人自动化控制。而自动化立体仓库则是执行上述多种机能的综合体。它的出现改变了过去仓库单纯保管的旧观念,而正在发展成为物品中转、配送、储存、销售和信息咨询等多方面的服务中心,这种大型流通中心可以说是现代物流的缩影。

(六)环保化

尽管物流产业的发展对促进世界各国经济的繁荣起到了重要的作用,但在其发展的过程中也给城市环境带来了诸多不利影响,如运输工具的噪声、尾气排放、交通拥挤,以及生产、生活中产生的废弃物没有得到妥善处理对环境造成的不利影响。为此,21世纪对物流提出了新的要求,即绿色物流。应对绿色物流的活动被称为逆向物流。逆向物流包括产品退货、货源减少、再循环、材料替换、材料再使用、水处理及翻新、维修和重新制造等。

作为一项活动、计划或过程,逆向物流与组织中的其他每个职能领域相衔接,如会计/财务、制造、营销、包装工程及采购等。物流和其他职能领域所做出的决策,影响着组织保护资源、产生附加收益及达成绿色营销目标的能力。

【经典案例】

2019年我国物流业发展报告①

一、物流行业概况

1. 物流行业的分类

从业务环节上,物流行业可分为运输、仓储、配送三大领域。其中运输领域从运输方式上可以分为公路运输、航空运输、铁路运输、水上运输、管道运输等;仓储领域从服务类别上可以分为物流工程、物流地产、物流园运营、仓储管理等;配送领域从商业模式上可分为城际配送、落地配、同城配送、即时配送等。

从商业模式上,将物流企业分为三类:运输型、仓储型和综合物流型。前两者业务功能主要涉及运输、仓储等单个物流环节服务集成;综合服务型物流企业可以为客户制定整合物流资源的运作方案,并提供运输、货运代理、仓储、配送等多种物流服务。

2. 物流行业上下游

物流行业的上游行业主要包括为其提供基础服务支持的行业,如航空、船舶运输、公路、铁路、码头、仓储业以及提供燃油动力的石化行业等。交通基础设施及仓库能够为物流行业的正常运行提供基础服务设施,运输费用和仓储成本的高低对物流企业的经营具有较大影响。近年来交通基础设施建设的不断完善也在较大程度上促进物流行业的快速发展。物流行业的下游客户覆盖全社会各类

---

① 本文摘引自建行投行报告。

机构以及个人,客户所处行业呈现多样性,且地理范围极为广泛。

二、物流行业市场现状

我国物流行业呈现"两大一低"的行业现状,即物流行业市场规模大、社会物流费用大以及物流行业集中度低。"两大一低"行业现状说明我国物流行业发展仍处于成长期,未来存在较大的改善空间和良好的发展前景。具体情况如下。

1. 物流行业市场规模巨大

我国近年来社会物流总需求呈趋缓趋稳的发展态势。我国全社会物流总额从2013年197.7万亿元增长至2019年的298.0万亿元,CAGR达到5.72%。其中,2019年全国社会物流总额同比增长5.90%。我国物流行业总收入从2013年的7.16万亿元到2019年的10.3万亿元,CAGR达到6.40%。2019年物流行业总收入同比增长9.0%。我国物流行业巨大的市场规模,显示了行业内企业可能的发展空间;物流行业规模的稳定增长,揭示了物流行业良好的发展前景。

2. 我国社会物流费用巨大

我国社会物流费用总额较大,目前仍处于逐步上升趋势。2019年我国社会物流总费用14.6万亿元,同比增长7.3%。社会物流总费用与GDP的比率为14.7%。其中,运输费用7.7万亿元,同比增长7.2%,保管费用5.0万亿元,增长7.4%,管理费用1.9万亿元,增长7.0%。

与我国经济体量和国土面积相似的美国,2019年物流成本总计约为人民币10.54万亿元。运输费用、仓储费用以及管理费用依次分别约为人民币6.85万亿元、2.94万亿元和0.36万亿元。尤其是我国物流管理费用为美国同期物流管理费用的5倍有余,显示了与发达国家物流发展水平相比,我国物流业尚处于发展期向成熟期过渡的阶段。在供给侧结构性改革为主线促经济提质增效的大背景下,我国高额的社会物流费用一定程度上意味着物流行业存在着降本增效的潜力,蕴藏着产业创新的机遇。

3. 物流行业集中度较低

除快递行业,全行业整体呈现"小、散、弱"的特征,行业内竞争激烈。据中国物流与采购联合会统计,2019年我国前50强物流企业主营业务收入约9833亿元,占全国物流相关行业总收入约为10%。国内物流市场绝大多数企业主要从事运输、仓储等传统业务,业务技术含量不高,行业门槛较低,市场上提供同质服务的企业众多,市场处于买方市场状态,不同物流企业之间的竞争主要是价格和资源的竞争。因此,物流行业企业资产重组和资源整合步伐将进一步加快,形成一批全产业链一体化、物流服务网络化、管理现代化的物流企业。

三、物流行业发展趋势

1. 物流产业降本增效仍具较大空间

在我国人力成本不断提升的环境下,市场经济从粗放式增长向追求经济效率转型。物流行业作为社会成本部门,降本增效需求巨大。我国社会物流总费用与 GDP 的比率远高于发达国家。2018 年社会物流总费用为 13.3 万亿元,与 GDP 的比率为 14.8%,而美国、日本、德国均不到 10%。其中,仅 2018 年运输费用占 GDP 比例为 7.7%,该数字已超过日本、德国同年社会物流总费用占 GDP 比,与 2017 年美国社会物流总费用占 GDP 比相同。全社会的物流总费用占 GDP 的比例在一定程度上反映了整个经济体的物流效率,社会物流总费用占 GDP 的比例越低表示该经济体物流效率越高、物流发展水平越发达。与发达国家的明显差距显示我国物流行业仍需要进一步降本增效。

2. 市场需求推动"干+仓+配"一体化模式发展

在"互联网+"时代,传统的仓储和物流企业都面临着转型发展的机遇与挑战。随着电商销售额飞速增长,仓库高效分拣的保障要求越发重要,传统的仓储运作模式的优势越发微弱,"干+仓+配"一体化成为行业变革主流。

"干+仓+配"一体化即"干线运输+仓储+配送"的整合,区别于单纯的仓储、干线运输和配送。"干+仓+配"一体化的基本模式为将收货、运输、仓储、拣选、包装、分拣、配送等功能集成在一家企业,服务贯穿整个供应链的始终。

相较各环节独立运行的物流服务模式,"干+仓+配"一体化简化了商品流通过程中的物流环节,缩短配送周期,提高物流效率,促进整个业务流程无缝对接,实现货物的实时追踪与定位,减少物流作业差错率。同时,随着货物周转环节的减少,物流费用降低,货物破损率降低,根据供应链的性质和需求定制化服务流程成为可能。此外,物流企业可通过掌握的大数据为客户提供销售预测,提前做好库存调配,一点入仓,发运全国,商品贴近销售地,以更快速度满足客户订单需求并提供增值服务。随着"干+仓+配"一体服务模式的价值被逐步发现,各类型干线运输物流企业逐步转向"干+仓+配"服务领域。

3. 综合性物流解决方案将成为行业未来发展方向

随着国内经济结构转型与产业升级,客户对于物流的需求不断提升,不再局限于物流外包,而是逐步向供应链上下游延伸,以期获得涵盖原材料采购、原材料物流、生产制造、产品物流等环节的一体化物流服务。因此,提供专业化、一体化的综合性物流服务将成为物流企业未来的业务增长点。

为满足客户对综合性物流解决方案的需求,保证供应链上的采购、生产、运输、仓储等活动高效协调完成,综合性物流企业不仅需要通过良好的品牌和周到的服务维护上下游关系,还需要现代化的信息技术和智能物流技术的配套支持,才能将运输、仓储、装卸、加工、整理、配送、信息等方面结合形成完整的供应链,从而为客户提供专家式的一体化物流解决方案。

4. 物流企业行业整合提速,集中度日益提高

国务院于 2014 年 10 月发布的《物流业发展中长期规划(2014—2020 年)》(国发〔2014〕42 号)积极鼓励物流企业通过参股控股、兼并重组、协作联盟等方式做大做强,也明确了要完善法规制度和规范市场秩序。可以预见,物流行业将进入一个兼并收购期,市场逐渐走向集中。

对于生产企业,效率较高的内部物流逐渐独立,演变为专注于某个产业的第三方物流公司,而效率不高的内部物流逐渐被淘汰,外包给第三方物流。对于物

流企业，不规范或经营不佳的公司将被淘汰，网络型、高效率的物流公司将获得兼并收购和承接市场份额的发展机会。物流行业的规模化发展有利于总体成本的下降，也便于快速推进和有效监控。

5. 多式联运的业务模式得到快速发展

2017年1月，交通运输部等18部门联合印发了《关于进一步鼓励开展多式联运工作的通知》，明确了5个方面18条举措，提出了我国多式联运发展的目标，指明多式联运发展的行动路线，是我国第一个多式联运纲领性文件，标志着我国多式联运发展上升为国家战略，在我国多式联运发展史上具有里程碑意义。

多式联运是由不同的运输方式构成的全程运输。我国目前固有运输方式主要包括公路、铁路、水路、航运四种方式，各自存在一定的局限性。随着我国经济的不断发展，单一的运输方式很难再满足企业庞大的物流需求。多式联运能有效对固有运输方式实现优势互补，削弱单一运输方式的不利影响。

多式联运为连贯运输，各个运输环节和各种运输工具之间，配合密切，衔接紧凑，货物所到之处，中转迅速及时，减少在途停留时间，故能较好地保证货物安全、迅速、准确、及时地运抵目的地。多式联运能减少中间环节，缩短货运时间，降低货损货差，提高货运质量。

作为解决全社会货物运输结构性矛盾的重点，多式联运在我国发展不断深入，运行质量逐渐提升，综合效益初步显现，在促进物流业降本增效中发挥积极作用，为建设物流强国打下坚实基础。

【本章关键术语】

物流产业 （logistics industry）
产 业 （industry）
产业体系 （industrial system）
产业集中度 （industrial concentration）
基础平台 （fundamental platform）
宏观构成 （macro structure）
地区结构 （regional structure）

【本章思考与练习题】

1. 结合实际解释物流产业的定义。
2. 物流产业有哪些特点？
3. 物流产业构成的原则是什么？
4. 简述构成物流产业的三个层面之间的关系。
5. 简要回答物流产业的分类。

第五篇

现代社会物流

❖ 城市物流与区域物流

❖ 国际物流

第十一章 城市物流与区域物流

本章重点理论与问题

城市物流与区域物流同城市经济与区域经济的发展密切相关,是城市经济与区域经济的重要组成部分。城市物流与区域物流的组织和管理水平关系到城市经济和区域经济的运行质量,是促进城市经济和区域经济协调发展的重要影响因素。正确理解城市物流和区域物流的内涵与特征、地位与作用,正确认识城市物流的重要节点及物流平台,了解城市物流和区域物流发展规划的基本原则和主要内容十分必要。

第一节 城市物流概念与特征

进入21世纪以来,在我国区域经济发展比较迅速的城市,政府已经认识到发展现代物流对于优化经济结构、改善投资环境和提高城市和区域竞争力的战略意义,纷纷研究和制定"物流发展规划"与物流发展政策并指导实践。例如:北京市从21世纪初以来,先后制定了《北京市商业物流发展规划(2002—2010年)》《北京市"十一五"时期物流业发展规划》(2007年)和北京市"十二五""十三五"时期物流业发展规划物流业发展规划;上海市关于现代物流发展先后制定了《上海市现代物流业发展"十一五"规划》(2007年)、"十二五"规划、"十三五"规划;深圳市最早在《深圳市国民经济和社会发展"十五"计划》(2000年)中确定现代物流业为支柱产业,作为深圳重要经济增长点、建设现代国际物流枢纽城市,并先后制定了《"十五"及2015年现代物流业发展规划》(2001年)、《深圳市现代物流业"十一五"发展规划》(2006年)和现代物流业"十二五""十三五"发展规划。

一、城市物流的概念

城市物流(urban logistics)是以城市为主体,围绕城市的需求所发生的物流活动。关于城市物流的范畴可从两个方面来理解。一种理解是对城市物流狭义的理解,即城市内部范畴的物流。而城市的输入物流及输出物流是发生在若干城市之间和区域之间以城市为节点的物流,属于区域物流的范畴。另一种理解是广义上的认识,包括城市的输入物流和输出物流,即城市内部的物流及以城市为主体的城市外部物流,包含以城市为依托的区域物流,物质资料在城市内部各经济部门之间、城市与城市之间、城市与周围农村之间流动。城市物流必须服从于城市及区域经济的需要,并与城市经济及区域经济协调发展。就物流活动而言,城市物流和区域物流并没有本质的区别。但是,由于城市和区域在地域范围的大小、行政区划与管理主体方面的差别,使二者具有不同的特征。

二、城市物流的特征

(一) 管理主体一元性

城市物流的主要特点是城市物流行政管理主体的一元化,所有的城市都有政府行政组织作为主管部门,城市行政组织可以统筹规划和管理指导物流系统建设与运行,因此,城市物流有非常强的可控性。

(二) 构成形式多样化

城市物流一般有三种形式:一是这一城市以外其他城市之间与地区之间的货物通过该城市的物流;二是作为物流的集散地;三是干线运输的物流,如在城市设有港口、机场、铁路货站等,形成干线运输(多式联运)产生的物流。

(三) 物流高度密集型

城市物流高度密集,主要表现在两个方面:首先,物流资源密集,表现在城市范围中有高密度的物流线路及物流节点,各种类型的物流企业的经营性机构也集中在城市;其次,物流活动密集,在城市中,多点、多线、多面、多种、多发而且连续不断的物流活动,已经是城市社会经济生活不可或缺的重要组成部分。国际物流、区域物流的始发点和最终目的地基本上是以城市为主,这是造成城市物流高密度的重要原因。另外,城市本身的产业高密度及人口高密度也带来了高密度的物流需求。

(四) 物流渠道网络化

城市中聚集了大量的工厂、配送中心、货站、商场、最终用户等,这些都是物流节点,分布在城市不同的地方。其中,城市的物流基地、物流中心、物流园区、配送中心是物流大型的重要节点,同其他节点共同组成了城市的物流网络,覆盖着城市的每一个角落。

(五) 物流管理运作精益化

城市是一个国家经济水平最高的地区,有进行精益化运作的需求和条件。更重要的是,城市交通条件的制约和生态的脆弱性,不允许进行粗放的物流活动。因此,低噪声、低排放、小吨位、封闭型的物流车辆是城市物流的主要工具,对准时、准确的物流运行方式提出了要求。

(六) 环境影响负外部性

城市存在着严重的人、物混流现象,以及物流环境和人居环境互相影响的现象。虽然现代化城市已经开始建立单独的人流平台,但人流和物流混杂的现象还是非常严重。同时,城市的物流系统存在于城市的人居环境之中,物流环境与人居环境常常交织在一起。人、物混流和环境混杂现象直接带来三个方面的负面后果:一是影响效率,人的流动和物的流动共同使用一个平台,争夺物流资源,而物流资源缺乏专用性,因此效率不高;二是影响交通秩序,容易造成交通混乱和交通阻塞,尤其当物流影响了城市中人的流动,会影响人们的生活和工作,扰乱正常的城市秩序;三是影响人居环境,人需要良好的生存环境,而物流又是对环境造成负面影响的重要源头,这是难以调和的矛盾,城市物流的合理化是消减这种矛盾的必要选择。

第二节 城市物流节点与平台

一、城市物流节点

（一）城市物流节点的主要形式

物流节点是物流网络中连接物流线路的结节处，又称物流接点。物流节点包括运输枢纽、物流中心、配送中心、货运站、仓库、货场等。城市物流节点对整个城市的功能起着重要的平台支持作用。合理配置城市物流网络节点，可以使城市物流运转更有序，衔接更通畅，资源储备更有效、更完善。城市物流节点有以下几种主要形式。

1. 物流中心

物流中心（logistics center）是指具有完善的物流基础设施及信息网络，可便捷地连接外部交通运输网络，物流功能健全，集聚辐射范围大，存储、吞吐能力强，为下游客户提供专业化公共物流服务的场所或组织。在物流网络中，有些物流节点起到了连接物流渠道或线路的中心点的作用，所以又泛称为物流中心。如集货中心、储运中心等是城市不可缺少的一个层次的物流节点。

物流中心具有如下特点：在规模上，物流中心一般为较大或中等规模的城市节点。在综合性程度上，物流中心是某一专业范畴，或者在某种程度和一定的范围内具有一定的综合性。在服务对象上，物流中心则在局部领域进行经营服务，面向特定用户和特定市场。在功能上，物流中心则主要具有分销功能及向最终用户提供送货服务的功能。在运作方式上，物流中心同样带有基础性和公众性，主要还是以政府为主导、大型企业参与投资建设、企业运作的形式。

2. 配送中心

配送中心是从事配送业务的物流场所或组织，应符合下列要求：第一，主要为特定客户服务；第二，配送功能健全；第三，完善的信息网络；第四，一定的辐射范围；第五，多品种、小批量；第六，以配送为主、储存为辅；第七，便捷的交通运输网络。

3. 其他形式

1）仓库

在现代城市中，仓库也是不可缺少的一种物流节点。尽管现代物流系统及物流管理方式，可以在生产与流通中的许多环节实现"零库存""准时制"等不依赖于仓库的物流方式，但是，这不意味着储存的功能与作用被取消。所以，对于城市物流而言，现代物流仓库是不可少的，我们可以遵循合理化原则尽可能地优化仓库的结构和配置。

2）运输枢纽及站场

运输枢纽通常是指大型的、多条线路、多种运输方式之间的衔接节点，其本身能够提供多种服务以利于这种衔接。城市物流系统中的运输枢纽，常常执行本城市与地区或者国际相连接的任务，也是区域物流或国际物流网络的一个节点，对城市而言，它为执行对外交往和大进大出的物流任务提供服务。

城市中各种运输系统都是由线路系统和节点系统优化构筑而成。一般线路上的节点，称之为站或者场，通称为站场，它的作用主要是起比较简单的衔接作用，例如，到达、发货的搬运与运输的衔接，两条不同线路的转换衔接，不同运输工具的转换衔接，等等。

二、城市物流中心

（一）城市物流中心的类型[①]

城市物流中心作为在城市设立的重要物流活动场所或组织，其主要功能是大规模集散货物，必须具备物流的综合功能，以及贸易、货代、报关、检验、物流方案设计等一系列延伸功能。按其承担的职能划分，有以下六种类型。

1. 集货中心

将零散货物集中成批量货物，称之为集货。在生产数量较多且每个生产点的数量有限的区域，为了使这一区域某些产品总产量达到一定规模要求时，可以在该区域设置主要发挥集货作用的物流据点，通常称之为集货中心。

2. 分货中心

分货中心通常是指专门从事或主要从事分货职能的节点。其主要功能是将大批量聚集的货物分成批量较小的货物。一般来讲，聚集到该中心的货物大多是大规模包装、集装或散装的，采用大批量成批运进的方式。在运出货物时，要按销售批量或用户的需要，对货物进行分装后再分散运送出去。

3. 配送中心

城市配送中心主要是从事配送职能的物流节点，其主要功能是执行配送服务。城市配送中心是城市服务体系的重要设施，如果说物流基地、物流中心还执行许多传统的物流使命的话，则配送中心完全是买方市场环境下所出现的新的物流节点。它执行的是全新的物流使命，就是把传统的、粗放式的物流节点转变为服务型的物流节点，是城市物流合理化的产物。

一般而言，配送中心可分为具有储存保管功能和无储存保管功能两种。它们都是按用户的要求，通过集货、分货、配货、分放、配装、送达等活动过程，实现配送职能，满足用户需求。

4. 转运中心

转运中心主要是承担货物转运的职能。

5. 储调中心

储调中心是以储存为主的中心，实际是仓库功能的拓展。

6. 加工中心

加工中心是以流通加工为主要职能的物流据点。在选址上要么靠近产品的生产地区，

[①] 钱东人、朱海波著：《新编现代物流学》，中国物资出版社，2006年版。

以方便物流；要么靠近产品的销售地区，以方便销售。

（二）城市物流中心的作用

城市物流中心是整个物流网络的核心，建立城市物流中心对于城市社会经济发展有着重要的意义。

1. 促进资源整合利用集约化

建立物流中心可比较集中地办理各方面的物流业务，统一调剂余缺，合理使用储运设备和资源，克服忙闲不均的现象。同物流场所小规模、分散化、各自为战的传统方式相比较，城市物流中心能有效节约建设投资，提高物流场地设备的利用率，有利于实现基础设施、资源利用、管理运作和信息处理的集约化。

2. 有效衔接各种运输方式

物流中心对联合运输起着支撑和扩展作用。对航运、空运、铁路、公路运输实现有效衔接，也有利于干线运输、集货运输和配送运输的有效衔接，为不同节点和用户创造了便利条件。

3. 提高物流业务运作水平

通过缩短物流时间，加快物流速度，提高物流效率，减少物流环节，提高物流服务水平；同时，有利于减少物流损失，降低物流费用，从而实现良好的经济效益和社会效益。

4. 有效改善城市环境

物流中心有利于大规模、集约化的物流组织方式，可以减少货场、货站以及相关设施在城市的占地，减少车辆出行次数，从而减少尾气、噪声等对环境的负面影响。

5. 促进城市经济发展

发达国家的经验表明，现代物流的发展对经济的作用明显，物流中心在城市经济发展中发挥着重要作用。例如，日本的阪神商社物流中心、荷兰鹿特丹物流基地及美国各大城市的配送中心都对当地的经济发展发挥了重要作用。

（三）城市物流中心设置的原则

一般而言，城市物流中心的设置应遵循以下主要原则。

1. 区位匹配原则

城市物流中心的设置应综合体现区域经济发展特点，包括区域自然资源禀赋状况、经济发展布局和条件、经济结构和地域结构、劳动力素质和技能、市场化程度等方面的发展状况，体现城市物流中心的开放性和系统性。

2. 规模适当原则

城市物流中心的设置要与城市的生产力水平、物流规模和物流的构成相匹配，发展现状要与未来需要相结合，充分掌握城市物流的历史、现状，以及需求规模和发展趋势。

3. 位置合理的原则

城市物流中心的位置合理对降低物流费用，提高物流经济效益有重大影响。城市物流中心的选址应根据城市范围的物流需求、交通运输条件、自然地理条件及建设物流中心的投入等来决策。通常城市物流中心适宜于选择在城市边缘和邻近交通枢纽的地段,以方便运输作业,在考虑运输条件时,要注意当前和未来各种运输方式的可行性。

4. 功能需要的原则

物流中心应以满足用户需求,提高物流效益和用户满意度为出发点,充分考虑客户需求及变化趋势,并以客户为中心确定其服务功能。既要注意物流功能的配套性、协调性和拓展性,还要考虑自身的实际条件。

5. 技术选择的原则

物流技术的选择包括硬技术和软技术,在技术的选择上,做到先进合理,即技术上先进、经济上合理。

三、城市物流平台

所谓平台(platform)是指起到支持作用、基础作用、规范作用和整合作用的标准化体系。其主要特点表现在三个方面:第一,通用性和公用性,是对专用性、专用技术带来的多样性和复杂性的一种补充,以防止过度专业化造成的分割,是对复杂系统的一种整合方式;第二,共用范围的广泛性,目的在于追求规模,从而降低建设或运作的成本;第三,支持性,平台起到的是一种支持作用,这种支持作用有些类似于"基础"的支持作用。

(一)物流平台的含义

物流平台(logistics platform)是对物流的各种活动起到承载和支撑作用的标准化系统,它使不同的物流活动能够有效地衔接并能够高效率地、顺畅地进行,并给物流开发提供标准化的工具。由于物流的复杂性和多样性及跨地域的广泛性,平台的承载和支持显得十分重要。平台的作用主要是提供共同性和标准化的支持,因此它必然是标准化的系统。这个标准化系统可能是对社会开放的标准化系统,也可能是仅支持局部复杂事物的封闭的标准化系统。

(二)物流平台的结构体系

物流平台种类很多,物流平台的作用因平台的承载及支撑对象不同而有所不同,物流平台分层次的结构体系及平台基本内容如表11-1所示。

表11-1 物流平台分层次的结构体系及基本内容

结构层次				基本内容
第一层次	第二层次	第三层次	第四层次	
物流平台	实物物流平台	物流设施网络平台	线路平台	铁路、公路、水路、管道
			节点平台	物流基地、物流中心、港口、机场、车站
		物流装备材料平台	集装平台	集装箱、托盘、集装袋、货捆
			散装平台	散装车辆、散装仓库、散装装卸设备
			自动化平台	立体仓库、高层货架、举升设备、自动化装备
			物流工具材料平台	装卸搬运工具、运输工具、保管工具、包装材料及工具

续表

结构层次				基 本 内 容
第一层次	第二层次	第三层次	第四层次	
物流平台	物流管理平台	物流信息平台	公用物流信息平台	通信系统、传输系统、数据交换系统、计算机网络、物流情报信息系统、通关系统
			专用物流信息平台	卫星定位系统、地理信息系统、射频标签系统、专用数据库、供应链解决方案
		物流标准化平台	数据标准化平台	条码系统、编码系统、物流建筑模数及尺寸系列、物流工具装备模数及尺寸系列
			技术标准化平台	集装标准化、叉车标准化、运输车辆标准化、装卸搬运设备标准化、仓库标准化
			管理标准化平台	制度、法律、规定、规则,以及工作标准、合同标准、行文标准、报文标准等

第三节　城市物流发展规划①

一、城市物流规划概述

(一) 城市物流规划的作用

城市物流规划是同城市发展相关的规划,是涉及整个城市的、全面性的规划,是城市物流发展的基础性工作,也是城市物流管理的重要内容,许多城市物流问题起源于规划,一个科学的、完善的规划,能够使城市物流管理更为有效。城市物流规划要解决以下几个问题:城市物流资源的配置和布局问题,城市物流和城市经济发展的同步、协调问题,城市物流系统建设时间和顺序问题,城市物流设施完善和配套问题。

(二) 城市物流规划的原则

城市物流规划涉及城市的各个领域和各个产业,因此,城市物流规划是城市总体规划的下一个层次的规划。这个层次的规划必须遵守两个基本原则:一个基本原则是必须符合城市发展总体规划的要求,不能与城市总体发展规划有矛盾和相悖之处;另一个基本原则是要与其他领域的规划边界清楚,或者有一个明确的规划归属权,防止不同领域的规划涉及同一事物而有不同的规划结论,不能出现结论不同甚至相悖的多头规划。

(三) 城市物流规划的内容

按照规划的不同性质,城市物流规划可以分为城市物流发展规划、城市物流布局规划和

---

① 王之泰:《新编现代物流学(第二版)》,首都经济贸易大学出版社,2008年版。

城市物流管理规划等。其中,城市物流管理规划有时候需要细分到道路通行限制规划、道路标志规划和城市物流应急系统规划等。从城市物流规划的范围和层次来讲,可以分为城市总体物流规划、城市中心区域物流规划和城市分区域物流规划等。

从城市物流规划的行业针对性来讲,有以下几个方面的规划:城市交通规划、城市商业物流规划、城市配送系统规划、城市工业物流规划、城市仓储系统规划、城市国际物流规划和城市绿色物流系统规划等。其中,城市绿色物流系统规划还可以进一步划分为城市再生系统物流规划、城市废弃物流规划和城市逆向物流系统规划等。

从城市物流的技术和结构层面,有以下几方面的规划:城市实物物流平台规划、城市物流信息平台规划;城市物流经营服务系统规划;甚至可以具体到城市与区域物流相关的物流枢纽规划、城市物流园区规划、城市物流基地规划、城市物流中心规划和城市配送中心规划等。其中城市实物物流平台规划又可细分为城市物流线路网络规划及城市物流节点网络规划。

二、城市物流总体规划

一般的城市物流总体规划包括以下几个方面的内容:城市物流资源的总体布局、城市物流平台规划、城市物流产业规划、城市绿色物流规划、产业物流活动合理化规划及城市物流应急系统规划等。对于我国的大部分城市还要有城市物流系统从传统落后的物流系统向现代物流系统转型的规划。

虽然交通系统对于城市物流是非常重要的基础,但是这个系统并不完全支持城市物流,因此,其规划往往是在城市发展总体规划下与城市物流规划平行的规划系统。

(一)城市物流资源的总体布局规划

城市物流资源的总体布局是为了解决各种物流资源在种类上的合理构成、在数量上的合理比例、在水平上的有效配套、在地域上的有效分布、在规模上的合理确定问题。因此要通过规划确定一个合理的城市物流资源总量水平,要解决短缺物流资源优先发展、快速发展的问题。比如,城市一定发展水平所对应的货运能力、货运数量、仓储能力、仓库面积、城市重要物资的储备能力和储备水平等都需要给予规划性的安排。这个规划不但对于物流发展可以起到指导作用,而且也为城市道路规划及交通设施规划提供基本数据。

一般而言,我国城市的物流资源中,仓库及仓库所占用的土地资源是过剩的,其原因在于,过去的城市发展长期依赖大量库存的支持,经济和物流的低水平,也使仓库成了长期容纳呆滞、报废物资的场所。除此之外,其他物流资源,尤其是现代化的物流资源几乎都是短缺的。我国一般城市物流短缺资源主要有道路资源、现代物流服务设施资源、现代物流中心和配送中心资源等。这些应当作为城市物流资源总体布局规划优先发展的对象。

(二)城市物流平台规划

城市物流平台和一般的物流平台在结构上基本相同,城市物流平台规划也着重解决物流平台规划和物流信息平台规划两个问题。城市物流平台规划带有复杂性,其原因就在于平台的公用性和在城市物流平台之上人、物混流的特殊性。

城市物流平台规划不完全取决于物流的需求,甚至物流的需求并不是其主要的决定因素,但是平台对物流的支持作用非常重要、不可缺少。所以,既然城市物流平台不是以物流需求为主体,就有可能不能全面满足物流的理想需求,而城市又不可能规划城市物流的专用平台,这是城市物流平台和一般物流平台重要的区别。详细内容在本节后面进行专门叙述。

(三) 城市物流产业规划

城市物流产业必然与城市经济类型和经济特点相适应,需要进行全面的规划。但是在大部分城市,物流产业支持城市功能和城市经济,服务于城市人民的生活。产业是有选择性的,物流产业发展规划必然有所为、有所不为。还有一些城市的物流产业可以辐射到广泛的区域,甚至国际,成为这个城市的经济增长点,其物流产业应该作为重点培育的产业进行规划。城市物流产业规划尤其要注意对本城市瓶颈物流产业和优势物流产业的发展进行规划。

城市物流产业规划包含以下几方面的内容。

1. 商业连锁配送系统规划

商业连锁配送系统规划是与商业发展相配套的物流规划,着重于全市性的配送系统建设,包括配送中心数量和布局规划、配送流程规划等。

2. 公共物流设施规划

公共物流设施规划包括营业仓库、公共仓库数量和布局规划,以及储备及储备仓库规划、物流园区规划等。

3. 现代物流服务企业发展规划

现代物流服务企业发展规划包括第三方物流企业、配送企业、流通加工企业、车辆维修服务等企业发展规划。

4. 物流装备生产制造规划

物流装备生产制造规划是城市制造业发展规划的一项内容,根据城市物流发展的需求和特点,以及城市物流装备生产企业周边和其他地区甚至国家的辐射能力,规划主要装备的生产数量和企业布局。例如,大城市使用量很大的城市物流用车,需要在规划中确定。

(四) 城市绿色物流规划

城市绿色物流规划是根据科学发展观建立起来的。城市的发展必须与环境协调,在规划上必须有环境的战略眼光。城市绿色物流规划就是要解决这个问题。由于物流是破坏环境的重要因素,所以绿色物流规划有重要意义。

城市绿色物流规划的主要内容有以下四个方面:第一,绿色通道规划,包括产品的绿色通道、绿色环境通道和绿色出口通道等;第二,物流环境的保护规划;第三,回收再生及逆向物流规划;第四,废弃物物流规划。

(五) 产业物流活动合理化规划

由于物流活动的广泛性,仅规划物流平台及物流产业还远远不能起到对全部物流的指导作用。虽然城市各种类型产业内部的物流是企业内部的事情,对此不可能做出统一的模式及发展的规划,但是,从城市角度出发可以提出物流合理化的发展规划,可以提出若干阶段的合理化指标规划,以促进所有物流活动的合理化。物流合理化是提升企业内部物流水平的重要方式。由于城市是企业大量集中的地方,也是供应链的主体所在地,所以,城市是物流合理化规划的重点地区。从供应链角度来看,物流合理化有以下四个主要层次:第一,供应链物流总体最优;第二,供应链各节点之间物流合理,企业之间的销售、采购、供应物流一体化;第三,供应链各节点内部生产制造物流的合理化;第四,削减供应链库存总量。

(六) 城市物流应急系统规划

城市物流规划必须建立应急系统,以应对各种突发事件和变故。这是一个非常重要的内容,却经常被人们忽视,那就是在城市出现突发的紧急情况时,如果没有应急物流方案,则会出现物流不畅而不能及时进行抢险、排险、抢救、疏导拥堵、运送物资和人员,从而扩大灾害和损失。物流应急系统规划的主要内容有以下七个方面:第一,事先确定应急物流指挥中心;第二,事先确定应急物流组织系统及动员程序;第三,建立应急物流信息传递通道和程序;第四,按若干假设前提设定应急物流方案;第五,重要设施、重要单位、重要地区规划应急物流通道;第六,规划应急物流资源动员和启动方式;第七,建立应急物流储备。

三、城市物流平台规划

城市物流平台和一般物流平台的结构层次是相同的,它们的主体结构也基本相同,城市物流平台的特殊性主要表现在三个方面:第一,城市物流平台支持人流、物流广泛混杂的物流系统;第二,城市物流平台不支持大进大出的物流;第三,城市物流平台不支持远程物流。城市物流平台规划的主要内容如下。

(一) 物流线路的规划

城市物流平台线路主要是公路线路。公路线路规划以混合型的道路,即既能满足客流又能满足物流要求的道路为主体,个别物流量大而且频繁的地区,可以考虑设立专用物流道路。或者通过建立专门客流通道(例如地下铁道、城市轻轨等)来减少道路上的客流量,以及减少客流、物流混杂的问题。

(二) 物流节点层次的规划

在当前物流实际运行过程中,一个物流过程所经过的大的、小的发生停顿的实际物流节点数目很多,有的是干线物流过程所经过的节点,有的则是持续搬运操作过程中相当于物流节点的实际停顿。据不完全统计,铁路快运到站后至用户取得货物这一个小的间隔,就有6次这样的停顿。一个非常重要的原因就是,城市内部节点设置不合理,从而不能够通过节点的调整,使物流过程连贯。

(三) 物流节点区位的规划

城市物流节点是物流网络的重要组成部分,对整个城市的功能起着重要的平台支持作用。合理配置节点系统,可以使城市物流运转更有序,衔接更通畅,资源储备更有效、更完善。不同层次物流节点功能不同、作用不同、规模不同,这就决定了它们分布的一般特征。

物流基地是一个城市进入区域物流或国际物流,开始和结束远程的、干线物流的、位于城市中的大型物流节点,具有大进大出的性质。在区位的规划上,宜于规划在城市外围地区。

配送中心是直接向连锁商业用户、基层商业用户或最终用户提供精细服务的物流节点，处于物流系统的末端，因此，要尽可能接近用户。在区位的规划上，宜于规划在接近用户的城市内的区域。

物流中心是衔接性的物流节点，根据不同的条件可以执行三种使命：物流基地的使命、配送中心的使命，以及将大进大出的物流基地和精细服务的配送中心相衔接的、干线物流转为末端物流的使命。在区位的规划上，宜于规划在物流基地与配送中心之间的区域。

（四）储备型大型仓库规划

城市必须有储备型的大型仓库，这种仓库保有大量的、长期的储备。对于重要的和与城市生存密切相关的物资，例如燃油、煤炭、粮食、防灾抢险物资、应急准备物资等，必须进行专门的储备仓库的规划。尤其对于市场短缺的物资，其储备问题切不可忽视。储备型的大型仓库应当和物流基地处于同等区位，甚至可以是物流基地的一部分，能够有大进大出的条件，这样一来，不但可以形成资源的保障，而且可以降低物流成本。

如果储备对象的物资处于过剩状态，但是分散于社会的库存之中，在这种情况下，可以考虑建立虚拟储备，在必要时通过应急的组织系统调用社会资源。

（五）大型物流节点规划

大型物流节点大量占用土地资源，功能又比较单一，所以在规划中要严格控制其数量，否则不仅会浪费土地资源，节点之间也会出现低水平的重复，造成业务不饱满。一般的配置原则是：处于与外部连接的交通枢纽位置适合于规划大型、综合性物流节点，大型物流节点不适合规划在远离交通枢纽和交通干线的地区。所以，城市与外界进行大量物流沟通有几条主要通道，就适合建立几个大型物流节点。

（六）城市配送服务系统规划

配送服务系统是城市物流最具特点的系统，配送服务系统虽然在区域物流中也有，但是在城市物流中，配送服务系统大量存在。因此，配送服务系统规划对于提高城市的服务功能有重大意义。鉴于城市产业及用户的复杂性与需求的多样性，配送服务系统也必然是多种多样的，并且密集于城市中心区域，因此配送服务系统之间必然互相交叉，互相补充，服务于所有的需求。

配送服务系统规划基本上有两种独立的类型。一种是综合配送系统。可以整合相同类型的配送系统，建立公共性综合配送系统和实行共同配送，防止出现严重的交叉、对流、迂回等不合理的现象。另一种是专业配送系统。由于专业的特点，配送系统不能互相整合，必须独立运行，这是专业配送系统存在的前提。这就要确定规划的专业对象，必须是互不相容的专业才有必要建立独立的配送系统。否则，所有的专业都建立自己的配送系统，数量太大，效率太低，会使城市难以承受。

特别需要规划的专业独立配送系统主要有燃料油配送系统、活体配送系统、冷链系统、散装水泥配送系统、预拌混凝土配送系统、危险品配送系统、爆炸品配送系统和煤炭配送系统等。

第四节 区域物流的概念与特点

一、区域物流的概念

区域物流(regional logistics)是指特定区域范围内的经济区、城市群、城市、农村等区域范围的物流活动,以及它们相互之间的物流活动。这种区域范围可以是国际的、国内的,甚至仅仅是城市内部的特定区域。本章所涉及的区域物流,主要是指国内省际、市际、县际等行政区划之间形成的一定区域范围的物流。

长期以来,城市是经济集约的地方,尤其是工业集约的地方。20世纪后半期,出现了另外一个趋势,经济已经突破城市的局限,在一个更大范围的行政区域的联合体,或者在相邻的城市群范围内,形成比单个城市范围更大的经济区域。在当前的经济发展阶段,世界范围内出现了发展势头强劲的经济区域,大的如欧洲共同体、北美自由贸易区,小的如我国的环渤海经济区、长江三角洲经济区、珠江三角洲经济区等。这些区域经济通过合作与整合形成集合的竞争能力。与之相应,区域物流也成了这种经济区域重要的经济发展支撑力量。区域物流就是这种经济区域之中的物流及经济区域之间的物流。具体而言,区域物流是在一个区域城市群的各城市之间、城市与农村之间的物流和经济区域与经济区域之间的物流。理论上,这是一个复杂的物流范畴,因为经济区域有大有小,一个经济区域之中,不仅有城市,而且有农村、有矿区,还有的有林区、牧区等,各个经济区域的内涵又有所不同,甚至千差万别,不可能有同一个模式。所以,我们在认识区域物流时,必须同每一个区域的特殊性联系在一起。除了一般的物流规律,我们很难找到区域物流的共同规律。因此,在这里关注的重点是:物流发生比较多的是在经济区域范围内的城市之间,尤其是对我国现阶段经济发展有重大影响的几个经济区域的城市群和几个经济区域之间的物流。

二、区域物流的特点

(一)管理主体的多元性[①]

区域物流涉及多个国家与地区、多个城市,是多元化的管理与经营主体下的物流。因此,除了国际、国内统一的规则约束之外,缺乏由行政力量对物流活动统一的管理和制衡的力量,协作和协调成了促进物流活动的重要手段。

同时,由于行政管理与经营主体是多元的,存在行政管理主体之间的竞争与协作关系,如围绕区域物流行政管理权的竞争。物流经营主体是多元的,有大量的物流组织各自经营,构成了竞争与协作的关系。因此,区域物流存在着物流行政管理主体和物流经营主体之间多元化的竞争与协作关系。

(二)区域边界的不确定性

随着经济资源、产业结构、物流技术、信息技术等的发展变化,区域物流中的区域成员及

---

① 王之泰:《新编现代物流学(第二版)》,首都经济贸易大学出版社,2008年版。

区域边界也会发生相应的变化,从而导致该区域的物流规模与结构发生变化。当区域经济繁荣时,该区域的物流规模会相应扩大,该区域物流的辐射范围则会缩小,会发生重组或整合。因此,区域物流的区域边界处于动态演变之中。

（三）物流系统的完整性

在当今信息时代,区域物流内部由于自然资源基础和社会资源状况不同,形成了自身的物流系统,而且具有一定的完整性。有的区域物流系统完整性程度可能高一些,有的区域物流系统完整性程度可能低一些。每一个区域物流都追求区域内各种物流活动结构上的合理组合与功能上的互补配套,对区域内外资源进行调剂余缺、优化配置,从而推动区域整体物流的增长与发展,产生任何单一经济组织都无法取得的物流效果。因此,尽管不同区域物流系统内涵和完整性有所不同,区域物流实质上是由区域内各种物流活动相互联系、相互制约而形成的具有自身结构和功能特色的物流系统。

（四）物流利益的相对独立性

由于区域物流存在利益主体的独立性,区域物流的形成与物流水平的提高是区域或地区经济利益的反映。因而,区域或地区之间存在合理的物流竞争,符合市场经济发展要求,有利于提高整个国民经济发展水平,应当受到鼓励、保护和正确引导。但在一国之内,区域物流应当接受国家宏观调控,统筹兼顾、相互协调与支持是必要的。即使是经济发达地区,也在长期形成过程中得到了优惠政策的扶持,以及经济落后地区在自然资源、劳动力等多方面的帮助,发展起来后对落后地区的支持和帮助也是义不容辞的社会责任;另外,经济发达地区发展到一定水平后,在市场经济规律的作用下也会产生生产要素由发达地区向相对落后地区流动的需要。只有这样,才能实现区域经济的共同、协调与可持续发展。

（五）物流活动范围的广泛性

由于区域物流跨国界、跨行政区域,区域物流范围具有广泛性的特点,物流活动通常以中、远程为主。我国长三角经济区、珠三角经济区、环渤海经济区等各个经济区域物流多处于中程物流的范畴,经济区域之间的区域物流属于远程物流范畴。

（六）组织协调的复杂性

在一个区域和区域与区域之间,主体的多元化、边界的不确定性、利益的独立性,以及地理、文化、政策环境的差异性,会导致跨行政区域物流组织协调的复杂性,使得管理难度加大、成本提高。必须探讨科学的管理体制,建立有效的协调机制,重视提高区域物流的效率与效益。

第五节　区域物流的地位与作用

一、区域物流系统

区域内物流体系通常与国家和地区、国内行政区划或者经济区域相联系,是由区域内物流节点、物流线路和设施合理化布局形成的物流网络,适应区域经济社会发展的需要。要求设施集约化、标准化,提高物流信息和综合控制能力。

区域间物流的发展主要是从基于行政区域或经济区域之间要素流动和产品贸易的需要,在地域间上改善物流所推动,以适应区域之间生产、流通和消费供需均衡化。区域间物流的信息化、标准化和规模化,有利于提高物流效率,减少物流总费用,实现物流合理化。

随着经济全球化与市场全球化,国际贸易蓬勃发展,国际物流越来越引起人们的重视。它是随着世界各国或地区之间进行国际贸易而发生的商品实体从一个国家或地区向另一个国家或地区流转的过程中所发生的物流活动。

(一) 跨国物流

在经济全球化背景下,跨国区域物流是经济全球化的重要体现,也是世界物流发展的必然趋势。随着世界各国贸易与投资发展,不同国家、不同地区,特别是地理上的相邻关系或经济上的互补关系的国家及地区,跨国区域物流将会得到较快发展。

跨国区域物流的主要部分是跨越国境的联合体,如北美自由贸易区、欧盟联合体、东盟经济圈、东北亚经济圈等,成员来自多个国家,有些只是某个国家的部分行政区域。这种跨国区域物流具有双重属性,既可以划为区域物流也可以划为国际物流。

跨国区域物流是区域物流中范围最广、组织管理难度最大的区域物流。因为跨国区域物流的管理和运作涉及许多难题,如区域成员的经济体制、国际贸易政策(关税)、生活文化传统、消费习惯等的巨大差异,以及在商品的腹地延伸、物流设施的共享、物流设备与工具的通用性、物流信息标准化等方面的差异与障碍。同时,跨国物流的经营管理主体及其相互关系更加复杂。因此,要组织好跨国区域物流,必须建立跨国物流运作体系,协调各种关系,才能发挥跨国区域物流在促进跨国区域经济发展中的作用。[①]

(二) 大区物流

大区物流是指一国之内的若干行政区所组成的区域物流,其主要组成部分是区域联合体大区物流,如我国传统的东北、华北、华东、华南、西北、西南等六大联合体,以及新的区域联合体,如长江三角洲经济区域、珠江三角洲经济区域、环渤海经济区域、成渝经济区域、海峡西岸经济区域等,相对应地产生了长三角物流、珠三角物流、华北物流、东北物流、大北京物流等区域物流。

大区物流包含的区域边界较大,区域成员较多,往往包含若干个省区。大区物流之所以能够形成,是因为大区内的区域成员在产业结构、地理位置、产业分工、物流资源等方面具有明显的互补关系,因此,通过组织大区物流,加强大区成员之间的物流协作,可以获得更大的绩效。同时,通过大区物流,也可以增强大区的经济竞争优势。但大区物流的组织有相当的难度,要协调好各种关系。

(三) 省域物流

省域物流指一个省内的物流。省域物流的组织和管理相对比较容易,即使省域内存在若干层次的区域物流,由于在行政上隶属于一个省,因此协调比较容易。

(四) 城市物流

城市物流既包括城市内部的物流,也包括以城市为中心的城市之间、城市与农村之间的

---

① 钱东人、朱海波著:《新编现代物流学》,中国物资出版社,2006年版。

物流。城市是区域的政治、经济、文化的中心，也是区域物流的中心。研究区域物流，以城市物流为重点。

（五）农村物流

农村物流是指以乡镇和村为活动基地的物流。农村物流与农村的产业结构有直接关系。农村物流的主体、客体、网点及组织与管理，与城市物流有许多不同之处。我国农村物流尚不成熟，正处在伴随农村经济的发展而发展的时期。

二、区域物流的地位和作用

区域物流是区域经济的重要组成部分，区域物流的组织和管理水平关系到区域经济的运行质量，是促进区域经济和社会协调发展的重要力量，具有重要的地位和作用。区域物流作为支撑区域经济活动的基础性服务活动之一，对促进区域生产力的发展、优化区域产业布局、改善产业结构、提高区域经济实力和增强区域经济竞争力发挥重要作用。同时，区域经济的发展水平、产业结构、产业布局、产业升级直接影响区域物流需求总量和发展水平。

（一）区域物流与区域经济

区域经济（regional economy）与区域物流存在高度正相关的关系，即区域经济总量越大，区域内商品进出口量也越大，从而必然导致物流量也越大，进而要求该区域的物流能力与之相适应。同时，区域经济规模越大，区域物流规模也越大，从而区域物流所蕴含的效益空间与外部不经济也就越大。因此，区域物流对区域经济的影响程度也就越大，在区域经济发展中的地位也就越重要。

区域物流已成为经济区域重要的经济发展支撑力量。其主要作用体现在促进市场范围的扩大、调节市场供求的有效实现、对国民生产总值的贡献等方面。区域物流对区域经济的增长方式转变正在发挥有效的推动作用。区域物流活动有效地满足了区域经济发展过程中生产领域、流通领域及消费领域的物流服务需求。区域物流的功能延伸至区域经济发展的各个产业，不仅提高了总体效益和效率，促使商品交换的市场扩大，并且加速了产业链和价值链的结构优化。首先，就产业结构转型而言，区域物流为区域产业转移能够发挥降低成本、提高效率的作用，从而为区域产业结构调整发挥着加速器的作用，加速经济发展模式由粗放型向集约型转变。其次，就增长方式转变来看，现代物流为商品的空间状态、时间状态及外观形态的改变提供了科学性与有效性的保障，为制造业、商品流通业以及物流业本身创造新的生产方式、商业模式及营利模式起着催化剂的作用，从而产生新的增长点及其增长方式。最后，物流产业的社会职能正在悄然改变着人们的消费方式，为消费的增长提供了润滑剂，起到了促进作用。

（二）区域物流与城市建设

区域物流对城市建设产生重大影响。主要是物流线路（铁路、公路、桥梁、隧道、管道等）、物流设施与网点（车站、港口、机场、仓库、配送中心、物流中心、流通加工中心等）的布局与建设都集中在城市或与城市相连接，从而使物流发展成为城市建设与发展中的重要任务。同时，城市建设与发展也需要物流的支持。因此，要将物流线路、物流设施与网点的规划纳入城市规划之中，并按提高物流效率与完善城市功能相结合的原则进行综合规划与建设。

（三）区域物流与区域环境

区域物流对经济与社会的发展发挥着重要作用，但也会产生负效应，即物流产生的负外部性，如交通拥挤、交通事故、噪声、大气与水的污染、生活空间缩小、居住成本提高等，特别是环境污染是物流所产生的最重要的负效应。因此，要保护环境，提高环境质量与可持续发展的能力，发展绿色物流具有极大潜力。

【本章关键术语】

城市物流 （urban logistics）
物流平台 （logistics platform）
物流节点 （logistics nodes）
物流中心 （logistics center）
城市物流规划 （city logistics planning）
区域物流 （regional logistics）
区域经济 （regional economy）

【本章思考与练习题】

1. 城市物流的主要特征有哪些？
2. 城市物流中心有哪些主要类型？
3. 物流平台包括哪些类型？
4. 城市物流规划主要包含哪些内容？
5. 区域物流有哪些特点？
6. 如何理解区域物流的地位与作用？
7. 怎样理解区域物流与区域经济发展的关系？试结合珠三角区域物流加以分析。

第十二章 国际物流

本章重点理论与问题

> 随着经济全球化与市场全球化,国际贸易蓬勃发展,国际物流越来越引起人们的重视。理解国际物流的特征及种类,正确认识国际物流同国际贸易的关系,掌握国际物流的业务环节以及合理化的途径,对推进国际物流的理论与实践的发展具有重要意义。本章描述了国际物流的特点与种类、国际物流产生与发展的过程,阐述了国际物流与国际贸易的关系及其在国际贸易中的作用,并对有关国际物流的业务类型和合理化的途径及国际物流的新实践进行了探讨。

第一节 国际物流概述

一、国际物流的概念

国际物流是物流活动在地域范围内的国际化延伸,随着国际贸易的发展得到了快速发展,已成为现代物流系统中的重要组成部分。当生产和消费在不同的国家或地区进行时,伴随国际贸易或跨国经营活动,货物需要从一国向另一国实现空间的转移,这离不开国际物流的支撑。国际物流(international logistics)是指跨越不同国家或地区之间的物流活动〔见《物流术语》(GB/T 18354—2006)〕。国际物流是国际贸易的一个必然组成部分,各国之间相互贸易的商品最终必须通过国际物流来实现,是为国际贸易和跨国经营服务的,即选择最佳的方式与路径,以最低的费用和最小的风险,保质、保量、适时地将商品从某国的供方运到另一国的需方。国际物流的运作是按国际分工协作的原则,依照国际惯例,利用国际化的物流网络、物流设施和物流技术,实现商品在国际的流动与交换,以促进区域经济的发展和世界资源优化配置。

二、国际物流的特点

国际物流是为跨国经营和对外贸易服务的,它要求各国之间的物流系统相互接轨。与国内物流系统相比,国际物流具有以下特点。①

---

① 王转、张庆华、鲍新中编著:《物流学》,中国物资出版社,2006年版。

（一）物流渠道长、环节多

国际物流系统往往需要跨越多个国家和地区，需要跨越海洋和大陆，物流渠道长。同时，物流环节多，需要经过报关、商检等业务环节。这就需要在物流运营过程中合理选择运输路线和运输方式，尽量缩短运输距离，缩短商品在途时间，合理组织物流过程中的各个业务环节，加速商品的周转并降低物流成本。

（二）物流环境的差异性

各国社会制度、自然环境、经营管理方法、生产习惯等不同，特别是不同国家之间物流环境有差异，尤其是物流软环境有差异。物流环境的差异迫使一个国际物流系统需要在几个不同法律、人文、习俗、语言、科技、设施的环境下运行，无疑会大大增加物流的难度和系统的复杂性，使得在国与国之间组织好商品流动成为一项复杂的工作。例如：不同国家的物流适用不同的法律使国际物流的复杂性远高于一国的国内物流，甚至会阻断国际物流；不同国家的不同经济和科技发展水平会造成国际物流处于不同科技条件的支撑下，甚至有些地区根本无法应用某些技术而迫使国际物流系统水平的下降；不同国家和不同标准，也造成国际"接轨"的困难，因而使国际物流系统难以建立；不同国家的风俗人文也使国际物流受到很大局限。

（三）物流活动的风险性

国际物流的复杂性也将带来国际物流的风险性。国际物流的风险主要包括政治风险、经济风险和自然风险。政治风险主要指由于所经过国家的政局动荡，如罢工、战争等原因造成商品可能受到损害或灭失；经济风险又可分为汇率风险和利率风险，主要指从事国际物流必然要发生的资金流动，因而产生汇率风险和利率风险；自然风险则指物流过程中，可能因自然因素，如海风、暴雨等，而引起的商品延迟、商品破损等风险。

（四）物流业务的标准化

统一标准对于国际物流来说是非常重要的，可以说，如果没有统一的标准，国际物流水平就无法提高。目前，美国、欧洲基本实现了物流工具、设施的统一标准，如托盘采用 1000 mm×1200 mm，集装箱的几种统一规格及条码技术等，这样可以降低物流作业的难度，降低物流费用。而不向这一标准靠拢的国家，必然在转运等方面耗费更多的时间和费用，从而降低其国际竞争能力。在物流信息传递技术方面，也不仅需要实现企业内部的标准化，而且要实现企业之间及统一物流市场的标准化，这将使得各国之间、各企业之间物流系统的交流更加简单有效。例如，欧洲各国不仅实现企业内部的标准化，而且实现了企业之间及欧洲统一市场的标准化，这就使欧洲各国系统之间比其与亚、非洲等地区交流更简单、更有效。

（五）信息系统的国际化

国际化的信息系统是国际物流非常重要的支撑手段。建立国际化信息系统的主要难点，一是管理复杂，二是投资巨大，三是由于信息化水平的不均衡所导致的运作困难。当前，建立国际物流信息系统的一个较好方法是与各国海关的公共信息系统联网，以便及时掌握有关港口、机场、联运线路和场站的实际状况，为供应或销售物流的决策提供信息支持。国际物流是最早开发"电子数据交换"(EDI)的领域之一,以 EDI 为基础的国际物流将会对物流的国际化产生重要的影响。

(六)运输方式的多样化

国际物流中运输距离长,运输方式多样。运输方式有海洋运输、铁路运输、航空运输、公路运输以及由这些运输手段组合而成的国际综合运输方式等。运输方式选择和组合的多样性是国际物流一个显著的特征。近年来,在国际物流活动中,"门到门"的运输组织方式越来越受到货主的欢迎,这使得能满足这种需求的国际综合运输方式得到迅速发展,逐渐成为国际物流中运输的主流。

三、国际物流的种类①

国际物流的种类划分,根据不同的标准可以分为以下几种类型。

(一)根据商品在国与国之间的流向

根据商品在国与国之间的流向可以将国际物流分为进口物流和出口物流。当国际物流服务于一国的商品进口时,即可称为进口物流;反之,当国际物流服务于一国的商品出口时,即为出口物流。由于各国在物流进出口政策,尤其是海关管理制度上的差异,进口物流与出口物流既存在交叉的业务环节,也存在不同的业务环节,需要物流经营管理人员区别对待。

(二)根据商品流动的关税区域

根据商品流动的关税区域,可以将国际物流区分为不同国家之间的物流和不同经济区域之间的物流。区域经济的发展是当今国际经济发展的一大特征,比如欧洲经济共同体国家之间由于属于同一关税区,成员国之间物流的运作同欧洲经济共同体成员国与其他国家或者经济区域之间的物流运作在方式和环节上存在着较大的差异。

(三)根据跨国运送的商品特性

根据跨国运送的商品特性,可以将国际物流区分为国际军火物流、国际商品物流、国际邮品物流、国际捐助或救助物资物流、国际展品物流、废弃物流等。通常情况下,国际物流主要是指国际商品物流。

此外,根据国际物流服务提供商的不同,可以将国际物流的运营企业区分为国际货运代理、国际船务代理、无船承运人、报关行、国际物流公司、仓储和配送公司等。

第二节 国际物流与国际贸易

随着生产的国际化趋势以及国际分工的深化,物流国际化成为国际贸易和世界经济发展的必然趋势。国际物流的发展有赖于国际贸易和跨国经营的发展,国际贸易是国际物流的基础和前提。同时,国际物流的合理化和高效运作,又是国际贸易进一步发展的必要条件

---

① 王转、张庆华、鲍新中编著:《物流学》,中国物资出版社,2006年版。

和保障。因此，国际贸易和国际物流之间存在着相互依赖、相互促进、相互制约的关系。

一、国际贸易与国际物流的关系[①]

国际物流是随着国际贸易的发展而产生和发展起来的，并已成为影响和制约国际贸易发展的重要因素。国际贸易与国际物流之间的关系是相互促进、相互制约的关系。

（一）国际贸易是国际物流产生和发展的基础和条件

最初，国际物流只是国际贸易的一部分，随着国际分工的深化，国际物流从国际贸易中分离出来，以专业化物流经营的姿态出现在国际贸易之中。随着国际贸易快速发展，跨国经营与国际贸易在规模、数量和交易品种等方面的大幅度增加，也促进了商品及其信息在世界范围内的大量流动和广泛交换，国际物流得以迅速发展，规模也不断扩大。

（二）国际物流的高效运作是国际贸易发展的必要条件

国际市场竞争的日益激烈，对国际贸易商们提出了以客户和市场为导向，满足国内外消费者定制化的需求，消费者对商品多品种、小批量化的需求使得国际贸易中的商品品种数量成倍增长，并且对国际物流运作条件的要求也各不相同。在这种情况下，专业化、高效率的国际物流运作对于国际贸易的发展是一个非常重要的保障。贸易便利化依赖于优质、高效、低成本的国际物流。提高商品在国际市场上的竞争能力，扩大对外贸易。

二、国际贸易对物流提出新的要求

国际经济环境和国际贸易格局复杂多变，国际贸易结构和商品流通形式不断变革，使国际贸易呈现出一些新的趋势和特点，从而对国际物流也提出了越来越高的要求，国际物流必须适应这些要求，向合理化方向发展。

（一）质量要求

国际贸易的结构正在发生着巨大变化，传统的初级产品、原料等贸易品种逐步让位于高附加值、精密加工的产品。由于高附加值、高精密度商品流量的增加，对物流工作质量提出了更高的要求。同时，由于国际贸易需求的多样化，造成物流多品种、小批量化，要求国际物流向优质服务和多样化方向发展。

（二）效率要求

国际贸易活动的重要环节和职责是合约的订立和履行，而国际贸易合约的履行必须依赖国际物流系统来完成，高效率履行合约要求高效率的国际物流支持。从商品进口的国际物流看，提高物流效率最重要的是如何高效率地组织所需商品的进口、储备和供应。也就是说，从订货、交货，直至运入国内保管、组织供应的整个过程，都应加强物流管理。根据国际贸易商品的不同，采用与之相适应的巨型专用货船、专用泊位及大型机械的专业运输等，对提高物流效率起着主导作用。

[①] 王转、张庆华、鲍新中编著:《物流学》,中国物资出版社,2006年版。

(三) 安全要求

由于国际分工和社会生产专业化的发展,大多数商品可在世界范围内进行生产、流通和分配。例如,美国福特公司某一牌号的汽车要在 20 个国家中 30 个不同厂家联合生产,产品销往 100 多个不同国家或地区。国际物流所涉及的国家多,地域辽阔,在途时间长,受气候条件、地理条件等自然因素和政局、罢工、战争等社会政治、经济因素的影响。因此,在组织运营国际物流活动时,需要防范各种人为因素和不可抗拒的自然因素造成的风险,确保国际物流的安全运行。

(四) 成本要求

国际贸易的特点决定了国际物流的环节多,备运期长。在国际物流领域,控制物流费用、降低成本具有很大潜力。对于国际物流企业来说,选择最佳物流方案,提高物流经济性,降低物流成本,保证服务水平,是提高竞争力的有效途径。

总之,国际物流必须适应国际贸易结构和商品流通形式的变革,向国际物流合理化方向发展。

第三节 国际物流中的业务环节[①]

一、国际物流的一般业务流程

国际物流是跨国或地区进行的物流活动,它主要包括发货、国内运输、出口国报关、国际运输、进口国报关、送货等业务。其中,国际运输是国际物流的关键和核心业务环节。国际物流典型的业务流程如图 12-1 所示。

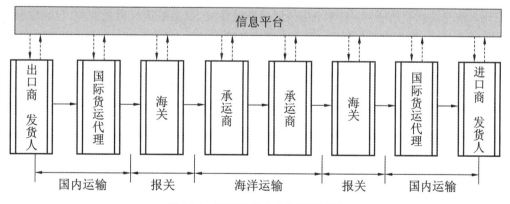

图 12-1 国际物流业务流程示意图

[①] 钱东人、朱海波著:《新编现代物流学》,中国物资出版社,2006 年版。

二、国际物流的特殊业务

（一）报关业务

报关（customs declaration）业务是指货物在进出境时，由货物的收、发货人或其代理人，按海关规定的格式填报"进出口货物报关单"，向海关申报，随附海关规定应交验的单证，接受海关的监督与检查，履行海关规定货物进出口手续。

报关所需提供的单证主要有：①进出口货物报关单；②进出口货物许可证或国家规定的其他文件；③提货单、装货单、运单；④发票；⑤装箱单；⑥减免税或免检证明；⑦商品检验证明；⑧海关认为必要时应交验的贸易合同及其他相关单证。

报关期限，我国规定出口货物应当在装货 24 小时前向海关申报，进口货物在运输工具进境之日起 14 天之内向海关申报。出口货物报关程序如图 12-2 所示。

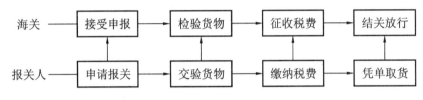

图 12-2　出口货物报关程序

（二）商品检验

商品检验是对卖方交付的商品的品质、数量进行鉴定，以确定交货的品质、数量和包装是否与合同规定的一致。商品检验是国际贸易中的一个重要环节，也是国际物流的特有业务之一，对保护卖方利益十分重要。世界上大多数主权国家都设有专门的商品检验机构，有官方的，有同业协会的，有民间私营的，也有半官方的，既有综合性的也有专业性的。各国商品检验的具体内容，根据商品的不同性质、法律法规规定的不同内容、合同中具体规定或申请委托人的意愿而有所不同，大体上包括商品质量检验、商品数量与重量检验、包装检验、商品运装技术检验、出入境卫生检验、商品残损鉴定等。

（三）保险

国际物流运输货物保险的种类按照保险标的所采用的运输工具的种类分为四类：海洋运输货物保险、陆上运输货物保险、航空运输货物保险、邮包保险。有时单一的货物运输过程使用两种或两种以上的运输工具，就以货运全部过程最主要的运输工具来确定保险的品种。

（四）国际货运代理[①]

国际货运代理（international forwarder）是国际货运代理组织接受进出口货物收货人、发货人的委托，以委托人或自己的名义，为委托人办理国际货物运输及相关业务，并收取劳务报酬的行业。

[①] 王转、张庆华、鲍新中编著：《物流学》，中国物资出版社，2006 年版。

1. 国际货运代理(international forwarder)在国际物流中的作用

(1) 安全、迅速、准确、节省、方便地组织进出口商品运输。根据委托人托运商品的具体情况,选择合适的运输方式、运输工具、最佳的运输路线和最优的运输方案。

(2) 就运费、包装、单证、结关、检查检验、金融、领事要求等提供咨询,并对国外市场的价格、销售情况提供信息和建议。

(3) 提供优质服务,为委托人办理国际商品运输中某一个环节的业务或全程各个环节的业务,手续方便简单。

(4) 把小批量的商品集中成组进行运输,既方便了货主,也方便了承运人,货主因得到优惠的运价而节省了运输费用,承运人接收商品时省时、省力,便于商品的装载。

(5) 掌握商品全程的运输信息,使用现代化的通信设备随时向委托人报告商品在途的运输情况。

(6) 货运代理不仅能组织协调运输,而且影响到新运输方式的创造、新运输路线的开发及新费率的制定。

总之,国际货运代理是整个国际商品运输的组织者和设计师,特别是在国际贸易竞争激烈、社会分工越来越细的情况下,它的地位越来越重要,作用越来越明显。国际货运代理的业务范围有大有小,大的兼办多项业务,如海陆空及多式联运货运代理业务齐全;小的则专办一项或两项业务,如某些空运货运代理和速递公司。

2. 货运代理主要类型

(1) 租船订舱代理。这类代理与国内外货主企业有广泛的业务关系。

(2) 货物报关代理。有些国家对这类代理应具备的条件规定较严,必须向有关部门申请登记,并经过考试合格,发给执照才能营业。

(3) 转运及理货代理。其办事机构一般设在中转站及港口。

(4) 储存代理。包括货物保管、整理、包装以及保险等业务。

(5) 集装箱代理。包括装箱、拆箱、转运、分拨以及集装箱租赁和维修等业务。

(6) 多式联运代理。即多式联运经营人或称无船承运人,是与货主签订多式联运合同的当事人。不管一票货物运输要经过多少种运输方式,要转运多少次,多式联运代理必须对全程运输(包括转运)负总的责任。无论是在国内还是国外,对多式联运代理的资格认定比其他代理都要严格一些。

(五)理货业务

理货是随水上运输而产生的,船方或货主根据运输合同在装运港和卸货港收受或交付货物时,委托港口的理货机构代理完成在港口对货物进行技术检验、检查货物残缺、指导装舱积载、制作有关单证等工作。理货业务是国际物流中不可缺少的一项工作,它履行判断货物交接数量和状态的职能,是托运与承运双方履行运输合同、分清货物短缺和毁损责任的重要过程。

三、国际物流的运输方式

国际运输是国际物流的核心,商品通过国际运输作业由卖方转移给买方,克服商品生产地和需要地的空间距离,创造了商品的空间效益。国际运输具有路线长、环节多、涉及面广、手续繁杂、风险性大、时间性强等特点,而运输费用在国际贸易商品价格中也占有很大比重。因此,有效地组织国际运输对整个国际物流过程是至关重要的。国际物流主要的运输方式包括国际远洋运输、国际航空运输、国际铁路运输和国际多式联运。

(一)国际远洋运输

国际远洋运输是采用船舶作为运输工具,通过海上航道在不同国家和地区之间运送货物的一种运输方式。在国际贸易中有2/3的货物是通过海上运输的。国际远洋运输包括班轮运输和租船运输两种方式,以适应不同的运输要求。

(二)国际航空运输

国际航空运输是超越国界的现代化的航空货物运输。由于航空运输自身的特点,决定了它在货物运输中占有主要地位。特别是对于某些轻而贵重、少而急需、容易破坏的物品,如精密仪器、电子设备、高价工艺品、药品、鲜活商品、样品、急用的机械零件等,更适宜用航空运输。航空运输包括班机运输、包机运输、集中托运和航空快运等几种形式,以适应不同的运输需求。

(三)国际铁路运输

在国际铁路运输中,常采用国际铁路联运的方式。这里指在国际物流中,采用两个或两个以上的国家的铁路,联合完成货物的运输。在货物运输中,国际铁路运输使用一份运输票据,在两国铁路交接时不需要收发货人参加,以连带责任办理货物的全程铁路运输。根据铁路运输的特点,国际铁路联运主要适用于散杂货的运输,不受集装箱的限制,可以承运各种货物,如建材、钢材、水泥、煤炭、大型机械等。但是,由于不同国家铁轨距可能不同,就需要在国境站进行换装,致使货物容易受损,而且还大大减慢了物流速度,延长了物流时间。

(四)国际多式联运

国际多式联运(international multimodal transport)是国际多种运输形式的联合运输,也称为国际综合一贯运输。这是在集装箱运输基础上发展起来的更先进的运输组织形式。这种运输方式是采用一份国际多式联运合同,由一个总承运人负责全程的承运并直接对货主负责,组织两种以上的不同运输方式,跨国界进行联合运输。其特点是:①主要采用集装箱运输;②无论采用几种运输方式,运输全程只采用单一费率计算运费;③可采用多种受(交)货的运输方式,如门到门、门到站、门到场、场到门、场到站、站到场、站到站。

第四节 国际物流合理化[①]

一、基本内容和形式

国际贸易流程中包含国际商流、信息流、资金流和物流,在商品交易中实现所有权的转移,合理组织商品实物的转移起着决定性的作用。因此,推进国际物流的合理化是十分重要和必要的。

(一)国际物流合理化内容

国际物流合理化的主要目标在于实现国际多式联运合理化及有关的包装、装卸、保管等诸多环节的合理化。国际物流合理化内容主要包括以下几个方面:①物流设施合理化;②商品运输渠道合理化;③商品包装规格标准化、系列化;④装卸搬运、储存托盘化、现代化;⑤运输网络化。

(二)国际物流合理化的基本形式

国际物流合理化的基本形式是建立国际运输系统。货物运送系统在经历了第一次、第二次革命之后,已进入第三次输送革命时期,它不是以新的运输工具出现为目标,而是巧妙地将铁路、船舶、汽车、飞机等运输工具进行组合,建立新的输送系统。第三次输送革命的主要特征是"联运"。

为了实现国际物流合理化,可利用集装箱通过各种联合运输,推进国与国之间的直达运输。这些联合运输,一般称为国际联运,它是推进国际物流合理化的主要形式。

二、国际物流的实践探索

世界贸易的发展,对国际物流提出了新的挑战。随着世界贸易额的迅速增加和交易范围的不断扩大,国际市场的竞争也将日趋激烈,这就迫使各国都从自身经济发展的需要出发,重视对流通领域这块"第三利润源"的研究。因此,国际物流问题越来越为大多数人所重视,并且各国都开始了对这一领域的研究。

(一)建立国际物流中心

所谓国际物流中心,是指以国际交通枢纽(如国际港)为依托建立起来的经营开放型的大宗物品储存、运输、包装、装卸和搬运等活动的集散场所。国际物流中心地址的选择,要充分考虑经济合理性原则,从世界经济发展的角度出发,使每个大洲、每个地区都有世界性的物流中心。在全世界的范围内,一个纵横交错、四通八达的国际物流网络的形成,会大大促进国际贸易的发展,从而实现国际物流的合理化。

国际物流中心的目标模式,可以分为以下两个类型。

第一种形式:以储存为主的物流中心,如图 12-3 所示。

[①] 钱东人、朱海波著:《新编现代物流学》,中国物资出版社,2006 年版。

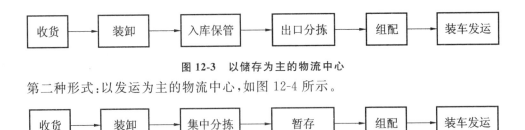

图 12-3 以储存为主的物流中心

第二种形式：以发运为主的物流中心，如图 12-4 所示。

图 12-4 以发运为主的物流中心

国际物流中心的目标模式应该是一个物资流通的多功能的中心。国际物流中心必须实现物流、商流、信息流的有机统一。创建国际物流中心，必须做好以下几方面的工作：第一，不仅要提供物资成交的场所，而且要创造良好的物流条件，搞好仓储、运输等配套设施的同步建设，提供方便的汇兑、通信条件，并建立在水陆空运输交通枢纽地区；第二，要大力发展代发、代运、代储业务，统一利用运输工具和仓储设备，选择最佳的运输路线和运输方式，促进整个流通过程的商、物流的合理分离，从而实现大流量和迅速、安全、高效地吞吐商品；第三，建立国际物流的信息流通网络，促进信息中心的形成。

（二）建设国际仓库

随着现代国际贸易的发展，各国所需要的原材料、设备、工具等物资的数量大幅度增加，客观上要求有更大规模、自动化程度更高的仓库来满足物资流通的需要。国际仓库的建设应以自动化仓库为主。所谓自动化仓库，一般是指用货架储存单元化货物，采用计算机控制或人工控制的巷道式起重设备取送货物的一种新型仓库。自动化仓库的产生原因有其客观性：①社会生产力的高度发展；②土地价格昂贵，促使仓库向高层空间发展；③仓库作业中物资的搬运受到重视，巷道式起重设备是解决巷道搬运的理想工具；④计算机的运用为仓库的高度自动化创造了条件。积极创建"自动化国际仓库"是国际物流发展的必然趋势，是国际物流逐步趋向合理化的保证。

在建设自动化国际仓库时应注意以下问题。

（1）注意实用性。无论是大型还是小型自动化仓库，都必须注重它的实用价值。一般宜建立有特定用途的专用自动化仓库，如冷冻仓库、重物仓库等。

（2）建立分离式自动化国际仓库。即仓库的建筑与料架不是一个整体，而是互相分离的。它的特点是具有较强的适应性，有利于竞争，便于企业开拓占领市场。

（3）推进自动化国际仓库的标准化。主要是在储存规模、外形尺寸、设备选型、工程造价等方面推行标准化。

（三）开发国际物流信息系统

国际物流是国际交换活动最基本的运动过程，因此必须建立国际物流系统，以促进国际物流的合理化。

国际物流信息系统必须具有一般系统的功能。在开放的经济系统中，为了实现物流系统的目标，必须充分注意系统外部环境的研究，主要包括市场因素、国家的方针政策、进出国的政策环境等。对这些外部信息，收集要及时，加工、处理要迅速，传递要快，决策要准。

建立国际物流信息系统,对大多数国家来说,都是一个崭新的课题;对我国来说,更需要做进一步的探索。除了建立"基础物流信息系统"外,同时还需要对以下课题做深入的研究,例如如何采用最先进的手段获取信息,硬件系统和软件系统如何协调发展,如何建立成品进出口物流信息系统,如何保证信息渠道的畅通无阻等。

(四) 建设我国国际物流系统

随着我国外向型经济的发展,必然伴随着进出口贸易范围的扩大,如何建立一个高效率的国际物流体系,实现国际物流合理化,促进对外贸易的发展,并加强我国外向型企业在国际市场上的竞争能力,是摆在物流实业界和理论界的一个重大的现实问题。

1. 发展国际多式联运

发展国际多式联运,不仅是运输业本身的发展方向,更是物流国际化趋势的必然要求。多式联运以集装箱联运为核心,由于集装箱及其他物流设备的标准化和规格化,使得连接各种运输方式的装卸作业系统成为可能。

2. 与国际物流标准体系接轨

发展国际物流系统,要从根本上解决本国物流标准体系与国际物流标准体系一致的问题。对国际标准中的基础标准、安全标准、卫生标准、环保标准可首先实行。而运输、包装、配送、装卸、储存技术标准则要逐步服从国际物流基础标准,物流管理标准和作业标准是服从于物流技术标准的,因此国际物流标准化的重点是技术标准的制定与推行。

3. 建设以海港为核心的国际运输枢纽

海港是海运的主要基础设施。综合运输时代,港口已成为各种运输方式集结的枢纽,是国际物流链中的重要一环。随着国际集装箱多式联运的发展,集装箱吞吐量已经成为衡量港口作业水平和港口地位的主要标志,世界国际航运中心均以国际集装箱枢纽港为核心。因此,要提高港口、站场的技术装备水平,增强设备的配套性,提高港口、站场作业环节之间的协调能力,采用自动化运行控制系统、自动定位指示系统等先进技术,来实现港口作业计算机控制的自动化、集成化,从而提高港口作业水平。

4. 加强多功能口岸物流基地建设

口岸物流基地是处于一定地理空间的物流基础设施。口岸物流基地承担出口装船前的集货、备货、集港运输和外贸进口物资卸船后的疏港、分流、暂存等工作,可缓解港口作业中的等车、等货问题,为缩短船舶停港时间、加速货物周转、提高港口效益和扩大口岸的综合能力提供条件。口岸物流基地不仅可以开展货物精选、加工、包装等业务,使进出口业务增值,还可以根据市场发展和货主的需求,为客户提供报验、保管、接货、集疏港、流通加工等多功能服务,使口岸物流向集储、运、贸为一体的方向发展。

5. 营建自由港与自由贸易带

自由港政策是国际上促进国际贸易、发展地区经济、完善物流服务的一种高效的经济和贸易政策。营建自由港与贸易自由带可以通过国际商流带动国际物流。

自由港政策不同于保税区政策,在自由港区域内,一般不实行通常保税区海关监管政策,而且自由港的地域范围更大。像我国的香港、也门的亚丁,以及新加坡、西班牙和马来西亚的自由港,都是典型的自由港市。我国香港早已由一个货物中转自由港发展成为著名的贸易中心、金融中心、信息中心、物流中心及旅游中心,成为全世界货物的集散地之一。新加坡自由贸易带的建设不仅带动了本国经济的发展,而且在东南亚的市场中起到极其重要的作用。

6. 推动物流信息网络化建设

建立技术先进的信息网络系统是发展现代国际物流的关键,国际上的物流中心城市本身就是一个发达的信息枢纽港。发展信息网络技术必须加强电信基础设施建设,通过提高基础传输网络的规模总量、技术性能和服务水平以发展高效、安全的现代化通信体系。发达国家的港口物流信息系统一般包括泊位管理、舱单处理、进口放行、卸船清单、发送各种报文,以及泊位确认、到离港信息、预约装卸设备、结算装卸费用、合同管理等,实行电子单证处理和结关。

7. 开发利用好欧亚大陆桥运输

所谓欧亚大陆桥,是指以我国东部的连云港港口、日照港为起点,经陇海铁路这条运输大动脉,出我国新疆伊宁,进入俄罗斯,与新西伯利亚、阿拉木图铁路接轨抵达西欧,以德国的汉堡和荷兰的鹿特丹港为西欧终点的一条运输"大陆桥"。1990年,中国的陇海、兰新铁路与独联体国家铁路正式接轨,标志着欧亚大陆桥的正式全线贯通。

开辟欧亚大陆桥,不仅是最简便、最合理的方案,而且具有较高的经济效益,对于改变世界物流格局、发展国际经济协作都具有重大的战略意义。

(1) 路程相对较短。此路线比原经由大连、秦皇岛经西伯利亚大铁路到达莫斯科,路径缩短7%左右。

(2) 能够通过较多的国家和地区,提高运输效率,促进地区经济发展。此路线可以北上莫斯科,西达东欧、西欧,南下中东、西亚、北非,有利于开展多边贸易,实现物流合理化。

(3) 有利于增强对太平洋和大西洋地区各国物流量的吸引力。日本和中国香港是太平洋经济圈物流流向西方的主要集散地。欧亚大陆桥的开通,对该地区货物的运输有很大的吸引力。

(4) 有利于推动我国内陆地区经济的发展。交通问题是制约我国经济发展的重要因素之一。欧亚大陆桥的4 134公里的干线在我国境内,占到40%,将会大大促进我国内陆地区经济的发展。

(5) 有利于增强我国同俄罗斯及东欧、西欧等国家和地区的进出口贸易。

(6) 有利于正确处理我国东西部关系,实现生产的合理布局,落实西部大开发政策。

【经典案例】

国际物流标准走向精细化①

随着信息技术和电子商务、电子数据、供应链的快速发展,国际物流业已经

---

① 摘引来源:孙建英,相峰,路欢欢.效率 安全 实用,国际物流标准走向精细化.中国邮政快递报,2020-04-17.

进入快速发展阶段。物流系统的标准化和规范化,已经成为先进国家提高国际物流运作效率和效益,提高竞争力的必备手段。在国际集装箱和EDI技术发展的基础上,各国开始进一步在物流的交易条件、技术装备规格,特别是单证、法律环境、管理手段等方面推行国际的统一标准。当前,国际物流标准制定的趋势如何?各个国家在物流标准体系建设中有哪些优秀经验?物流标准在国际接轨上还存在哪些难题?

国外物流标准化的侧重点主要体现在三个方面:一是物流模数系统的标准化,主要是考虑物流各环节尺寸方面的协调一致,并根据物流基础模数来逆推确定物流运输设备尺寸;二是不同设备之间的接口标准化,主要是实现不同运输设备之间的货物转运效率;三是供应链流程中的接口数据结构和格式的标准,以确保从一端到另一端的效率和安全性。

在标准的制定上,欧美日等发达国家主要以运输、包装、仓储等领域的技术标准为主,体现出标准制定主要是以企业运营效率提升为落脚点。政府在物流标准制定中的作用主要体现在安全、环保等方面。标准的制定过程充分与产业结合,注重产业链上下游的连通和协调,如产品包装与物流装载器具的协调等。

一、美国物流标准

美国物流标准重视民间团体力量。美国的集装箱与箱式货运业极为发达,多式联运已成为主导运输方式;物流企业与企业物流并重,物流外包与物流自营并重,基本按企业的实际需要运作,没有统一模式。美国在对市场管制放松的同时,加强了对物流企业的规范运作管理,这种管理主要体现在标准化的工作中,美国立法机构参与标准的制定,增强了标准与立法机构之间的联系。

美国的物流标准分为国家标准、部门标准、专业标准(或行业标准)、公司标准等4类。美国标准的主要起草者来自民间的标准化团体,可以更有效和快速地反映市场需求和提供解决方案。而部门的标准主要是从保护消费者安全和健康的角度制定的,政府在标准化活动中扮演的角色很有限。

早在20世纪90年代,美国国家标准学会ANSI制定了《货运集装箱底盘基本接口的要求》,建立ANSI/MH5容器与其公路底盘接口的基本要求;制定装运单元和运输包装的标签标准,用于物流单元的发货、收货、跟踪及分拣,规定如何在标签上应用条码技术,实现物流和信息流的统一。美国物流标准化体系几乎涵盖所有环节,尤其侧重仓储和包装。同时,美国也很注重物流通用化和信息化,较早实现集装箱尺寸和结构互通互用标准化,以及条码标签信息技术标准化。

二、欧洲物流标准

欧洲物流标准集纳成员智慧。欧洲各国的物流管理体制基本采取的是政府监督、企业自主经营的模式。欧洲各国的标准化工作由欧洲标准化委员会

(CEN)统一协调。CEN 由成员国的国家标准化机构或其成员组成。

欧洲各国针对物流基础设施和装备制定了基础性和通用性标准,支持行业协会对物流作业和服务制定相关的行业标准,如物流术语标准、物流从业人员资格标准等;针对安全和环境制定清洁空气法、综合环境责任等相关行业强制性标准。

英国、德国、法国目前都形成了较为完善的物流标准体系,覆盖仓储、运输、包装、装卸搬运、流通加工、配送以及物流信息服务全过程。德国物流标准化学会(DIN)的物流标准覆盖 7 个领域,即物流配送、绿色物流、识别系统、装卸和运输安全、物流系统与管理、包装及订单拣选、生产/仓储和物料搬运。

在绿色物流方面,DIN EN 16258 标准适用于整个欧洲,规定了在运输服务(货物和客运)中计算和申报能源消耗和温室气体排放量的方法。

三、日本物流标准

日本物流标准侧重国际通用性。日本在标准体系的研究中,注重与美国和欧洲的合作,将重点放在标准的国际通用性上。日本的标准体系分为国家级标准、专业团体标准、政府部门标准以及企业标准 4 个等级。国家级标准即 JIS、JAS 和医药标准,政府部门标准通常带有强制性。日本更注重将法律法规和标准化的结合,使得标准的实施和执行做得相比其他国家更好。

日本工业标准(JIS)中与物流相关的标准主要集中在物流模数体系、物流术语、大型集装箱、塑料制通用箱、平托盘、卡车车厢内壁尺寸、物流信息等技术领域。日本包括配送在内的物流作业的机械化、自动化已经发展到了很高水平,很早以前就已实现了装卸托盘化、集装化以及托盘、集装箱等包装设备标准化。

四、我国物流标准

我国在完善物流标准体系建设的过程中,应重视物流通用基础类标准研究、物流保障支撑类标准研究和物流运营服务类标准研究。

通用基础类标准可以为物流设施的建设、设备的制造以及物流各环节的有效衔接提供技术基础与方法指南。首先,在物流对涉及产品的各个环节,应从设计阶段便引入产品包装规格标准化、单元化的理念;其次,要包括对物流统计、核算的具体方法标准,如制定能源消耗及核算标准,为物流行业能耗数据监测,为企业改善碳排放指标等提供技术指导;最后,要加强对标识、编码等标准的管理,为行业内的统一管理提供规范等。

物流保障支撑类标准研究方面,应重视装备的智能化、自动化、绿色化等领域核心技术类标准的制定;鼓励信息互联互通,制定不同物流信息平台之间的信息互联互通和共享、各种物流运输设施设备与信息平台的接口衔接等标准。

物流运营服务类标准研究方面,机械化、自动化、智能化的物流作业应辅以标准化、规范化的管理才能确保服务质量,使顾客满意。

【本章关键术语】

国际物流 （international logistics）
报关 （customs declaration）
国际货运代理 （international forwarder）
国际多式联运 （international multimodal transport）

【本章思考与练习题】

1. 国际物流有哪些特点？
2. 国际物流有哪些种类？
3. 试述国际物流与国际贸易的关系。
4. 国际物流过程中涉及的特有业务环节主要有哪些？
5. 国际多式联运有哪些特点？
6. 提高国际物流效率需要什么条件？

第六篇

供应链与现代物流发展动态

❖ 物流信息化发展动态

❖ 供应链管理

❖ 现代物流热点

第十三章 物流信息化

本章重点理论与问题

> 物流信息化是现代物流的灵魂,是现代物流发展的必然要求和基石。它包括企业运用现代信息技术对物流过程中产生的信息进行采集、识别、分类、汇总、传递、跟踪、查询与应用等一系列处理活动。通过本章的学习,需要理解物流信息化的定义内涵与特征,熟悉物流信息化的主要内容和任务,认识物流信息化的主要技术的实践应用,了解物流信息化的发展趋势与新动态。

第一节 物流信息化概述

一、物流信息化的概念

信息化(informatization)一词已经热了很多年,但不同学者对信息化有不同的定义。林毅夫在国家信息化领导小组委托课题报告中指出,所谓信息化,是指在 IT(information technology)产业发展与 IT 在社会经济各部门扩散的基础上,运用 IT 改造传统经济、社会结构的过程①。

原信息产业部中国电子信息产业发展研究院副院长、总工程师柳纯录认为,信息化是指人们对现代信息技术的应用达到较高的程度,在社会范围内实现信息资源的高度共享,推动人的智能潜力和社会物资资源潜力充分发挥,使得社会经济向高效、优质方向发展的历史进程②。

综上所述,信息化是充分运用信息技术改造传统经济、社会结构的过程。信息化是为了实现信息共享,使人的智能潜力和社会物资资源潜力充分发挥,促进社会经济向优质高效发展。

物流信息化(logistics informatization)是通过广泛应用现代信息技术,努力提高物流运作与管理水平,不断促进物流降本增效的过程。

物流信息化是应用信息技术来改造提升物流活动、物流运作与管理的过程,使得物流运作更加高效,物流企业管理更加合理,物流产业的资源配置更加优化。

---

① 林毅夫、董先安:《信息化、经济增长与社会转型》(国家信息化领导小组委托课题,No. C2003006,2003 年 5 月 8 日)。

② 柳纯录主编:《系统集成项目管理工程师教程》,清华大学出版社,2009 年版。

从信息技术的角度,物流信息化涉及的技术包括物流信息的获取(包括自动感知与采集)、物流信息的存储与加工、物流信息的传输与交换、物流信息的输出(呈现)与应用等环节及相关技术。物流信息是指物流活动与运作中产生的、物流活动与物流运作和管理决策需要的信息。信息是经过加工整理的有用的数据,而数据是对客观事实的记录。记录形式包括数字(狭义的数据)、文字、图形、图像、语音和视频等。物流信息贯穿于整个供应链过程,物流信息具有信息源点多、分布广、信息量大、动态性强、信息的价值衰减速度快等特点。

从物流业务的角度,物流信息化涉及的物流信息包括两个方面和三个层次,即物流活动与物流管理两个方面和物流运作、微观管理、宏观管理三个层面。

(1) 从物流运作的层面,物流活动包括运输、储存、装卸、搬运、包装、流通加工及配送等个各物流环节。每个环节都能产生大量的信息。每个环节的运作都需要大量的信息支撑。

(2) 微观管理层面包含物流企业和企业物流的管理,涉及物流服务与被服务的方方面面,通过信息化提高物流服务的水平。

(3) 宏观层面涉及物流产业和政府层面,主要是充分利用物流信息化,优化物流资源配置,提高全社会的物流运作效率和物流服务水平。

二、物流信息化的内涵

物流信息化具有深刻的内涵,具体来说有以下五个方面。

1. 以现代信息技术为基础

物流信息化是现代信息技术在物流活动中的广泛应用过程,物流信息化离不开现代信息技术的支撑。现代信息技术的发展日新月异。如遵循摩尔定律的半导体技术的快速发展,对CPU的计算能力、半导体的存储能力及通信系统的传输能力等带来不断提升;在信息感知与采集方面,如条码技术的诞生极大地提高了物流信息的采集效率和准确率;北斗及移动通信技术的发展,使得对货物的跟踪与运输资源的调配管理变得更加准确与方便。

2. 以物流信息资源开发利用为核心

物流信息资源是物流行业最重要的资源之一,开发利用物流信息资源既是物流信息化的出发点,也是物流信息化的目标,在整个物流信息化体系中处于核心地位。物流信息资源的开发利用,不仅要收集、掌握、加工、处理、存储、传递、使用和拓展内外物流信息资源,而且还要在此基础上重新设计物流业务流程,重新定位物流企业内外关系,重新构造物流企业组织架构,重新设计物流制度框架,重新考虑物流企业文化和重新变革管理模式。未来的物流市场竞争,更多的将是物流信息资源的开发和利用效能的竞争。

3. 物流信息化覆盖物流活动的全方面

物流信息化涵盖所有的物流活动与物流业务。物流活动与物流业务的信息化,所涉及的范畴包括产生物流需求的各行各业的业务部门,提供物流服务的物流企业,以及企业与企业、企业各部门之间的物流信息交换、共享等。

4. 物流信息化的最终目的是增强企业的核心竞争力

物流信息化需要企业在信息技术方面投入资金,还要承受物流信息化带来的组织变革的阵痛,并承担可能失败带来的风险,但一旦成功将会给企业带来很大的经济效益。物流信息化的根本动力就是增强企业核心竞争力,提高企业的经济效益。

5. 物流信息化是一个过程

物流信息化不是一朝一夕能够实现的,更不能一步到位。特别是对传统物流企业来说,信息技术的开始使用只是战术层次,只是某个物流环节的使用。随着不断向物流活动的各个环节的渗透,会进一步形成战略性影响。从作为自动化的工具和信息沟通的手段,到整个物流活动的信息化,是一个渐进的发展过程。物流信息化随着企业的发展而发展,而物流信息化水平的提高又反过来促进企业的发展,形成一个良性循环,从而推动企业不断向前发展。物流信息化的发展速度和水平提高,一方面取决于企业的发展水平,企业发展快,物流信息化需求高,资金投入也大,从而推动企业物流信息化发展。另一方面,取决于物流企业员工的信息化知识和水平的高低,员工的物流信息化知识的水平高,乐意使用信息化技术和设备,可大大降低劳动强度,提高劳动效率,员工有舒适感和成就感,从而推动物流信息化进程;反之,就会阻碍物流信息化发展。因此,大力加强对员工的信息化知识和技术的培训是提高物流信息化水平的一个重要条件。物流信息化还是一个不断学习的过程,企业要不断向物流信息化建设得好的和成功的企业学习,借鉴同类企业物流信息化建设的成功经验,使自己在建设过程事半功倍,少走弯路。同时,还要不断总结自己在物流信息化建设道路上的成功经验和失败教训,加深对物流信息化的认识,从而促进物流信息化发展和水平的提高。

三、 物流信息化的特征

对物流信息化的特征,不同的学者有不同的概括。归纳起来,物流信息化具备以下几个方面的特征。

1. 信息数字化

物流系统中的信息不再是以文件、账本、单据的形式堆积成山,需要充分利用计算机海量的存储能力,存储在计算机中,便于快速查找、统计汇总与分析。有些数据形态,如图像、视频等,未经数字化处理,其检索、统计汇总和分析的效率是非常低下的。只有全面实现数字化,才能成分发挥信息化的作用与效能。

2. 管理一体化

管理一体化是指在内部网络和信息系统的基础建设上,从科学、及时决策和最优控制的高度把信息作为战略资源加以开发和利用,并根据战略的需要把诸多现代科学管理方法和手段有机地集成,实现企业内的人、资金、物质、信息要素的综合优化管理。

3. 体系整合化

根据哈佛大学教授查理·诺兰的模型——企业信息化的六个阶段,企业信息化在经过了初期的建设后会进入一个以整合为特点的阶段,信息技术的单点应用要整合成为体系,实现资源共享,提高整体效益。当前我国的物流信息化处在这样的大量整合的阶段,企业内部在整合,企业外部也在整合,包括物流网络的建设或扩展,也包括物流流程中各合作伙伴的信息交换与共享,这样构成了多种形式多种层次的物流信息平台。由于物流的本质就是发挥整合的效益,因此公共平台的建设和应用将成为今后物流信息化发展的关键。

4. 建设专业化

物流信息化市场是一块大蛋糕,进来淘金者很多,但是能够坚持下来的却不多。其中一个重要的原因是专业化要求越来越高,很多软件行业特点不突出,满足不了客户的要求,被淘汰出局。今天物流信息化迈过了以购置设备为主的初期建设阶段,进入追求应用效果的阶段,要求 IT 供应商的是服务而不是产品。提供服务就要求专业化、个性化,在未来的信息化进程中将会看到越来越细分的专业化市场,竞争的是专、深程度。不管是 ERP、MES 还是 MIS 都应该是建立企业固有特点的基础上开发出来的个性化的系统。

5. 监管透明化、动态化

随着管理的深入,对流程的透明化和动态控制的要求不断增长,在技术上移动通信+互联网的基础架构成为普遍共识。在此基础上出现了手机、GPS、RFID 以及其他各种无线采集信息的终端,以适应各种层次的动态监管要求,并成为物流信息化的行业特色。物流对全流程的监管可以分为许多层次,可以是实时系统,也可以是半实时的。关键是选择好监控点,既可大幅度降低成本,又能满足动态监管的基本要求。

6. 信息标准化

信息标准化一方面是反映在信息内容的标准化,例如单证、物品编码、数据交换接口等;另一方面反映在信息系统的开发过程,如系统结构设计、模块标准化和开发工具、实施过程等。现在看来标准化制约着信息化的进程,其中有体制、观念和技术等各方面的原因。标准化的问题越来越受重视,这将有助于信息化推进到一个新的层次。

四、物流信息化的作用

2013 年 1 月 7 日,工业和信息化部以工信部信〔2013〕7 号印发《关于推进物流信息化工作的指导意见》。该意见指出,推动物流信息化发展,对促进现代物流的科学发展和加快转变经济发展方式,具有重要意义。

(1) 有利于加快物流运作和管理方式的转变,提高物流运作效率和产业链协同效率,促进供应链一体化进程。

(2) 有利于解决物流领域信息沟通不畅、市场响应慢、专业水平低、规模效益差和成本高等问题,提高企业和产业国际竞争力。

(3) 有利于实现资源的有效配置,提高节能减排水平、减轻资源和环境压力,促进绿色物流的发展。

(4) 有利于支撑现代物流和电子商务等现代服务业的发展,促进产业结构的调整,加速新型工业化进程。①

---

① 工业和信息化部:《关于推进物流信息化工作的指导意见》(工信部信〔2013〕7 号)。

第二节 物流信息化的主要任务

物流信息化的主要任务在不同时期,不同社会背景下,会有变化。国家工信部《关于推进物流信息化工作的指导意见》(工信部信〔2013〕7号),全面阐述了推进物流信息化工作的主要任务,可以作为指导、借鉴与参考。具体内容如下。

一、提高全社会物流信息资源开发利用水平

推动相关政府部门、重点物流行业、企业、军队等不断提高物流信息资源开发利用水平。运用行政机制、市场机制和公益机制,促进物流信息的科学采集、有效利用、深度开发、有序交换和安全管理。全面推进物流信息采集的标准化、电子化、自动化和智能化,确保信息及时、准确、完整。全面推进各主体加强物流信息资源的集成应用。推进相关联主体的物流信息资源开放互联,以价值链为依托,以标准为支撑,处理好安全与协同的关系,鼓励采取多种方式实现物流信息的互通交换,贯通信息链条,促进信息流、物流和资金流的联动和协同,提高物流的效率效益和服务水平。

二、提高政府部门物流服务和监管的信息化水平

(1) 推进铁路、公路、水运、邮政、航空、海关、检验检疫、食品药品、烟草、安全监管、工商、税务、公安、商务等部门电子政务系统中物流相关服务与监管职能的建设和完善。推动道路运输危险品监管平台和邮政业监管信息平台等公共信息平台建设,提高政府部门的物流服务和监管能力。开展危险化学品等重点领域物流的跨部门联动与监管信息化建设试点,有效实施流向跟踪、状态监控和来源追溯,规范危险品安全管理,提高对危险化学品等重点领域物流的联合监管能力。

(2) 加快建设和完善全国统一的公路、航道、港口、营运车辆及船舶动态信息,以及运输业户、营业性驾驶员、船员、身份信息和危险化学品等基础数据库,按照公平、公正、公开的原则,规范信息资源的社会开放服务,提高社会化、市场化开发利用水平,促进诚信体系建设,为政府部门、企业和社会公众提供更好的决策支持和信息服务。

(3) 促进系统间必要的互联互通。进一步完善电子口岸等跨部门物流监管和服务平台的建设,着力实现跨境、跨区域、跨行业、跨部门、跨企业的数据交换,提高协同服务和监管水平。

(4) 提高政府部门应急信息处理和资源调度能力,促进重点生产、运输和流通行业与政府应急信息的互联互通,提高应急物流保障能力。

三、提高物流行业和物流企业的信息化水平

(1) 加快推动铁路、公路、水运、航空、邮政货运、管道运输等多种运输方式及仓储等企业物流信息系统、行业物流信息平台的建设。提升运输、仓储等基础设施及港口、机场、货运站场等交通枢纽的信息化水平,支撑物流基础设施的高效运行。

（2）推进跨行业物流信息的互联互通,支持跨行业综合物流信息平台发展,着力促进多式联运和国际物流发展。推进集装箱多式联运的可视化和智能化管理,促进铁路、公路、水运、航空等不同运输方式的连接,提高物品流动的定位、跟踪、过程控制等管理和服务水平。

（3）重点支持有实际需求,具备可持续发展前景的物流信息平台建设。推进全国各物流区域、节点城市、交通枢纽、物流园区和经济园区的物流信息平台建设,促进物流信息的跨区域开放、交换和有效利用。支持面向中小企业的社会化物流管理和信息服务平台发展。

（4）充分发挥核心物流企业对行业资源的整合能力,打通物流信息链,推进全程透明可视化管理,提高专业化物流服务水平。提升物品拣选、传送、识别和存储设备的自动化水平,提高各种交通运输工具和集装箱、托盘等集装单元化器具的智能化管理水平,优化供应链全程管理方式,缩短物流响应时间,提高物品可得率和资金周转率,降低平均库存水平和物流总成本,提高客户满意率和供应链的整体竞争能力。

四、提高企业物流信息化和供应链管理水平

（1）在原材料、装备、消费品和电子等重点行业,选择若干有影响力的主制造商,利用信息化提升企业物流的作业和管理水平,提高企业物流的及时响应能力,促进精益生产和服务,并带动产业链上下游协同联动,提升供应链物流信息化发展水平,增强整个供应链的管理和运作能力。

（2）推动制造、商贸企业与物流企业信息互通、联动发展,增强企业专业化能力,提高物流社会化服务水平,提高生产、流通和物流企业的及时响应能力,提高产业链运作效率。

（3）推进煤炭、钢铁、粮食等行业电子商务与物流信息化集成健康发展,重点依托工农业商品集散市场,促进现代流通体系建设。开展网络零售与物流配送一体化服务建设试点,提高网络零售配送效率,改善消费者体验。

（4）推进自动识别、可视化等各类先进适用技术的应用,提升从研发设计、生产制造、采购供应、分销配送、售后服务、再制造直至报废回收的产品全生命周期管理水平。提升农产品、食品、药品等事关广大人民群众健康和安全的重点领域物流信息化水平,提高冷链物流信息管理和质量保证水平。

五、加快物流信息化标准规范体系建设

（1）加快研究和制定物流信息技术、编码、安全、管理和服务标准。研究推广产品与服务分类代码、物流单元编码、托盘编码等物流信息分类编码标准,物流数据元、物流单证等物流信息基础标准,条码和射频识别(RFID)等物流信息采集标准,信息系统接口、信息交换规范等物流信息交换标准,物流业务流程等物流信息管理标准。

（2）研究推广条码、射频识别等技术在仓储、配送、集装箱和冷链等业务中的应用标准。推进汽车及零部件、食品、药品、纺织品、农资和农产品等重点行业物流信息化应用标准体系逐步完善。

（3）促进数据层、应用层和交换层等物流信息化标准的衔接,推动物流信息化标准体系建设。

（4）支持行业协会、重点龙头企业、物流信息服务企业、高等院校、科研机构参与物流信

息标准的制定和宣贯工作。

六、加快物流信息化军民结合体系建设

结合军事物流和民用物流的优势与特点,探索物流信息化军民共建互促机制。借鉴军事物流物品统一编码的成熟经验,促进整体物品编目体系建设和实施工作。提高物流信息共享水平,合理配置物流资源,探索军民结合的物流发展模式。推动联动机制建立,发挥军事物流的快速响应优势,提升社会应急物流的运行效率。通过共建互补,在物流信息采集、处理和利用以及物流监管领域有效提升技术和管理水平。

七、推进物流相关信息服务业和信息技术创新与发展

(1) 以应用带动技术创新和产业发展,通过政策和资金支持,带动信息服务企业、电子商务企业、电信运营企业、软硬件厂商和系统集成企业积极参与物流信息化建设。重点支持一批物流信息服务企业创业、创新和做大做强。支持以信息化带动供应链金融等服务创新。

(2) 积极推进物联网、云计算等新技术在物流领域的应用。重点支持电子标识、自动识别、信息交换、智能交通、物流经营管理、移动信息服务、可视化服务和位置服务等先进适用技术的研发和应用。支持利用软件即服务(SaaS)、平台即服务(PaaS)、云计算等技术,开展物流信息技术服务平台建设试点,提高物流信息化关键共性技术研发、推广和应用水平。在装备制造、食品、药品、危险化学品、烟草等具有高附加值或需重点监管的行业,开展物联网应用试点。支持智能交通系统(ITS)、物流基地综合管理系统、智能集装箱管理系统、物流信息管理系统(LMS)以及海关特殊监管区域信息化管理系统等的开发和应用。

(3) 加强信息安全技术创新和应用,研究和实施物流信息安全管理办法,加强物流信息安全体系建设。①

第三节 物流信息化的主要信息技术

物流信息化的基础是信息技术的广泛应用。物流信息化涉及的信息技术种类繁多。从信息的获取、加工、传输、交换到信息的输出与应用,每个环节都可以用到相应的信息技术。不同时代,所具备的信息技术差异很大。不同的时代,物流对信息化的要求也不一样。这里从物流信息的获取、信息的传输与交换到信息的输出呈现等介绍几种常用的物流信息技术。信息的获取,介绍自动识别与定位技术;信息的传输与交换,介绍移动通信与 EDI 技术;信息的输出,介绍物流信息可视化技术。

一、自动识别技术

物流仓储管理中,传统的货物出入库操作及仓库盘点等,需要靠手工记账操作,实现账、卡、物的一致性。早期的信息化,解决了计算机的信息存储,但信息采集要靠手工键盘输入。

---

① 工业和信息化部:《关于推进物流信息化工作的指导意见》(工信部信〔2013〕7号)。

手工输入的错误率和非实时性,直接影响了信息采集的质量和效率。而条码技术、RFID 技术等在出入库、货物盘点等阶段的自动识别,可以实现数据的实时采集,并确保数据的准确性。

1. 条码技术

条码(bar code)是由一组按一定编码规则排列的条、空符号组成的编码符号。"条"指对光反射率较低的部分,"空"指对光反射率较高的部分。这些条和空组成的符号表达一定的信息,并能够用特定的设备识读,转换成与计算机兼容的二进制和十进制信息。

条码技术是一项综合技术,包括编码技术、符号技术、识别和应用系统技术等,主要用于自动识别和计算机数据输入。条码技术实现了对信息的自动扫描,是实现快速、准确而又可靠地采集数据的有效手段,解决了数据录入和数据采集的"瓶颈"问题。

条码分一维条码和二维条码。一维条码是条空在一个方向排列,容量较小,一般仅用来作为标识;二维条码采用多排或矩阵排列,一个二维条码符号可以用来表示多达千字的信息,可以用来描述产品或服务。

目前,世界上约有 200 种以上的一维条码,每种一维条码都有自己的一套编码规则,规定每个字符、数字或符号信息是由几个条(bar)及几个空(space)组成以及排列要求。一维码有用来标识商品的 EAN、UPC 等,用于物流的 ITF14、128 等。

二维码有行排式,如 PDF417、Code 49、Code 16K 等;矩阵式,如 QR Code、Data Matrix、Code one 等。典型二维条码如图 13-1 所示。

图 13-1　典型二维条码

2. RFID 技术

RFID(radio frequency identification)即射频识别,又称电子标签、无线射频识别。可通过无线电识别特定目标并读写相关数据,而无须识别系统与特定目标之间建立机械或光学接触,也称作超视距识别。

RFID 技术可以实现从原材料采购,半成品与制成品的生产、运输、仓储、配送、销售,甚至退货处理与售后服务等所有供应链环节的即时监控,准确掌握产品相关资讯,诸如生产商、生产时间、地点、颜色、尺寸、数量、到达地、接收者等。

RFID 技术可识别高速运动物体并可同时识别多个标签,也称作移动多目标识别。基本的 RFID 系统由标签(tag)、阅读器(reader)、天线(antenna)等组成。RFID 技术有着广阔的应用前景,物流仓储、零售、制造业、医疗等领域都是 RFID 的潜在应用领域。另外,RFID 由于其快速读取与难以伪造的特性,已经用于二代身份证等领域。

二、自动定位技术

自动定位技术主要解决货物的跟踪与定位问题。主要涉及地理信息系统、卫星定位技术和移动通信定位技术。

1. 地理信息系统

地理信息系统(geographic information system,GIS)是多学科交叉的产物,它综合了数据库、计算机图形学、地理学、几何学等技术,以地理空间数据为基础,采用地理模型分析方法,适时地提供多种空间的和动态的地理信息,是一种以地理研究和决策服务为服务目标的计算机技术系统。主要由两部分组成:其一是桌面地图系统,用不同的比例显示所涉及的地图及其上的各种标志,以实现人机交互;其二是系统内建或外连的数据库,用来存放地图上各特征点、线、面所相关的数据。人们通过点取地图上的点、线、面可立即得到相关的数据;反之,通过查询数据也可以在地图上显示相关的地点、地区及其客观存在的相关内容。

GIS 的技术已相当成熟,并得到广泛应用。目前可供选择的 GIS 应用软件较多,国内的百度地图、高德地图、腾讯地图等地图及导航系统。

2. 卫星定位技术

卫星定位技术是利用空间在轨卫星的轨道位置与授时,准确计算地面目标的经纬度位置,结合地理信息系统,实现导航或位置跟踪。

目前,世界上主要的卫星定位系统有:美国的 GPS、俄罗斯的 GLONASS、中国的北斗和欧洲的 Galileo 系统等。

2020 年 7 月完成组网的北斗三号系统是目前最先进的卫星定位系统。北斗三号全球卫星导航系统(简称"北斗三号系统"),由 24 颗中圆地球轨道卫星、3 颗地球静止轨道卫星和 3 颗倾斜地球同步轨道卫星,共 30 颗卫星组成。而 GPS、GLONASS 和 Galileo 等基本采用了中圆地球轨道卫星。

北斗三号卫星导航系统提供两种服务方式,即开放服务和授权服务。开放服务是在服务区中免费提供定位、测速和授时服务,定位精度为 10 米,授时精度为 50 纳秒,测速精度 0.2 米/秒。授权服务是向授权用户提供更安全的定位、测速、授时和通信服务以及系统完好性信息。

除北斗系统外的其他卫星导航系统,均不具备通信服务能力。

3. 移动通信定位技术

手机作为一种通信工具已经非常普及。手机作为移动通信的一种形式,离不开固定基站的支持。目前国内凡因工作和生活需要人能到达的地方,基本都覆盖了通信基站。

基站负责接收移动终端(手机)的通信信号,并与后台的网络系统交换信息,再将收到的信息回传给移动终端(手机)。每个基站的位置是固定且已知的,每个基站覆盖一定的范围。移动端在形如蜂窝状的基站间移动,当移动终端进入特定基站的覆盖范围,就完成了目标的粗定位。再结合三角法、AOA法、相对信号强弱等算法,就可以进一步求解到更精确的位置。

目前,中国移动、中联通等移动通信运营商,已经开通位置服务。

4. 其他室内定位技术

室内环境下,卫星定位及移动通信定位因电波的阻隔与多径效应,受到很大的局限。一般采用主动扫描的方式,根据室内场景建立地图,实现定位。如激光雷达、连续波雷达、UWB等。也有用二维码在平面内布局建立地图,实现定位的。

三、信息传输与交换技术

信息传输和信息交换技术分别解决信息的传递和主体间的信息共享与交换。

1. 信息传输技术

信息传输分为有线传输和无线传输。有线传输亦称有线通信,是利用金属导线、光纤等有形媒质传送信息的方式。光纤主要用于骨干网络。无线传输也称无线通信,是通过电磁波(含光波)传输信息的一种方式。目前无线传输技术发展非常快,如5G、蓝牙、WiFi、NBIOT等。蓝牙、NBIOT等技术非常适合在一定距离范围内传输采集信息,在车厢、集装箱等密闭空间内,采集货物的温度、湿度等用于物流溯源与货物状态的跟踪。而5G技术因其高速率、低延时、大容量等特点,正在应用于实时性要求高的物流控制系统中。

2. 信息交换技术

企业与企业间的采购供应关系,企业与物流企业间的委托服务,均存在大量的信息交换。如某货主企业委托物流公司运送一批货物,物流公司接到任务后,需要按照客户委托的品种数量等装车并清点数量,到达目的地后也需要清点货物数量,完成交接。货物单证的手工抄写既繁杂,也容易出错,影响工作效率和交接的准确性。采用计算机管理,输入时间的及时性要求和错误率也给管理带来很多困扰。采用EDI实现自动交换,就可以很好地解决此问题。

EDI(electronic data interchange)电子数据交换是一种利用计算机进行主体间信息交换的有效方法。EDI是指按照规定的一套通用标准格式,将贸易、运输、保险、银行和海关等行业的信息,用一种国际公认的标准格式,通过计算机通信网络,使各有关部门、企业与企业之间进行数据交换与处理,并完成以贸易为中心的全部业务过程,俗称"无纸化贸易"。

EDI系统的构成要素包括EDI软件、硬件、通信网络以及数据标准化。EDI标准是整个EDI最关键的部分,主要包括以下几个方面:基础标准、代码标准、报文标准、单证标准、管理标准、应用标准、通信标准、安全保密标准等。联合国为推动实现全球EDI网络,专门成立了工作小组,推出了UN/EDIFACT统一标准。

目前EDI的实现方式有两种:一种是通过EDI专网进行EDI传输,即用户把EDI数据信息发到EDI中心(结算中心),结算中心是一个连接所有节点的增值网络,根据不同节点的要求,做出处理再发送到相关节点;另一种方式是基于 Internet 的 EDI 模式。因为 Internet 灵活多样的入网方式及开放性的通信标准,消除了贸易伙伴间的通信壁垒,而且收费标准低。目前,基于 Internet 的 EDI 模式有较快发展的趋势。

四、信息的输出与呈现

物流信息化的重要目的是物流信息的应用,如物流的操作、管理和决策等。在人机交互的场景下,信息的输出与呈现非常必要。而物流信息的可视化是当前的重要应用。

可视化(visualization)是利用计算机图形学和图像处理技术,将数据转换成图形或图像在屏幕上显示出来,并进行交互处理的理论、方法和技术。

物流可视化是可视化技术在物流领域的综合应用。物流可视化的目的是帮助人们更好地理解物流信息的本质和更方便地操纵信息。

物流可视化的典型应用包括动态调度系统、公司业务状况分析等。动态调度系统中,采用大屏幕系统,把公司所属全部车辆位置与状态,呈现在大屏幕的动态地图中,能实时监控所有车辆的位置和状态,满足监控及动态调度的要求。物流公司的业务状况包括公司的服务对象、服务领域及服务环节等。可视化系统可以清楚呈现出各环节、各领域甚至各客户的服务完成状况,公司的服务收入及利润水平等。

第四节 物流信息化的发展趋势与新动向

一、物流信息化的发展趋势

物流信息化的发展趋势,业内专家做了很多预测。从根本来讲,物流信息化的趋势受这两个方面的影响:一是信息技术的发展,二是物流业务的变革。

随着科学技术的不断进步和社会经济的不断发展,新的信息技术会不断涌现,商业模式也会不断创新。新的信息技术的不断涌现,会推动物流信息化发展,促进物流信息化的广泛普及与提升。如万物互联的物联网技术、5G 技术、大数据、云平台等信息技术正逐步应用于物流领域,促进物流信息化的发展。商业模式的创新,会带来物流运作方式的变革,产生新的物流信息化需求。物流业务的变革产生需求,对信息技术的应用有拉动作用,促进物流信息化发展。如电子商务、生鲜冷链的快速发展等业务需求对物流技术、物流信息化提出了更高的要求,拉动了物流信息化的发展。

二、物流信息化的新动向

物流数字化与智慧物流是当今物流领域的热点词汇。物流数字化是物流信息化的基础,智慧物流是目标,是物流信息化的发展方向。物流数字化的深入普及,会极大地改善信息化,提升物流信息化的发展进程。智慧物流将提升物流运作与管理的精准高效能力,极大地改善物流运作效率,提升物流服务水平,降低物流成本。智慧物流是技术,也是物流发展的目标与方向。物流数字化与智慧物流也成为相互影响、相互促进的两大技术热点。

1. 物流数字化

物流数字化是指对物流的整个过程进行数字化的描述,从而使物流系统更高效、可靠地处理复杂问题,提供方便、快捷的物流服务,借此表现物流体系的精确、及时和高效特征。

物流数字化的本质是物流信息的数字化。其内涵是物流各环节从信息的采集、信息的表示与存储到信息的输出呈现等实现数字化。信息的数字化给检索查找、统计汇总、分析与应用带来极大的变革。

如20世纪80年代,工程图的数字化处理。当时,CAD(计算机辅助设计)技术的引进,让人们感受到计算机辅助设计的高效。但是,大量的基础图纸都是手工绘制(一个大型产品往往有多达上万张设计图)。对图纸扫描存储实现当时条件下的信息化相对容易实现。但未经数字化处理的图纸,存储的只是影像,虽然通过图纸编号能找到图纸,但图纸的编辑修改,特别是产品的升级更新,效率还是未能得到改善。事实上,产品在升级换代时,对大部分零件的结构和尺寸只是微调,若对工程图纸进行了数字化处理,借助CAD工具对已有图纸进行微调修改,会事半功倍,极大地提高产品升级换代的效率。

近些年的图像与视频信息的数字化,对提升物流管理与运作水平有极大的改善。如物品的图像视频信息等在数字化前,虽能存储,但更多用于事后以人工看片的形式进行事故分析和责任认定等。实现数字化后,可以实现有效的检索查找、统计汇总、分析与应用等。同时,物品的图形图像及视频数字化后,可借助一定的算法工具实现智能识别。如物品出入库及装卸车时的外包装破损或改变可通过数字化的图像实现自动识别。在智能拣选环节,通过智能识别系统结合外形、几何尺寸及包装标签等辨别所选物品的正确性,避免因编码出错或条码标签贴错而带来的扫描条码不能发现错误的事故。由此,实现物流操作的智能化、智慧化。

随着物流数字化的进一步深入发展,大数据、数字孪生技术等在物流中的应用也成为可能。数字孪生类似于物流系统的仿真模拟,能让物流系统仿真过程越来越精确,越来越智能。数字孪生技术从虚拟制造、数字样机等技术上发展而来,原本是美国军方在航天系统研究中提出来的,现在已经拓展到智能制造、预测设备故障以及改进产品等多个领域,也必将向智慧物流系统延伸[①]。

随着物联网技术的发展,利用物理模型、传感器更新、运行历史等数据,集成多科学、多物理量、多尺度的仿真技术,建立智慧化物流中心的"数字孪生"模型,可以模拟和测试智慧物流中心的各种场景下的运行情况,解决系统面临极限需求所遇到的问题,优化智慧物流中心系统,并完成动态调整。

数字孪生是虚拟世界和现实世界的结合。数字孪生由三个部分组成:物理空间的实体产品、虚拟空间的虚拟产品、物理空间和虚拟空间之间的数据和信息交互接口。

2. 智慧物流

智慧物流是指通过智能软硬件、物联网、大数据等智慧化技术手段,实现物流各环节精

---

① 王继祥:《"数字孪生"究竟是什么样的"黑科技"?物流领域如何应用?》,https://www.sohu.com/a/211847302_757817。

细化、动态化、可视化管理,提高物流系统智能化分析决策和自动化操作执行能力,提升物流运作效率的现代化物流模式①。

物流技术的发展,已从纯手工操作,向机械化、自动化和智能化迈进。如果说,物流机械化、自动化的目的是降低人的劳动强度,提高工作效率,而物流智能化的实现则重在减少人工作业实现对人工的替代,提高准确性并降低成本。

智慧物流不同于以往的任何一个阶段的技术提升。随着深度学习等人工高智能技术广泛应用,物流领域数字化的快速推进和大数据的积累,具有学习能力的智慧物流系统将在各个领域呈现。智慧物流将在物流运作、物流管理和决策方面发挥巨大的作用,进一步推进物流降本增效,提升物流服务水平。

【经典案例】

京东"亚洲一号"无人仓

"亚洲一号"是京东公司首个全流程无人仓库,建筑面积达 40000 平方米,物流中心主体由收货、存储、包装、订单拣选四个作业系统组成。公开资料显示,"亚洲一号"于 2014 年 10 月正式投入使用;2017 年 10 月 9 日京东官方宣布"亚洲一号"仓库已建成;今日(2018 年 5 月 25 日)首次对外界开放参观②。

京东物流首席规划师章根云透露,目前"亚洲一号"已经实现全流程无人作业。

在收货存储阶段,"亚洲一号"使用的是高密度存储货架,存储系统由 8 组穿梭车立库系统组成,可同时存储商品 6 万箱,可以简单理解为存储量更大的无人货架。货架的每个节点都有红外射线,这是因为在运输货物的过程中无人,需要以此确定货物的位置和距离,保证货物的有序排放。

在包装阶段,京东投放使用自主研发的、全球最先进的自动打包机,分为两种,包括纸箱包装和纸袋包装。

在打包过程中,机器可以扫描货物的二维码,并根据二维码信息来进行包装和纸板的切割。两种包装在货物的包装数量上有不同。其中白色袋装可以同时包装好几件商品,更加灵活。黄色箱装只能包装 1 件商品,并且是更加标准化的商品,例如手机。在打包时,两种包装分为两条轨道独立运作,在去分拣中心之前汇集。

在货物入库、打包这两个环节里,京东无人仓配备了 3 种不同型号的六轴机械臂,应用在入库装箱、拣货、混合码垛、分拣机器人供包 4 个场景下。

在分拣阶段,采用无人搬运车(automated guided vehicle,AGV,即"小红

---

① 钱慧敏、何江、关姣:《"智慧+共享"物流耦合效应评价》,《中国流通经济》2019 年第 11 期。
② 蔡飞:《京东"亚洲一号"仓实现全流程无人》,https://www.sohu.com/a/232924777_99967713,2018-05-25。

人")进行作业。"亚洲一号"的AGV有三种类型,按型号分为大中小,中小AGV是在分拣轨道里面运作,运输货物;而大的AGV则是在货物掉入集口宝之后直接将集口宝运送到不同的分拨中心。

在分拣场内,京东分别使用了2D视觉识别、3D视觉识别以及由视觉技术与红外测距组成的2.5D视觉技术,为仓库内上千智能机器人安装了"眼睛",实现了机器与环境的主动交互。

这种视觉技术上的巨大变化,是为了让机器人更好地判断SKU的条码,视觉技术升级后,机器人可以更好地改进动作幅度、吸力来判断该抓取商品的位置。不过,即使如此,仍然会出现差错,这是因为,为了节省成本,商品通常只会打上条码,一旦条码处于机器人的视觉盲点,系统将无法获取商品信息。

这些AGV每次充电耗时10分钟,按照不同的轨道进行货物的运送。碰上加急的货物,其他AGV会自动让道,让加急货物优先运送。

目前"亚洲一号"的每日包裹量可达20万个,这种体量仅分拣场景就需要300人同时作业,而实现无人后可以通过机器实现全自动化。

在"亚洲一号"中,手机是目前实现全流程无人的品类。这是由于,相对于其他品类,手机更加标准化,包装是严格的长方体;同时,尽管每部手机都有一个串码,间距是微米级的,导致作业十分复杂,但对于京东而言,手机一直属于优势品类,京东对其实际作业十分熟悉。

目前,江浙沪地区(上海、江苏、浙江、安徽)70%的手机订单都在"亚洲一号"分拣,拥有全球最大的手机分拣中心。

2022年"亚洲一号"将通过自动化中间工具来实现其他品类的分拣,而不仅仅是手机。

不过,要实现这一目标仍有困难。实现无人仓储最大的障碍就是海量的SKU,目前"亚洲一号"只有1万~2万个SKU,而京东平台则有500万个;同时SKU会不断变化和迭代,客户需求也不一样,这样导致SKU组合不同。

章根云将仓库划分为4个阶段,她认为仓库将从传统仓库、智能型仓库、少人型仓库、无人型仓库一直迭代到终极无人型仓库。其中"亚洲一号"属于无人型仓库,而终极无人型仓库将实现全品类无人。

不过,尽管"亚洲一号"还没有实现全品类的,京东仍然将其视为无人仓库的样板间。众所周知,京东一直走的是自建仓储物流的路线,这使得京东十几年物流业务运营成本高昂,也让财报变得不那么好看。

无人仓库的推广,对京东而言至关重要。当仓储全部实现无人后,货物的转运次数将降到最低,人员结构变得简单,极高提升物流效率并提升精度,运营成本将极大降低。章根云透露,京东未来将实现一半自建仓库的无人化作业。

值得注意的是,在人力、运营成本降低的同时技术成本将不断攀升,京东最新的财报也说明了这一点。不过,京东集团董事局主席刘强东也不止一次在公开场合表示,未来的几十年京东做的都是技术,不难看出京东在实现无人智能化物流方面的决心。

【本章关键术语】

物流信息 （logistics information）
物流信息化 （logistics informatization）
电子数据交换 （electronic data interchange）
自动定位技术 （automatic positioning technology）
全球定位系统 （global positioning system）
地理信息系统 （geographic information system）
自动识别 （auto identification）
条形码 （bar code）
无线射频识别 （radio frequency identification）

【本章思考与练习题】

1. 什么是物流信息化？
2. 物流信息化的内涵是什么？
3. 物流信息化的特征有哪些？应如何认识其作用？
4. 物流信息化的主要技术有哪些？
5. 什么是 EDI 技术？举例说明其用途。
6. 自动定位技术主要有哪些？其作用有何不同？
7. 自动识别技术主要有哪些？各自的特点是什么？
8. 如何理解物流信息化的新动态？

第十四章 供应链管理概述

本章重点理论与问题

> 供应链管理是一种新型的管理方法,其核心思想是通过供应链上各方生产活动的有效组织和协作,降低整个供应链系统成本,提高服务水平,从而达到"多赢"的目的。通过本章的学习,须掌握供应链及供应链管理的定义,理解供应链管理产生的背景、内涵、特点和目标,并能够解释和运用供应链管理的基本理论与方法。

第一节 供应链管理产生的背景

在20世纪80年代,一些企业发现了新的制造技术与战略,这些制造技术和战略(如准时制造、看板管理、精益制造、全面质量管理等)使企业降低了成本,能更好地参与不同市场的竞争,从而变得非常流行,于是大量的资源投资于实施这些战略。然而,在过去的几年中,许多企业发现制造成本已经很难再降低,进一步增加利润和提高市场占有率的措施在于有效的供应链管理。

一、企业面临的挑战

20世纪90年代以来,由于科学技术的不断进步和经济的不断发展,以及全球化信息网络和全球化市场的形成,围绕新产品的市场竞争日趋激烈。技术进步和需求多样化使得产品生命周期不断缩短,企业面临着开发新产品、缩短交货期、提高产品质量、降低生产成本和改进客户服务的压力。这些压力归根到底是要求企业对市场做出快速反应,源源不断地开发出满足消费者个性需要的"个性化产品"去占领市场以赢得竞争。

在此竞争环境下,企业面临着如下挑战。

(一)缩短产品研发周期

随着消费者需求的多样化发展,企业的产品开发能力要不断提高。例如,AT&T公司新电话的开发时间由过去的2年缩短为1年,惠普公司新打印机开发时间从过去的4.5年缩短为22个月。

(二)降低库存水平

因为消费者的多样化需求越来越突出,企业为了更好地满足其需求,不断推出新的品种。产品品种数成倍增长,这使制造商和销售商背上沉重的库存负担,严重影响了企业的资金周转速度,进而影响了企业的竞争力。

（三）缩短订货周期

缩短产品的开发、生产周期，在尽可能短的生产时间内满足用户需求已成为所有管理者最为关注的问题之一。企业间的竞争因素在20世纪60年代为成本，80年代为质量，90年代为交货期，而进入21世纪则为响应周期（cycle-time）。企业不仅要有很强的开发能力，还要增加产品品种，完善对供应链成本的控制，更为重要的是缩短产品的上市时间，即尽可能提高对客户需求的响应速度。20世纪90年代，日本汽车制造商平均每2年推出一个车型，而美国推出相当档次的车型却要5～7年，这就是在汽车市场上日本汽车一直处于主动的原因之一。

（四）提供定制化产品和服务

传统的"一对全"的规模经济生产模式已不能使顾客满意了，这种模式已不再能使企业获得效益，企业必须根据每个客户的特殊要求定制产品和服务，因此，企业必须具有一对一的定制化服务。显然个性化定制生产提高了产品质量，使企业能快速响应客户要求，但对企业运作模式提出了更新的要求。

总之，企业要想在这种严酷的竞争环境下生存下去，必须具有较强的应对环境变化和由环境引起的不确定性的能力。如何应对这种挑战，始终是管理者关注的焦点。

二、传统管理模式存在的弊端

在传统的"纵向一体化"经营管理模式下，企业出于对制造资源的占有要求和对生产过程直接控制的需要，通常采用的策略是，要么扩大自身规模自给自足，要么参股到供应商建立所有关系，为自己提供原材料或零部件。我国企业（特别是过去的国有企业）通常采取"大而全""小而全"的经营方式。

在20世纪90年代以后，在科技迅速发展、世界竞争日益激烈、顾客需求不断变化的形势下，"纵向一体化"模式则暴露出种种缺陷。譬如说，增加企业投资负担，承担丧失市场时机的风险，迫使企业从事不擅长的业务活动，在每个业务领域都直接面临众多竞争对手等弊端。

三、供应链管理的产生

鉴于"纵向一体化"管理模式的种种弊端，从20世纪80年代后期开始，国际上越来越多的企业放弃了这种经营模式，随之而来的是"横向一体化"思想的兴起。"横向一体化"就是企业利用外部资源快速响应市场需求，只抓企业发展中最核心的东西：产品方向和市场。至于生产，只抓关键零部件的制造，甚至全部委托其他企业加工。例如，福特汽车公司的Festival车就是由美国人设计，在日本的马自达生产发动机，由韩国的制造厂生产其他零件并负责装配，最后在美国市场上销售。制造商把零部件生产和整车装配都放在了企业外部，这样做的目的是利用其他企业的资源促使产品快速上马，避免自己投资带来的基建周期长等问题，赢得产品在低成本、高质量、早上市等方面的竞争优势。

"横向一体化"形成了一条从供应商到制造商再到分销商的贯穿所有企业的"链"。由于相邻节点企业表现出一种需求与供应的关系，当把所有相邻企业依次连接起来，便形成了供应链(supply chain)。这条链上的节点企业必须达到同步、协调运行,才有可能使链上的所有企业都能受益。于是便产生了供应链管理(supply chain management,简称SCM)这一新的经营与运作模式。

第二节 供应链管理的基本概念

一、供应链的基本内涵

(一)供应链的定义

《物流术语》(GB/T 18354—2006)对供应链的定义是:生产及流通过程中,涉及将产品或服务提供给最终用户所形成的网链结构。《供应链管理 第2部分:SCM 术语》(GB/T 26337.2—2011)中将供应链描述为:生产及流通过程中,围绕核心企业,将所涉及的原材料供应商、制造商、分销商、零售商直到最终用户等成员通过上游和或下游成员链接所形成的网链结构。

华中科技大学马士华教授在《供应链管理》一书中对供应链的定义是:供应链是围绕核心企业,通过对信息流、物流、资金流的控制,从采购原材料开始,制成中间产品及最终产品,最后由销售网络把产品送到消费者手中的,将供应商、制造商、分销商、零售商直到最终用户连成一个整体的功能网链结构模式。

若把供应链比喻为一棵枝繁叶茂的大树,供应商就是树根,核心企业是主干,分销商是树枝和树梢,满树的绿叶红花是最终用户。在根与主干、干与枝、枝与叶之间相通的脉络都蕴藏着商流、物流和信息流。供应链是社会化大生产的产物,是重要的资源组织形式。它以市场化程度高、规模化经营的优势,有机地连接生产、流通和消费。

(二)供应链的结构

一般说来,供应链由所有加盟的节点企业组成,其中一般有一个核心节点企业(可以是产品制造企业,也可以是大型零售企业),节点企业在需求信息的驱动下,通过供应链的职能分工与合作(生产、分销、零售等),以资金流、物流和商流为媒介实现整个供应链的不断增值。供应链的基本结构如图14-1所示。

(三)供应链的特征

供应链是一个网链结构,由围绕核心企业的供应商、供应商的供应商和用户、用户的用户组成。一个企业是一个节点,节点企业和节点企业之间是一种需求与供应关系。供应链主要具有以下特征。

(1)复杂性。因为供应链节点企业组成的跨度(层次)不同,供应链往往由多个、多类型、多地域的企业构成,所以供应链结构模式比一般单个企业的结构模式更为复杂。

(2)动态性。供应链网络是一个开放的动态系统,在适应市场环境、政策环境、技术环境等外部环境的过程中,其网络结构和管理方式处在不断的动态调节中。譬如,供应链管理因适应市场需求的变化,其中的节点企业需要动态更新,这就使得供应链具有明显的动

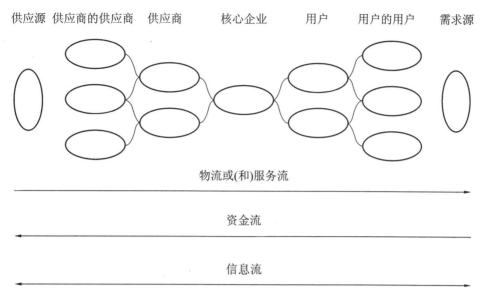

图14-1 供应链的网络结构模型

态性。

（3）交叉性。在供应链网络组成中，节点企业可以是多个供应链的成员，不同的供应链之间形成交叉结构，增加了供应链之间的竞争性和协调管理的难度。

（4）协调性。供应链是企业之间以协作为基础建立的整合系统，各成员企业应基于供应链目标及其实现的方法手段协调运作，以达成供应链协同效应。

（5）需求导向。供应链的形成与发展，都是基于一定的市场需求而发生，并且在供应链的运作过程中，用户的需求拉动是供应链中信息流、商流、服务流、资金流运作的驱动源。因此，准确及时获取市场需求信息，并做出快速响应来满足用户需求，是供应链获取竞争优势的关键。

二、供应链管理的定义

供应链管理作为管理学的一个新概念，尚未形成统一的定义，以下是几个对供应链管理定义的经典描述。

哈兰德（Harland）将供应链管理描述成对商业活动和组织内部关系、直接采购者的关系、第一级或第二级供应商关系、客户关系和整个供应链关系的管理。斯科特（Scott）与韦斯特布鲁科（Westbrook）将供应链管理描述成一条连接制造与供应过程中每一个元素的链，包含了从原材料到最终消费者的所有环节。

供应链管理贯穿整个价值链的信息流、物流和资金流过程。由于广义供应链管理描述的价值链非常复杂，企业无法获得供应链管理提供的全部利益。因而，狭义上的供应链管理是指在一个组织内集成不同功能领域的物流，加强从直接战略供应商通过生产制造商与分销商到最终消费者的联系，通过利用直接战略供应商的能力与技术，尤其是供应商在产品设计阶段的早期参与，已经成为提高生产制造商效率和竞争力的有效手段。

《物流术语》（GB/T 18354—2006）对供应链管理的定义是：对供应链涉及的全部活动进

行计划、组织、协调与控制。《供应链管理 第 2 部分：SCM 术语》(GB/T 26337.2—2011)中将供应链管理描述为：利用信息技术全面规划供应链中的商流、物流、资金流及信息流等，并进行计划、组织、协调与控制的各种活动和过程。

第三节　供应链管理的内容与方法

一、供应链管理的内容

(一) 供应链管理的基本思想

供应链管理的基本思想可从以下几个方面来理解。

相对于"垂直一体化"以拥有资源为目的，供应链管理则以协作和双赢为手段。按照市场的需求，根据规则对由标准、品牌、知识、核心技术和创新能力所构成的网络系统进行整合或重新配置社会资源。所以，供应链管理是资源配置的优先方法，通过构建供应链的节点企业之间的关系是横向合作伙伴关系，各自从自身的核心能力出发专注自己的核心业务，将有限资源集中在主营业务上，将非核心业务外包给合作伙伴，既有利于企业自身提高核心能力，也有利于供应链获得竞争优势，实现利益共享、风险共担、协同运作、合作共赢的目标。供应链管理重点强调"三协"，以协作为基础，以协调为手段，以协同为目标。供应链管理职能中，协调管理渗透到每个环节，如关系协调、冲突协调、利益协调等，通过协调管理保持供应链各业务环节协调运作，实现协同效应。

作为生产与流通中各节点企业协调活动的组织平台，供应链与供应链管理，已经成为企业竞争和供应链竞争战略的中心概念。供应链管理是在现代科技进步和产品极其丰富的条件下发展起来的管理理论和方法，建立了企业之间的协作基础和平台，解除企业单打独斗的困扰，消减企业之间的信息孤岛，为供应链节点企业之间的共赢合作提供理论、方法与手段。

(二) 供应链管理的主要内容

在不同的市场需求条件下，不同的产品和服务特征要求的供应链类型及特征多种多样，供应链管理内容十分丰富，并在不断发展之中。供应链管理跨越生产、流通与消费领域，涉及商流、物流、信息流和资金流的管理。针对不同类型的供应链，以及供应链成员在供应链中的角色与地位不同，供应链管理的主要内容、管理重点和特点差异较大。一般而言，供应链管理包括供应链战略的制定、供应链网络的设计与构建、供应链运作流程优化与管理、供应链业务运作管理、供应链产品需求预测和计划、供应链信息管理、供应链合作伙伴关系管理、供应链内部的物料供应与需求管理、基于供应链的产品设计与生产集成化计划、基于供应链的物流管理，以及供应链服务管理、供应链风险管理等。以下列举几个方面做简要概述。

1. 信息管理

在信息时代，信息已成为重要的生产要素，在供应链管理中信息管理的水平影响甚至决定着供应链管理的各方面的绩效。因而，现代供应链管理十分注重信息管理的技术、能力和水平的提升。在供应链中,信息是供应链各方的沟通桥梁,供应链中各成员企业通过信息纽带集成起来,可靠、准确的信息成为决策的有力支持和依据,能有效降低企业运作中的不确定性,消减牛鞭效应,提高供应链的响应速度。因此,信息管理是供应链管理的主线之一。信息管理的基础是构建信息平台,实现信息共享,如 ERP、VMI、WMS 等系统的应用,将供求信息及时、准确地传达到供应链上的各个业务环节,在此基础上实现供应链管理绩效提升。

2. 客户管理

客户关系管理是供应链的生命线,消费者的价值追求是供应链价值创造的源头,理解客户消费诉求和消费偏好,选择产品和服务价值传导模式,从而创造新客户、巩固老客户,不断提升市场份额。在传统的卖方市场中,企业的生产和经营活动是以产品为中心的,企业生产和销售什么产品,客户就只能接受什么商品,没有多少挑选余地。而在经济全球化的背景下,买方市场占据了主导地位,客户需求主导了企业的生产和经营活动的方向。因此,客户是核心,也是供应链运行的驱动力。客户的需求、消费偏好、购买习惯及意见等是企业谋求竞争优势必须争取的重要资源。

在供应链管理中,客户关系管理(customer relationship management,CRM)是从公司的战略和竞争力角度出发,通过对企业业务流程中客户关系的交互式管理,提升客户的满意度和可感知价值,建立长期的客户关系,拓展企业附着于客户关系网络的无形资产基础,为相关的业务流程提供有效的决策信息,提高业务流程的效率和整合程度,从而为公司获取有利的市场定位和持续的竞争优势提供保证。客户管理是供应链管理的起点,供应链源于客户需求,同时也终于客户需求,因此供应链管理是以满足客户需求为核心运作的。然而客户需求千变万化,而且存在个性差异,企业对客户需求的预测往往不准确,一旦预测需求与实际需求差别较大,就很有可能造成企业库存的积压,引起经营成本的大幅增加,甚至造成巨大的经济损失。因此,真实、准确、及时的客户需求管理是企业供应链管理的重中之重。供应链管理在获得外部资源配置的同时,也将自有的内部成本外部化,通过清晰的过程进行成本核算和成本控制,从而更好地优化客户服务和实施客户关系管理。

3. 库存管理

库存管理是企业管理中的一项难题。一方面,为了避免缺货带来的损失,企业不得不持有一定量的库存;另一方面,库存量大会占用大量资金,既影响企业扩大再生产,又增加成本,在库存出现积压时还会造成巨大的浪费。传统的方法是通过需求预测来解决这个问题,然而需求预测与实际情况往往并不一致,因而直接影响了库存决策的制定。如果能够实时地掌握客户需求变化的信息,做到客户需要时再组织生产,那就不需要持有库存,即以信息代替了库存,实现库存"虚拟化"。因此,供应链管理的一个重要使命就是利用先进的信息技术,使供应链各方以及市场需求信息实时、准确传递,减小需求预测的误差,从而降低库存的持有风险。通过分享需求和存货水平的信息,来减少或消除所有供应链成员企业所持有的缓冲库存,这就是供应链管理中"共同管理库存"的理念,譬如供应商管理库存(vendor managed inventory,VMI)。

4. 关系管理

随着供应链的建立意味着多种关系的确立,一是供应链企业与客户的关系;二是供应链节点企业之间的关系,如供应商关系、销售商关系。供应链关系管理是从供求关系的本质出发,有效建立、平衡与协调供应链成员关系和客户关系。供应链关系管理是供应链管理的基础,通过建立战略合作伙伴关系,创新利益分配机制和风险共担机制,激励供应链成员以终端产品为共同经营主线,齐心协力,实现共赢。

传统的供应链成员之间的关系是纯粹的交易关系,各方遵循的都是"单向有利"的原则,所考虑的主要是眼前的既得利益,并不考虑其他成员的利益。这是因为每个企业都有自己相对独立的目标,这些目标与其在供应链中的上下游企业往往存在着一些冲突。例如,制造商要求供应商能够根据自己的生产需求灵活并且充分地保证它的物料需求;供应商则希望制造商能够以相对稳定的周期大批订购,即稳定的大量需求,这就在两者之间产生了目标的冲突。这种目标的冲突无疑会大大增加交易成本。同时,社会分工的日益深化使得企业之间的相互依赖关系不断加深,交易关系也日益频繁。因此,降低交易成本对于企业来说就成为一项具有决定意义的工作。而现代供应链管理理论提供了提高竞争优势、降低交易成本的有效途径,这种途径就是通过协调供应链各成员之间的关系,加强与合作伙伴的联系,在协调的合作关系的基础上进行交易,为供应链的全局最优化而努力,从而有效地降低供应链整体的交易成本,使供应链各方的利益获得同步的增加。

供应链的合作伙伴关系,是在供应链内部两个或两个以上独立的成员之间形成的一种协调关系,以保证实现某个特定的目标或效益,包括供应链中各节点企业之间的一种"合作竞争"关系。对制造业来说,主要是供应商与制造商的关系。虽然供应链管理使得各节点企业形成了一个利益共同体,但由于各节点企业都是具有独立法人地位的利益个体,不可避免会产生一定程度的委托代理问题。节点企业之间合作博弈机制的实现,只是减少了委托代理问题发生的可能性,但不可能完全消除委托代理问题。进行供应链关系管理,实质是应用委托-代理理论,加强供应链企业间的合作关系的选择与管理。例如,供应商关系管理(SRM)致力于实现与供应商建立和维持长久、紧密合作伙伴关系,旨在改善企业与供应商之间关系的管理模式[见《物流术语》(GB/T 18354—2006)]。

5. 风险管理

20世纪90年代中期,供应链风险管理研究开始引起人们的关注,现有相关文献主要从供应链风险的内涵、来源及影响因素、风险识别、评估、决策、控制等管理环节开展了较多研究。关注较多的是供应链的能力风险、协作风险与绩效风险,对认识供应链风险本质与成因、识别、评价以及应对策略选择的规律、提高企业供应链风险管理水平提供了有益的贡献。

国内外供应链管理的实践证明,能否加强对供应链运行中风险的认识和防范,是关系到能否取得预期效果的大问题。如果认为实施了供应链管理模式就能取得预期效果,就意味着存在供应链管理的误区。供应链成员企业之间的合作,会因为信息不对称、信息扭曲、市场不确定性以及其他政治、经济、法律等因素的变化,而导致各种风险的存在。为了使供应链成员企业都能从合作中获得满意结果,必须采取一定的措施规避供应链运行中的风险,如提高信息透明度和共享性、优化合同模式、建立监督控制机制等,尤其是必须在企业合作的各个阶段通过激励机制的运行,采用各种手段实施激励,以使供应链企业之间的合作更加有效。

二、供应链管理的特点

供应链管理的特点可以从与传统的管理办法和与物流管理的比较中来认识。

(一) 与传统的管理方法相比较

供应链管理主要致力于建立成员之间的合作伙伴关系,与传统的管理方法相比,它具有如下特点。

1. 以客户为中心

在供应链管理中,顾客服务目标的设定优先于其他目标,它以顾客满意为最高目标。供应链管理本质上是满足顾客需求,它通过降低供应链成本的战略,实现对顾客需求的快速反应,以此提高顾客满意度,获取竞争优势。

2. 以共赢为目的

供应链成员企业之间建立伙伴关系,密切合作、共享利益和共担风险。在供应链管理中,企业超越了企业组织的边界,改变了传统的各自为战的经营方式,通过与供应链的参与各方进行跨部门、跨职能和跨企业的合作,建立共同利益的合作伙伴关系,发展企业之间稳定的、良好的、共生共荣的合作双赢关系。

3. 信息集成化

应用网络技术和信息技术,重新组织和安排业务流程,实现集成化管理。通过应用现代信息技术,如电子数据交换技术(electronic date interchange,EDI)、自动识别技术(Ba,RFID)、电子订货系统、POS(point of sales)电子支付系统等,依托互联网使供应链成员不仅能及时有效地获得客户的需求信息,并且做出及时响应,满足客户的需求。信息技术的应用提高了事务处理的准确性和速度,减少了人员,简化了作业过程,提高了效率。供应链成员企业信息流整合,集成客户需求信息和采购供应、生产制造、批发零售,以及仓储、运输、配送协调运作,有效实现商流、物流、资金流和信息流一体化。

4. 管理一体化

供应链管理认为只有组织内部的一体化是远远不够的。供应链管理是高度互动和复杂的系统工程,需要同步考虑不同层次上相互关联的技术经济问题,进行成本效益权衡。特别是要求供应链成员在一开始就共同参与制定整体发展战略或新产品开发战略等,实施业务过程一体化管理后所获得的整体效益如何在供应链成员之间进行分配。跨边界和跨组织的一体化管理使组织的边界变得更加模糊。

不同职能部门之间或不同企业之间通过物流一体化运作,达到提高物流效率、降低物流成本的目的。供应链管理实质是通过物流将企业内部各部门及供应链各节点企业联结贯通起来。从供应商开始到最终消费者的物流活动作为一个整体进行统一管理,始终从整体和全局上把握物流的各项活动,在供需平衡的前提下使整个供应链的库存水平最低,实现供应链整体物流的最优化。缩短物流周期,降低物流费用,提高物流效率,从而提高企业的竞争力。

（二）与物流管理相比较

在某种意义上，物流管理是供应链管理形成与发展的基础，供应链管理已成为物流管理的高级形态。供应链物流管理又是供应链管理的重要组成部分。相对物流管理而言，供应链管理具有如下特点。

1. 供应链管理的互动特性

从管理的对象来看，物流管理是以动态的物作为管理对象，对物流活动业务实施管理职能。供应链管理则是以动态的物及其所有者为管理对象，对物流中的业务过程及其业务关系进行管理，突出关系管理，因此管理者和管理对象之间具有互动性。

2. 供应链管理成为物流管理的高级形态

事实上，物流管理是供应链管理形成与发展的基础。供应链的本质是介于企业和市场之间的资源配置组织方式。是以物资资源交换建立的供需关系，物流贯穿交换过程并且使交换得以最终实现，因而物流管理贯穿整个供需链条，形成了供应链中针对实物流动的管理。从形成供需交换的成员企业之间的关系层面来看，从供应商到制造商到分销商再到零售商直至最终客户的前向与后向整合，不只是基于物流的管理，还依赖于企业关系管理、客户关系管理、信息管理、风险管理等综合集成的供应链管理。

3. 供应链管理强调组织外部一体化

物流更加关注组织内部的功能整合，而供应链管理认为只有组织内部的一体化是远远不够的。供应链管理需要同步考虑不同层次上相互关联的技术经济问题，进行成本效益权衡。比如，要考虑在组织内部和组织之间，存货以什么样的形态放在什么样的地方，在什么时候执行什么样的计划；供应链系统的布局和选址决策，信息共享的深度；实施业务过程一体化管理后所获得的整体效益如何在供应链成员之间进行分配；特别是要求供应链成员在一开始就共同参与制定整体发展战略或新产品开发战略等。跨边界和跨组织的一体化管理使组织的边界变得更加模糊。

4. 供应链管理对共同价值的依赖性

随着供应链管理系统结构复杂性的增加，它将更加依赖信息系统的支持。如果物流管理是为了提高产品面向客户的可行性，那么供应链管理则是首先解决供应链伙伴之间信息的可靠性问题。所以，有时也将供应链看作是协作伙伴之间信息增值交换的一系列关系。互联网为提高信息可靠性提供了技术支持，但如何管理和分配信息则取决于供应链成员之间对业务过程一体化的共识程度。所以，与其说供应链管理依赖网络技术，还不如说供应链管理是为了在供应链伙伴间形成一种相互信任、相互依赖、互惠互利和共同发展的价值观和依赖关系，而构筑的信息化网络平台。

5. 供应链管理是"外源"整合组织

供应链管理与垂直一体化物流不同，它是在自己的"核心业务"基础上，通过协作的方式来整合外部资源以获得最佳的总体运营效益，除了核心业务以外，几乎每件事都可能是"外源的"，即从公司外部获得的。著名的企业如 Nike 公司和 Sun 微系统公司，通常外购或外协所有的部件,而自己集中精力于新产品的开发和市场营销。这一类公司有时也被称为"虚拟企业"或者说"网络组织",实际上一台标准的苹果机,其制造成本的90%都是外购的。表面上看这些企业是将部分或全部的制造和服务活动,以合同形式委托其他企业代为加工制造,但实际上是按照市场的需求,根据规则对由标准、品牌、知识、核心技术和创新能力所构成的网络系统进行整合或重新配置社会资源。垂直一体化以拥有资源为目的,而供应链管理则以协作和双赢为手段。所以,供应链管理是资源配置的优先方法。供应链管理在获得外部资源配置的同时,也将自有的内部成本外部化,通过清晰的过程进行成本核算和成本控制,从而更好地优化客户服务和实施客户关系管理。

三、供应链管理的目标

供应链管理的目标是通过协调总成本最低化、客户服务最优化、总库存最少化、总周期时间最短化及物流质量最优化等目标之间的冲突,实现供应链绩效最大化。

(一)总成本最低化

众所周知,采购成本、运输成本、库存成本、制造成本,以及供应链物流的其他成本费用都是相互联系的。因此,为了实现有效的供应链管理,必须将供应链各成员企业作为一个有机整体来考虑,并使实体供应物流、制造装配物流与实体分销物流之间达到高度均衡。从这一要求出发,总成本最低化目标并不是指运输费用或库存成本,或者其他任何供应链物流运作与管理活动的成本最小,而是整个供应链运作与管理的所有成本的总和最低化。

(二)客户服务最优化

在激烈的市场竞争时代,当许多企业都能在价格、特色和质量等方面提供相类似的产品时,优质的客户服务能带给企业以独特的竞争优势。纵观当前的每一个行业领域,从计算机、服装到汽车,消费者都有广泛而多样化的选择余地。任何企业都承担不起惹怒顾客的代价。企业提供的客户服务水平,直接影响到它的市场份额、物流总成本,并且最终影响其整体利润。供应链管理的实施目标之一,就是通过上下游企业协调一致的运作,保证达到客户满意的服务水平,吸引并留住客户,最终实现企业的价值最大化。

(三)总库存最少化

传统的思想认为,保有一定的库存是维系生产与销售的必要措施,因而企业与其上下游企业在不同的市场环境下只是实现了库存的转移,整个社会库存总量并未减少。但按照JIT管理思想,库存是不确定性的产物,任何库存都是浪费。因此,在实现供应链管理目标的同时,要使整个供应链的库存控制在最低的程度。"零库存"反映的即是这一目标的理想状态。所以,总库存最少化目标的达成,有赖于对整个供应链的库存水平与库存变化的最优控制,而不只是单个成员企业库存水平的最低。

(四)总周期时间最短化

在当今的市场竞争中,时间已成为企业竞争成功最重要的要素之一。当今的市场竞争不再是单个企业之间的竞争,而是供应链与供应链之间的竞争。从某种意义上说,供应链之间的竞争实质上是时间竞争,即必须实现快速有效的客户反应,最大限度地缩短从客户发出订单到获取满意商品的整个供应链的总时间周期。

(五) 物流质量最优化

企业产品或服务质量的好坏直接关系到企业的成败。同样，供应链企业间服务质量的好坏也直接关系到供应链的存亡。如果在所有业务过程完成以后，发现提供给最终客户的产品或服务存在质量缺陷，就意味着所有成本的付出将得不到任何价值补偿，供应链物流的所有业务活动都会变为非增值活动，从而导致整个供应链的价值无法实现。因此，达到与保持服务质量的水平，也是供应链管理的重要目标。而这一目标的实现，必须从原材料、零部件供应的零缺陷开始，直至供应链管理全过程、全方位质量的最优化。

就传统的管理思想而言，上述目标相互之间呈现出互斥性：客户服务水平的提高，总时间周期的缩短，交货品质的改善，必然以库存、成本的增加为前提，因而无法同时达到最优。而运用集成化管理思想，从系统的观点出发，改进服务、缩短时间、提高品质与减少库存、降低成本是可以兼得的。因为只要供应链的基本工作流程得到改进，就能够提高工作效率，消除重复与浪费，缩减员工数量，减少客户抱怨，提高客户忠诚度，降低库存总水平，减少总成本支出。

四、供应链管理的策略

供应链管理涵盖供应链涉及的采购、生产、销售和客户服务等全部活动和过程，涵盖供应链战略规划、经营决策和运作管理三个层面，包括全面规划和管理供应链中的商流、物流、资金流及信息流等。针对不同的层面和四个流的规划与管理都有其相应的理论和方法提供指导与支持，并在实践中不断发展与演进。以下列举几种常常应用的管理方法与策略。

(一) QR 快速反应

快速反应(quick response)指通过共享信息资源，来建立一个快速供应体系来实现销售额增长，以达到顾客服务的最大化及库存量、商品缺货、商品风险和减价最小化的目的。企业面对多品种、小批量的买方市场，不是储备了"产品"，而是准备了各种"要素"，在用户提出要求时，能以最快速度抽取"要素"，及时"组装"，提供所需服务或产品。

QR 方法成为零售商实现竞争优势的工具。同时随着零售商和供应商结成战略联盟，竞争方式也从企业与企业之间的竞争转变为战略联盟与战略联盟之间的竞争。贸易伙伴间商业信息的共享，企业间订货、发货业务全部通过 EDI 来进行，实现订货数据或出货数据的传送无纸化。商品供应方进一步涉足零售业，通过合作追求物流效率化，提供高质量的物流服务。

快速反应是在 20 世纪 70 年代后期从美国纺织服装业发展起来的一种供应链管理方法，是美国零售商、服务制造商及纺织品供应商开发的整体业务概念，以减少原材料到销售点的时间和整个供应链上的库存，最大限度地提高供应链的动作效率为目的。QR 主要集中在一般商品和纺织行业，其主要目标是对客户的需求做出快速反应，并快速补货。纺织服装业经营的产品多属创新型产品，每一种产品的寿命相对较短，因此，订购数量过多（或过少）造成的损失相对较大。QR 侧重于缩短交货提前期，快速响应客户需求；QR 管理方法主要借助信息技术实现快速补发，通过联合产品开发缩短产品上市时间；QR 适用于单位价值高、季节性强、可替代性差、购买频率低的行业；QR 改革的重点是补货和订货的速度，目的是最大限度地消除缺货,并且只在商品需求时才去采购。

(二) ECR 有效客户反应

有效客户反应(efficient consumer response,ECR)是以满足顾客要求和最大限度降低物流过程费用为原则,能及时做出准确反应,使提供的物品供应或服务流程最佳化的一种供应链管理策略[见《物流术语》(GB/T 18354—2006)]。由生产厂家、批发商和零售商等供应链成员组成,各方相互协调和合作,更好、更快并以更低的成本满足消费者需要为目的的供应链管理解决方案。有效客户反应是以满足顾客要求和最大限度降低物流过程费用为原则,能及时做出准确反应,使提供的物品供应或服务流程最佳化的一种供应链管理战略。贸易伙伴间商业信息的共享,企业间订货、发货业务订货数据或出货数据全部通过 EDI 来进行交换。

1992 年从美国的食品杂货业发展起来的一种供应链管理策略,ECR 主要以食品行业为对象,其主要目标是降低供应链各环节的成本,提高效率。食品杂货业经营的产品多数是一些功能型产品,每一种产品的寿命相对较长(生鲜食品除外),因此,订购数量过多(或过少)的损失相对较小。ECR 侧重于减少和消除供应链的浪费,提高供应链运行的有效性。ECR 管理方法除新产品快速有效引入外,还实行有效商品管理、有效促滚动。ECR 适用侧重于产品单位价值低、库存周转率高、毛利少、可替代性强、购买频率高的行业。ECR 改革的重点是效率和成本。ECR 包含四大要素,即有效产品引进、有效店面分类组合、有效促销和有效补货,其主要内容如表 14-1 所示。

表 14-1 ECR 四要素及其主要内容

要素	主要内容
有效产品引进	有效采集和分享供应链节点企业的适时准确的订货数据信息,提高新产品的销售率
有效店面分类组合	有效地利用店铺空间和布局,最大限度地提高商品盈利能力,如建立空间和商品品类管理系统,实施有效的管理等
有效促销	有效简化供应商和分销商的贸易关系,以提高贸易和促销系统的效率,如可采取消费者广告、贸易促销等方式
有效补货	以需求为导向,从生产线到收款台通过有效利用 EDI 自动连续补货和计算机辅助订货等技术手段,使补货系统的时间和成本最少化,从而降低商品的价格

【经典案例】

丰田汽车的供应链管理

要成功地进行供应链管理,首先必须认识到所有的参与者都有共同的利益。除了"零和博弈",完全可以通过变革以帮助所有公司都增加利润率。在这方面,计算机业的 Dell 公司、汽车业的丰田公司的实践具有启发与借鉴意义。

丰田公司竖立了一个与通用汽车公司、福特汽车公司完全相反的供应链管理战略的典型。丰田公司不是努力地压榨供应商的利润空间，而是与所有合作伙伴协作，寻找成本削减机会，在整个生产流程中实施削减举措。它让供应商至少在一定时间内能够保留部分剩下的利润。通过这种方式，供应商的激励目标和丰田公司保持一致。所有供应链上的企业都有机会从协作中获利。

但是丰田模式的内涵远远不止激励目标的协调。丰田公司花费大量的时间在评估潜在供应商上，考虑除了价格外的其他很多因素；目标是建立长期的相互信任的协作关系。评估后，丰田公司与关键部件的关键供应商建立长期的供货协议（至少持续该型号汽车的整个周期，大约 4 年）。但这并不意味着供应商就可以高枕无忧。恰恰相反，丰田公司从很多维度持续地评估每个供应商的绩效，包括质量、可靠性、创意的提出、与其他供应商的协作等，当然也包括成本。同时，丰田公司还设立了全供应链成本削减 30% 的目标要求。丰田公司的生产专家与生产商合作，寻找达到目标的方法。一旦达到后，就共享盈利（供应商保留半数盈利），同时设定下一阶段的成本削减目标。如果绩效无法达到，丰田公司会在合同期末把更多的采购额分配给竞争供应商。最终实现奖优罚劣的目标。

因为丰田公司给绩效卓越的供应商提供长期的协议，因此供应商也愿意投入大量资金满足丰田公司的特殊需要。丰田公司会提前把它的新产品计划和规格通知供应商；供应商也会为丰田公司的设计工作提供帮助。丰田公司没有为了寻求短期利益而把供应商的设计提供给其竞争对手以获取更低的采购价格，因为这种短期利益弥补不了对长期合作关系造成的损害。而且，其他的供应商也会知道丰田公司的行动，从而危害到这些重要的合作关系。

从丰田公司的经验可以很清楚地发现，供应链管理的关键主要集中在三个方面：协作规划、协作设计、透明度。丰田公司的供应商在新产品规划的时候就参与进来，这样就能确保尽早解决工程问题，缩短更新和引入设备的时间。供应商也可以了解丰田公司的生产调度计划，从而调整自己的生产计划，减少整个供应链的过多库存，从而给双方带来回报。

与此相对照，美国通用和福特等公司不对供应商公开一些信息，害怕独特设计和预测信息被竞争对手知道；而这些公司的供应商也隐瞒核算数据，唯恐通用公司和福特公司通过改变定价来获取利润。

丰田公司还提供及时的全面的绩效反馈给供应商。每个月都会给主要供应商提供一份根据预先制定的质量和成本基准及期望的改进指标，以此评定他们绩效和进度的报告。这些绩效评定报告提供的数据决定了下一份合同奖罚标准。

丰田公司所采取的模式是一套整合了各种因素的系统。它包括了对有潜力的供应商的评估和建立信任等大量前端的工作。合同本身并不复杂，它仅仅提出了合同期的承诺，建立了一个相互协作的基础。然而建立一个长期的承诺就能确保供应商针对丰田公司的投资获得合理的回报，从而也能使丰田公司受益于技术改进的成果。丰田公司的长期计划建立了多个年度成本降低的基准,使供应链能够持续改进效率。丰田公司与供应商合作,把生产专家送到供应商的厂里帮助他们识别和执行新的工厂生产举措,以实现改进目标。降低后的成本成为更进一步改进目标的基准。

效仿丰田模式不能采纳部分而忽略其他。每个部分都对整个体系的成果产生影响;一部分未成功就会减少整个供应链的收益。因此,很难完全仿效丰田公司的供应链组织,而这种供应链组织是丰田公司的竞争优势所在。

案例思考题
1. 丰田汽车公司的供应链管理策略的主要思想是什么?
2. 你认为汽车企业实施供应链管理的困难有哪些?

【本章关键术语】

供应链　(supply chain)
供应链管理　(supply chain management)
价值链　(value chain)
核心竞争力　(core competence)
业务外包　(out-souring)
集成化供应链管理　(integrated supply chain management)

【本章思考与练习题】

1. 什么是供应链?如何描述供应链的结构?
2. 什么是供应链管理?为什么会产生供应链管理这种模式?
3. 供应量管理的特点和目标是什么?
4. 什么是价值链?价值链有哪些特征?
5. 企业的核心竞争力是什么?由哪些因素构成?
6. 什么是业务外包?为什么要进行业务外包?
7. 业务外包的形式有哪几种形式?

第十五章 面向供应链的物流管理

本章重点理论与问题

本章主要阐述供应链环境下的物流管理的作用、特征与基本原理。通过本章的学习,认识供应链环境下的物流管理特征及库存管理基础模型,理解 VMI 和 JMI 库存控制策略的基本思想,了解第四方物流的内涵与运作模式。

第一节 供应链环境下的物流管理

一、物流管理在供应链管理中的地位

一般认为,供应链是商流、物流、信息流、资金流的统一,那么,物流管理很自然地成为供应链管理体系的重要组成部分。物流管理在供应链管理中重要的作用可以通过价值分布来考察。表 15-1 所示为供应链的价值分布,从中可以看出,不同的行业和产品类型,供应链价值分布不同。同时,我们可以看到,物流价值(采购和分销之和)在各种类型的产品和行业中都占到了整个供应链价值的一半以上,制造价值不到一半。在易耗消费品和一般工业品中,物流价值的比例更大,达 80% 以上,充分显示物流管理的价值。供应链是一个价值链的增值过程,有效地管理好物流过程,对于提高供应链的价值增值水平,有着举足轻重的作用。

表 15-1 供应链上的价值分布

产品	采购	制造	分销
易耗品(如肥皂、香精)	30%~50%	5%~10%	30%~50%
耐用消费品(如轿车、洗衣机)	50%~60%	10%~15%	20%~30%
重工业(如工业设备、飞机)	30%~50%	30%~50%	5%~10%

从传统的观点看,物流对制造企业的生产是一种支持作用,被视为辅助职能部门。但是,现代企业的生产方式的转变,即从大批量生产转向定制化准时制生产,对顾客需求的及时响应,要求企业能以最快的速度把产品送到用户的手中,以提高企业的快速响应市场的能力。要求企业的物流系统具有适应制造系统协调运作的能力,以提高供应链的敏捷性和适应性。因此,物流管理不再是传统的保证生产过程连续性的问题,而是要在供应链管理中发挥重要作用。譬如:

(1) 创造用户价值,降低用户成本;
(2) 协调制造活动,提高企业敏捷性;
(3) 提供用户服务,塑造企业形象;
(4) 提供信息反馈,协调供需矛盾。

要发挥好这些作用,物流系统应做到准时交货、提高交货可靠性、提高响应性、降低库存费用等。市场环境的不断变化,要求企业加速资金周转,快速传递与反馈市场信息,不断沟通生产与消费的联系,提供低成本的优质产品,生产出满足顾客需求的顾客化的产品,提高用户满意度,因此,只有建立敏捷而高效的供应链物流系统才能达到提高企业竞争力的要求。供应链管理是21世纪企业的核心竞争力,而物流管理又将成为供应链管理的核心能力的主要构成部分。

二、供应链环境下物流的特征

(一)供应链环境下物流要求

企业竞争环境的变化导致企业管理模式的转变,供应链管理思想就是在新的竞争环境变化下出现的,新的竞争环境体现了企业竞争优势要素的改变。在20世纪70年代以前,成本作为主要的竞争优势,而20世纪80年代则是质量作为竞争优势,20世纪90年代是交货时间,即所谓基于时间的竞争,到21世纪初,这种竞争优势就会转移到所谓的敏捷性上来。在这种环境下,企业的竞争就表现在如何以最快速度响应市场要求,满足不断变化的多样化需求。企业必须能在实时的需求信息下,快速组织生产资源,把产品送到用户手中,并提高产品的用户满意度。供应链管理环境下的物流要求见表15-2。

表15-2 供应链管理环境下的物流要求

竞争的需求	竞争特性	物流策略要素
对顾客化产品的开发、制造和交货速度	敏捷性	通过畅通的运输通道快速交货
资源动态重组的能力	合作性	通过即插即用的信息网络获得信息共享与知识支持
物流系统变化的实时影响能力	柔性	多种形式的运输网络多点信息获取途径
用户服务能力的要求	满意度	多样化产品、亲和服务、可靠质量

(二)供应链环境下物流管理特点

由于供应链管理环境下物流要求的改变,使新的物流管理和传统的物流管理相比有许多不同的特点。在传统的物流系统中,由于缺乏从供应链整体角度进行物流规划,需求信息和供应信息都是逐级传递的,供应商不能及时地掌握市场信息,从而导致需求信息的扭曲。传统的物流系统常常导致:一方面库存不断增加,另一方面当需求出现时又无法满足。这样,企业就会因为物流系统协调不善而丧失市场机会。1994年,康柏公司就因为流通渠道没有跟上而导致一亿美元的损失。康柏财务经理说,我们在制造、市场开拓、广告等方面做了大量的努力,但是物流管理没有跟上,这是最大的损失。

简言之,传统物流管理的主要特点表现在以下方面:
(1) 其管理系统是纵向一体化的物流系统;
(2) 供需关系不稳定,缺乏合作;
(3) 资源的利用率低,没有充分利用企业的有用资源;
(4) 信息的利用率低,没有共享有关的需求资源,需求信息扭曲现象严重。

针对供应链管理环境下的物流要求,物流与信息流如图 15-1 所示。需求信息和反馈信息传递不是逐级传递,而是网络式的,企业通过 EDI/Internet 可以很快掌握供应链上不同环节的供求信息和市场信息,实现信息共享。

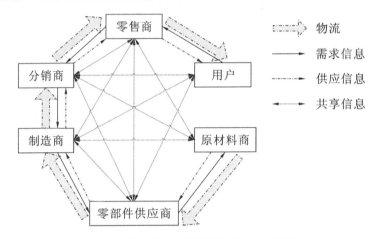

图 15-1　供应链管理环境下的物流与信息流

共享信息的增加对供应链管理是非常重要的。由于可以做到共享信息,供应链上任何节点的企业都能及时地掌握到市场的需求信息和整个供应链的运行情况,每个环节的物流信息都能透明地与其他环节进行交流与共享,从而避免了需求信息的失真现象。

对物流网络规划能力的增加,也反映了供应链管理环境下的物流特征。充分利用第三方物流系统、代理运输等多种形式的运输和交货手段,降低了库存的压力和安全库存水平。

作业流程的快速重组能力极大地提高了物流系统的敏捷性。通过消除不增加价值的过程和时间,使供应链的物流系统进一步降低成本,为实现供应链的敏捷性、精细化运作提供了基础性保障。

对信息跟踪能力的提高,使供应链物流过程更加透明化,也为实时控制物流过程提供了条件。在传统的物流系统中,许多企业有能力跟踪企业内部的物流过程,但没有能力跟踪企业之外的物流过程,这是因为没有共享的信息系统和信息反馈机制。

合作性与协调性是供应链管理的一个重要特点,但如果没有物流系统的无缝连接,运输的货物逾期未到,顾客的需要不能得到及时满足,采购的物资常常在途受阻,这都会使供应链的合作性大打折扣,因此,无缝连接的供应链物流系统是使供应链获得协调一致运作的前提条件。

灵活多样的物流服务,提高了用户的满意度。通过制造商和运输部门的实时信息交换,及时地把用户关于运输、包装和装卸方面的要求反映给相关部门,提高了供应链管理系统对用户个性化响应的能力。归纳起来,供应链环境下的物流管理的特点可以用如下几个术语简要概括:①信息共享;②过程同步;③合作互利;④交货准时;⑤响应敏捷;⑥服务满意。

第二节　供应链环境下的库存管理

一、库存决策基础模型

(一) 单周期库存模型 (single period model)

单周期库存模型,适用于分析季节性产品、时鲜产品或一次性需求产品的库存问题,也常常被称为"报童问题"。在实际中这是一个应用非常广泛的问题,除了报纸、新鲜的水果、副食、时装甚至某些药品等都具有上架期短且预期销售时间比较确定的特点,一旦过期就很难销售了。这些需求都是一次性的,为满足此次需求只能订购一次产品,一次性订货量多大时最经济。下面介绍三种方法分析最佳一次性订货量:期望损失最小法、期望利润最大法、边际分析法。

1. 期望损失最小法

期望损失最小法是将各种概率下的需求量 d 作为订货量 Q 计算出期望损失值,比较之后,取期望损失最小的 Q 作为最佳订货量。具体计算如下:

设订货量为 Q,则:

当 $Q>d$ 时,有超储损失,单位超储损失为 $C_o=C-S$;

当 $Q<d$ 时,有缺货损失,单位缺货损失为 $C_u=P-C$。

期望损失为:

$$E_L(Q) = \sum_{d>Q} C_u(d-Q)f(d) + \sum_{d<Q} C_o(Q-d)f(d)$$

2. 期望利润最大法

期望利润最大法是将各种概率下的需求量 d 作为订货量 Q 计算出期望利润值,比较之后,取期望利润值最大的 Q 作为最佳订货量。具体计算如下:

当 $Q>d$ 时,所获利润 $P=C_u d - C_o(Q-d)$;

当 $Q<d$ 时,所获利润 $P=C_u Q$。

期望利润为:

$$E_p(Q) = \sum_{d>Q} C_u Q f(d) + \sum_{d<Q} [C_u d - C_o(Q-d)]f(d)$$

3. 边际分析法

边际分析法主要思想是边际收益等于边际损失,求出临界值 Q。具体来讲,当 $Q=Q^*$ 时,售出下一个单位产品的边际收益等于下一个单位产品折价销售的边际损失。

销售单位产品的边际收益为 $C_u=P-C$,折价销售单位产品的边际损失为 $C_o=C-S$。

设 $F(d)$ 为出售 n 单位产品的累积概率,在边际平衡点上,有:
$$F(d)C_o = [1-F(d)]C_u$$
$$F(d)C_u = [1-F(d)]C_o$$
所以
$$F(d) = \frac{C_u}{C_o + C_u}$$

(二) 多周期库存模型 (multi-period model)

与前面所讲的完全周期性产生或只产生一次的需求不同,下面所讲的商品库存补给是不断重复的,补货可能瞬时完成也可能需要一段时间才能补给到位。目标是确定订货批量 Q、订货周期 T、再订货点 R,使年库存总成本 C_T 最小。

年库存总成本:
$$C_T = C_H + C_R + C_P + C_S$$

式中　C_H ——年库存费用;

　　　C_R ——年订货费用;

　　　C_P ——年购买费;

　　　C_S ——年缺货损失。

1. 订货数量的确定——经济批量模型

企业每次订货的数量多少直接关系到库存的水平和库存总成本的大小。因此,需要找到合适的订货数量使得库存总成本最小。经济批量模型(economic order quantity model)就是通过平衡采购进货成本和保管仓储成本,确定一个最佳的订货数量来实现最低总库存成本的方法。在经济批量模型中,根据需求和订货到货间隔时间等条件是否处于确定状态可分为确定条件下的模型和概率统计条件下的模型。

在需求率是已知的和连续的、订货到货间隔时间是已知的和固定的、不发生缺货现象的条件下,设定:

TC——每年的总库存成本;

PC——每年的采购进货成本(包括购置价格);

HC——每年的保管仓储成本;

D——每年的需要量;

P——货物的单位购买价格;

Q——每次订货的数量;

I——每次订货的成本;

J——单位货物的保管仓储成本;

F——单位货物的保管仓储成本与单位购买价格的比。

则有:

每年的平均库存量 $= Q/2$;

每年的保管仓储成本 $= (Q/2) \cdot J$;

每年订货次数＝D/Q；
每年订货成本＝(D/Q)·I；
每年的采购进货成本＝(D/Q)·I+D·P；

企业每年总库存成本 TC 为采购进货成本 PC 和保管仓储成本 HC 之和(见图 15-2)。具体方程式如下：

TC＝PC+HC＝(D/Q)·I+D·P+(Q/2)·J＝(D/Q)·I+D·P+(Q/2)·F·P

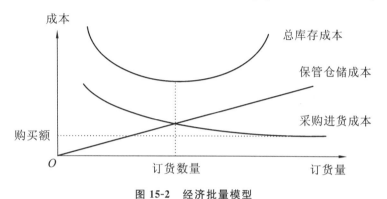

图 15-2　经济批量模型

通过对上式进行微分并求导数，并令求导数后的方程式为零。通过这个方程式所求得的订货批量就是使总库存成本最小的最佳订货量，又称为经济批量，如下式所示：

经济批量 $Q^* = \sqrt{(2D \cdot I)/J} = \sqrt{(2D \cdot I)/(F \cdot P)}$

在按经济批量进行订货的情况下，最小库存总成本 TC^*、每年订货次数 N 和订货间隔期间 T 分别为：

$$TC^* = D \cdot P + \sqrt{2D \cdot I \cdot J} = D \cdot P + \sqrt{2D \cdot I \cdot F \cdot P}$$
$$N = D/Q^*$$
$$T = 365/N$$

经济批量模型中，作为参数的每次订货的成本 I 和单位货物的保管仓储成本 J 往往难以精确地加以估算。因此需要分析各个参数的变化对结果(总库存成本)的影响程度，即需要进行灵敏度分析。如果每个参数的变化对结果的影响很大，则需要对该参数进行非常精确的估算，这样才能计算出正确的经济批量。另外，上述模型是建立在许多假定基础上的简单模型。如果考虑到实际情况的复杂性，则需要对该模型进行修正。下面分别根据数量折扣、缺货情况下的购买延后、价格上涨和多品种四种情况对该模型进行修正。

2. 数量折扣条件下的经济批量模型

供应商为了吸引顾客一次购买更多的物品，往往规定对于购买数量达到或超过某一数量标准时给予顾客价格上的优惠，这个规定的数量标准称为折扣点。在数量折扣的条件下，由于折扣之前的单位购买价格与折扣之后的单位购买价格不同，因此必须对经济批量模型进行必要的修正。

在多个折扣点的情况下(如表 15-3 所示)，依据确定条件下的经济批量模型计算最佳订货量 Q^* 的步骤如下。

表 15-3 多重折扣价格

折扣点	$Q_0=0$	Q_1	...	Q_t	...	Q_n
折扣价格	P_0	P_1	...	P_t	...	P_n

(1) 计算最后折扣区间(第 n 个折扣点)的经济批量 Q_n^*，与第 n 个折扣点 Q_n 进行比较。如果 $Q_n \leqslant Q_n^*$，则令最佳订货量 $Q^* = Q_n^*$，否则转向下一步骤。

(2) 计算第 t 个折扣区间的经济批量 Q_t^*。

如果 $Q_t \leqslant Q_t^* < Q_{t+1}$，则计算经济批量 Q_t^* 和折扣点 Q_{t+1} 对应的总库存成本 TC_t^* 和 TC_{t+1}。比较 TC_t^* 和 TC_{t+1} 的大小。如果 $TC_{t+1} \leqslant TC_t^*$，则令 $Q^* = Q_{t+1}$，否则令 $Q^* = Q_t^*$。

如果 $Q_t^* < Q^*$，则令 $t=t+1$，重复步骤(2)，直到 $t=0$，其中 $Q_0=0$。

3. 延期购买(back ordering)条件下的经济批量模型

当企业向供应商订货时，在供应商库存不足发生缺货的情况下，如果企业不转向购买其他供应商的替代产品而是采取延期购买行为，供货商为了尽快满足顾客需要，加班生产产品，快速运送发货。对供应商来说由于加班和快速发送而产生延期购买成本。在这种情况下，需要对经济批量模型进行必要的修正。

设定 V 代表允许缺货情况下的最大库存水平。Q 代表每次的订货批量，t 代表订货间隔期，BC 代表延期购买成本，B 代表单位产品的延期购买成本，t_1 代表订货间隔期内的有存货的时间，t_2 代表订货间隔期内缺货的时间。

则有：
$$t_1 = (V/Q) \cdot t, t_2 = [(Q-V)/Q] \cdot t$$

延期购买条件下的经济批量模型如图 15-3 所示。

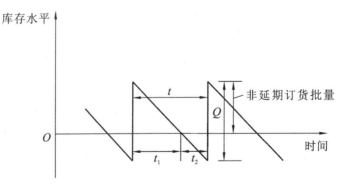

图 15-3 延迟购买条件下的经济批量模型

在延期购买条件下的总库存成本 TC 计算如下：
$$TC = PC+CC+BC = (D/Q) \cdot I + D \cdot P + (V/2) \cdot J \cdot (t_1/t) + [(Q-V)/2] \cdot B \cdot (t_2/t)$$
$$= (P/Q) \cdot I + D \cdot P + (V/2) \cdot J \cdot (V/Q) + [(Q-V)/2] \cdot B \cdot [(Q-V)/Q]$$
$$= (P/Q) \cdot I + D \cdot P + (V^2 \cdot J)/(2Q) + [(Q-V) \cdot 2 \cdot B]/(2Q)$$

对上式进行微分并令其为零。经整理后可获得最佳订货量：
$$Q^* = \sqrt{(2D \cdot I)/J} \cdot \sqrt{(J+B)/B}$$

最大库存水平为：
$$V^* = \sqrt{(2D \cdot I)/J} \cdot \sqrt{B/(J+B)}$$

由于 $\sqrt{(J+B)/B} > 1$，可知在延期购买条件下的经济批量要大于正常条件下的经济批量。当单位延期购买成本 B 不断增加时，在延期购买条件下的经济批量逐渐接近于正常条件下的经济批量。

4. 价格上涨条件下的经济批量模型

当已知采购价格在将来某一时间会上涨的情况下，就面临一个应在价格上涨之前购买多少数量以便使总库存成本最少的决策问题。在价格上涨的条件下，需要对经济批量模型进行必要的修正（见图15-4）。

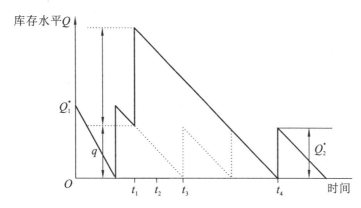

图15-4 价格上涨条件下的经济批量模型

假设：

Q_1^*——价格上涨之前的经济批量；

Q_2^*——价格上涨之后的经济批量；

q——涨价之前最后一次订货品到货时点的原有库存量；

Q——对应涨价因素，在涨价之前的特别订货数量；

P_1——价格上涨之前的价格；

P_2——价格上涨之后的价格；

t_1——涨价前的订货时间；

t_2——涨价的时间点；

t_3——在不发生特别订货 Q 的情况下，涨价后的第一次订货时间；

t_4——涨价后的第一次订货时间。

在涨价之前再购入 Q 单位的物品，则 t_1 与 t_4 之间的总库存成本 TC_1 为：

$TC_1 = Q \cdot P_1$（购买成本）$+ [(Q+q)/2] \cdot J \cdot (t_4 - t_1)$（$t_4$ 与 t_1 之间的保管成本）
　　　　$+ I$（订货成本）

　　　$= Q \cdot P_1 + [(Q+q)/2] \cdot J \cdot [(Q+q)/D] + I$

假设在涨价之前不发生特别订货 Q，而是按正常情况进行订货补充，则时间段 t_1 与 t_4 之间的总库存成本 TC_2 为：

$$TC_2 = Q \cdot P_2 + (q/2) \cdot J \cdot (t_3 - t_1)(t_3 \text{ 与 } t_1 \text{ 之间的保管成本})$$
$$+ (Q_2^*/2) \cdot J \cdot (t_4 - t_3)(t_4 \text{ 与 } t_3 \text{ 之间的保管成本}) \cdot I(\text{订货成本})$$
$$= Q \cdot P_2 + (q/2) \cdot J \cdot (q/D) + (Q_2^*/2) \cdot J \cdot (Q/D) + (Q/Q_2^*) \cdot I$$

这样,由于涨价之前 Q 单位的特别订货而节约的库存总成本为$(TC_2 - TC_1)$,对$(TC_2 - TC_1)$进行微分并令其为零,则可求得最佳特别订货量 Q^*:

$$Q^* = D(P_2 - P_1) + \sqrt{2D \cdot I \cdot J/J} - q$$
$$= D(P_2 - P_1)/J + Q_2^* - q$$

由上式可知,不同的 q 值产生不同的 Q^*。应该在尽可能接近涨价时点时进行特别购买。

在单位保管成本 J 与单位价格是线性关联时,由于涨价之前 Q 单位的特别订货而节约的库存总成本$(TC_2 - TC_1)$表现为下面的形式:

$$(TC_2 - TC_1) = Q \cdot P_2 + (q/2)(P_2 \cdot F)(q/D) + (Q_2^*/2)(P_2 \cdot F)(Q/D)$$
$$+ (Q/Q_2^*) \cdot I - \{Q \cdot P_1 + [(Q+q)/2] \cdot (P_1 \cdot F) + [(Q+q)/D] + I\}$$

对$(TC_2 - TC_1)$进行微分并令其为零,则可求得最佳特别订货批量 Q^*:

$$Q^* = \{D(P_2 - P_1) + \sqrt{2D \cdot I \cdot F \cdot P_2}\}/(P_1 \cdot F) - q$$
$$= D(P_2 - P_1)/(P_1 \cdot F) + (P_2/P_1)Q_2^* - q$$

二、库存控制策略

需求信息是影响供应链效益的关键因素。在现实中,当供应链上的各级供应商只根据来自其相邻的下级销售商的需求信息进行供应决策时,需求信息的不真实性会沿着供应链逆流而上,产生逐级放大的现象,即"牛鞭效应"。牛鞭效应会导致供应链的效益损失。为此必须尽可能保证需求信息的准确性和真实性,而保证需求信息准确性和真实性的重要手段就是进行合理、科学的需求预测。从消费者需求出发,实现有效的消费者响应(ECR),改善供应链运作过程中的牛鞭效应,都需要有效的补货策略。有效的补货策略就是要以最低的流通成本实现商品有效流通,供应商管理库存和联合管理库存是两种较好的补货实施策略。

(一) 供应商管理库存 VMI

VMI 管理模式是从 QR(quick response,快速响应)和 ECR(efficient customer response,有效客户响应)基础上发展而来,其核心思想是供应商通过共享用户企业的当前库存和实际耗用数据,按照实际的消耗模型、消耗趋势和补货策略进行有实际根据的补货。由此,交易双方都变革了传统的独立预测模式,尽最大可能地减少由于独立预测的不确定性导致的商流、物流和信息流的浪费,降低了供应链的总成本。

1. VMI 的含义与特点

供应商管理库存(vendor managed inventory,VMI)是按照双方达成的协议,由供应链的上游企业根据下游企业的物料需求计划、销售信息和库存量,主动对下游企业的库存进行管理和控制的库存管理方式。以供应商和用户供需双方获得最低成本为目的,在一个共同的协议下由供应商代理需求方进行管理库存,并通过对该框架协议经常性的监督和修正使库存管理得到持续改进的库存管理方法。这种库存管理策略打破了传统的各自管理库存的模式,体现了供应链的集成化管理思想,是一种有代表性的库存管理方法。

供应商管理库存有如下特点。

第一,准确预测需求。供应商能按照生产计划和销售时点的数据,对需求做出预测,能更准确地确定订货批量,减少预测的不确定性,从而减少安全库存量,存储与供货成本更小,同时,供应商能更快响应用户需求,提高服务水平,使得用户的库存水平也降低。

第二,可以消除"牛鞭效应"的影响,即营销过程中的需求信息变异放大现象被通俗地称为"牛鞭效应",指供应链上的信息流从最终客户向原始供应商端传递时候,由于无法有效地实现信息的共享,使得信息扭曲而逐渐放大,导致了需求信息出现越来越大的波动。

第三,降低总成本,提高服务水平。对于供应商管理的库存,因为有最低与最高库存点,按时交货可通过相对库存水平来衡量。根据未来物料需求和供应商的供货计划,还可以预测库存点在未来的走势,从而确定具体时候的具体库存指标。首先,供应商拥有库存,可以省去多余的订货部门,使人工任务自动化,可以从过程中去除不必要的控制步骤,使库存成本更低。其次,供应商会对库存考虑更多,并尽可能进行更为有效的管理,进一步降低总成本,提高服务水平。

实施供应商管理库存的企业在供应链中地位为"核心企业"或者为供应链中至关重要的企业。要求供应商对下游企业库存策略、订货策略以及配送策略进行计划和管理。实施企业必须具备较高管理水平的人才和专门的用户管理职能部门,用以处理供应商与用户之间的订货业务、供应商对用户的库存控制等其他业务;必须有强大的实力使供应链中的企业都按照它的要求来实行补货、配送、共享信息等目标框架协议。

在不同的供应链构成情况下,VMI 的运作方式不同。例如供应商-制造商 VMI 运作方式:以制造商为核心企业,供应商代理制造商管理库存。制造商一般生产规模比较大、生产比较稳定,即每天对零配件或原材料的需求量变化不是很大;要求供应商每次供货数量比较小,供货频率要求较高,为了保持连续的生产,一般不允许发生缺货现象,服务水平要求高。制造商需要面对众多的供应原材料或零部件供应商同时供货,可能会出现多个供应商同时将货物送达的情况,因此,制造商可以通过建立 VMI 物流平台如 VMI HUB、物流配送中心。供应商与制造企业和 VMI 物流平台之间完全、实时、自动地交换库存信息,还包括生产计划、需求计划、采购计划、历史消耗、补货计划、运输计划、库存情况等信息。

实践表明,VMI 被证明是比较先进的库存管理办法,但 VMI 也有以下局限性:VMI 对于企业间的信任要求较高;VMI 中的框架协议虽然是双方协定,但核心企业处于主导地位,决策过程中缺乏足够的协商,难免造成失误;VMI 的实施减少了库存总费用,但库存费用、运输费用和意外损失是由供应商承担,这无疑加大了供应商的风险。

2. VMI 的基本运作框架

VMI 的基本运作框架主要有两个模块构成,如图 15-5 所示。

(1)需求预测计划。使用统计工具的设定来确认实际需求,目的是协助供应商预测销售商品、对象、价格和时间等需求状态。一般预测所需的参考因素包括客户订货历史数据、各种市场营销信息等。需求预测程序上,供应商收到用户最近的产品活动信息,利用 VMI 做需求历史分析,然后使用统计分析方法,以客户的平均历史需求、需求动向、需求周期为基础,产生最初的预测模式。在以上运作的基础上,模拟不同市场经营状态,形成调整后的需求预测。

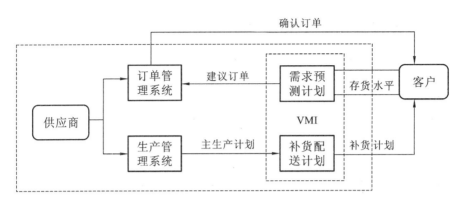

图 15-5　VMI 基本运作框架

（2）补货配送计划。指派可利用的成品库存，以平衡顾客服务需求。通过实际实时库存的配置，补货配送计划能有效地管理库存量，改善对顾客的服务质量，降低库存水平及运输成本。VMI 系统是将配送及供应单位整合于连续补货循环过程中。

（二）联合库存管理 JMI

联合库存管理（joint management inventory，JMI）是供应商与客户同时参与、共同制订库存计划，实现利益共享与风险分担的供应链库存管理策略，是一种改善供应链的供应水平和运作效率，提高供应链的同步化程度的一种有效方法。由于供应链成员企业的库存由各自独立管理，供应链中的每个环节都有自己不同的库存控制策略，因此不可避免地产生需求的扭曲现象，即所谓的需求信息放大现象，形成了供应链中的"牛鞭效应"，加重了供应商库存风险。联合库存管理目的是有效解决供应链系统中由于各节点企业的相互独立库存管理模式导致的需求放大现象，适应市场变化的要求，有效控制供应链中库存风险，体现供应链的集成化管理思想。

JMI 是一种在 VMI 的基础上发展起来的上游企业和下游企业权利责任平衡和风险共担的库存管理模式，又同供应商管理库存不同。如图 15-6 所示，JMI 把供应链系统管理进一步集成为上游和下游两个协调管理中心，强调供需双方同时参与，共同制订库存计划，共享需求信息，实现供应链的同步化运作，使供应商、制造商、分销商都从相互之间的协调性考虑，保持供应链相邻的两个节点之间的库存管理者对需求的预期保持一致，从而消减由于供应链环节之间的不确定性和需求信息扭曲现象导致的供应链的库存波动。任何相邻节点需求的确定都是供需双方协调的结果，库存管理不再是各自为政的独立运作过程，而是供需连

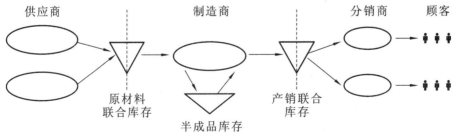

图 15-6　供应链的联合库存结构

接的纽带和协调中心。供应链联合库存管理两种常见的运作方式如下。

第一种方式,各个供应商的零部件都直接存入核心企业的原材料库中,由供应商各自的分散库存转变为在核心企业的集中库存。集中库存要求供应商按核心企业的订单或订货看板组织备货,实行小批量多频次的配送方式直接送到核心企业的仓库中补充库存。库存管理的重点在于根据核心企业生产的需要,保持合理的库存量,既能满足需要,又要使库存总成本最小。

第二种方式,准时化供货模式,供应商和核心企业都不设立库存,实施零库存管理。供应商按照核心企业的生产计划和节拍直接向核心企业的生产线上进行"适时适量"的连续补充物料,即"在需要的时候把所需要品种和数量的原材料送到需要的地点",实行同步生产、同步供货。

联合库存管理的优势主要体现在以下几个方面。

第一,JMI通过在上下游企业之间建立起一种战略性的合作伙伴关系,实现了企业间库存管理上的信息共享。这样既保证供应链上游企业可以通过下游企业及时准确地获得市场需求信息,消除由于供应链环节之间不确定性和需求信息扭曲现象导致的库存波动。供需双方共享需求信息,又可以使各个企业的一切活动都围绕着顾客需求的变化而开展,提高了供应链的稳定性。

第二,JMI强调各方的同时参与,共同制订库存计划,共同分担风险,将传统的多级别、多库存点的库存管理模式转化成对核心制造企业的库存管理,核心企业通过对各种原材料和产成品实施有效控制,就能达到对整个供应链库存的优化管理,简化了供应链库存管理运作程序。

第三,JMI实现了从分销商到制造商到供应商之间在库存管理方面的一体化,可以让三方都能够实现准时采购。准时采购不仅可以减少库存,还可以加快库存周转,缩短订货和交货提前期,从而降低企业的采购成本。同时,联合库存管理减少了供应链库存层次和库存点,以及相应的库存设立费及仓储作业费,可使运输路线得到优化,从而降低了供应链系统总的库存费用。

第四,从供应链整体来看,实施联合库存管理,打破了各自为政的库存管理局面,体现了供应链的一体化管理思想。供应商的库存直接存放在核心企业的仓库中,不但保障核心企业原材料和零部件供应、取用方便,而且核心企业可以统一调度、统一管理、统一进行库存控制,为核心企业快速高效生产运作提供了强有力的保障条件。

第三节 面向供应链的第四方物流

一、第四方物流的内涵与特征

(一)第四方物流的内涵

第四方物流是1998年美国埃森哲咨询公司率先提出的,是专门为第一方、第二方和第三方提供物流规划、咨询、物流信息系统、供应链管理等活动。第四方物流(forth part logistics,简称 4PL)是一个供应链集成主体,它调集和管理组织自己的以及具有互补性的管理咨询和第三方物流服务提供商的资源、信息、能力和技术,以提供一个综合的供应链解决方案。第四方物流是供需双方和第三方物流的组织与领导力量,依靠优秀的第三方物流供应商、技术供应商、管理咨询以及其他增值服务商,为客户提供独特的和综合的供应链解决方案。通过对供应链产生影响的能力来增加价值,在向客户提供持续更新和优化的技术方案的同时,满足客户特殊需求。

4PL 模式运行的核心是特定的集成商。在这一模式中,4PL 的运作管理是针对客户需求,负责制定全面的供应链策划方案,进行全方位的供应链管理服务。通过协调资源配置、部门职能发挥以及相关技术开发之间的相互关系,提供一个全面集成供应链管理方案。集成商组织供应链上的各合作伙伴,依据供应链运作策划方案,使他们的运作同步,实现供应链管理的一体化。4PL 供应链策划方案对整个供应链的上下关系进行了更为广泛的,包括创新、改革和执行三方面内容的改进。为了对客户广泛、复杂的需求做出有效的响应,第四方物流商需要把注意力全部集中到有效供应链管理上来,便于向特定的客户提供其所需的服务。

4PL 的成功之处在于集成商能够协调整个供应链范围内的所有服务供应商(第三方物流、信息产业、合约物流等组织)之间的相互关系,使其满足客户和供应链合作伙伴的关系的需求。整个供应链群体或是整个联盟把 4PL 作为与客户方一个单独的节点,通过它为客户提供多元化的服务。

(二) 第四方物流的特征

4PL 是在 3PL 基础上产生的,成为第四方物流企业须具备一定的条件,如能够制定供应链策略、设计业务流程再造、具备技术集成和人力资源管理的能力;如在集成供应链技术和外包能力方面处于领先地位,并具备较雄厚的专业人才,具有良好的管理能力和组织能力等。通常具有如下特征。

1. 集约化与信息化

4PL 的经营集约化是指通过专业化和规模化运营使物流更快、更省,降低客户物流成本,提高产品的市场竞争力。这一特征已经成为 4PL 具有强大生命力的重要保障。集约化管理是现代企业集团提高效率与效益的基本取向。集约化的"集"就是指集中人力、物力、财力、管理等生产要素进行统一配置,集约化的"约"是指在集中、统一配置生产要素的过程中,以节俭、约束、高效为价值取向,从而达到降低成本、高效管理.进而使企业集中核心力量,获得可持续竞争的优势。4PL 的集约化体现在以下几个方面。

(1) 业务流程再造是核心。4PL 从业务流程再造入手,通过监控、分解、评估、重塑业务流程中各个环节,对不必要的环节做出删除、压缩、整合、外包的改进和再造,把供应链中的各个运作环节按顾客需要重新组合、不断优化,从根本上消除多余的成本支出,帮助业主获得最佳的服务效果。4PL 通过持续改进业务流程和再造供应链,不断地解决具体操作中出现的库存资源分布不合理、分散性的采购模式和独立的销售配送模式所导致的物流成本不合理以及服务水平多样化等问题。这些问题是在 3PL 中长期存在而又不能有效解决的问题。

（2）充分运用信息技术，以此压缩管理时空，增强应变能力，保证集约化经营取得突破性进展，随之而来的是电子物流发展强劲。

基于互联网络的电子商务，加强企业内部、企业与供货商、企业与消费者、企业与政府部门的联系沟通、相互协调、相互合作。顾客可以直接在网上获取有关产品或服务信息，实现网上业务合作。这种凭借信息技术的"直通方式"使4PL企业能迅速、准确、全面地了解需求信息，实现基于客户要求的供应链服务。此外，企业可以根据电子物流在线跟踪发出的货物，联机实现配货路线的规划、物流调度以及货物检查等。

（3）优化要素配置，提高经营回报。主要通过以下两个途径。

第一，进行集中管理，在一定授权范围内对经营要素的配置进行统一管理。4PL服务商在业务操作中实际上是业主和诸多物流服务商之间联系的纽带，它根据业主的要求提供供应链的综合性解决方案。一般来说，4PL服务商常常是非资产性的机构，它不是一个基于一定的资产进行经营的3PL服务联合体，而是一个进行机构整合后的资源和信息的管理者。它为了满足市场和客户的需求，将众多的3PL服务商的资源和行为统一起来进行管理，对其参与的供应链的整体效益担负全部的责任，在某种程度上承担了一个企业的物流职能部门的角色，这个"企业"的核心就是其所服务的供应链。所以，业内人士称它为"超级经理"，它与3PL服务商等组成了物流战略联盟（logistics alliance）。因此，4PL不是简单的3PL组合，它是在供应链外包的基础上发展和演变而来的，按照供应链的战略规划，从供应链的资源配置和组织机构上对供应链的整体发展进行全面管理的一种管理模式。它是建立在先进的信息技术和管理方法之外，以成熟和规范的市场为依托，增强供应链的整体效益，改善供应链的组织结构，提高了供应链的竞争力。

第二，实施统一标准，做到"公开、公正、公平"。只有统一标准，才能使经营要素向着高效率、高效益的区域、品种流动，达到优化配置的目的。由于4PL服务商是供应链物流的一个统一的链接单位，它将供应链的资源和潜能以及所应用的技术组织起来外包给一个单位，进行统一的管理，并提供综合性的、能满足不同需要的有特色供应链解决方案。4PL在供应链作为一个独立的机构代表业主（即将物流业务外包的单位）管理物流和供应链活动。可以看出，按照统一的外包合同，通过总体的安排，4PL服务商能控制3PL服务商的竞争机制、管理业务流程，为服务对象提供一个供应链解决方案。同时，由于4PL服务商面对的是多个客户，它改变了传统的外包行为，开创了一条能够多次降低运营成本和进行资产转移的途径，所以它能够充分提高规模经济，增加投资回报率。

（4）顺应市场需求，不断发展企业经营服务项目。4PL的主要经营手段就是根据客户的要求和市场的发展不断地再造供应链，这也是4PL具有强大生命力的根本所在。只有顺应市场需求，提供客户满意的服务，才能吸引客户，也才会有更广阔的市场，从而在激烈的竞争中处于强有力的地位。由于自身的特点，使得4PL企业在满足市场要求、顺应市场变化上只有很小的转化成本，不必进行大规模设施、设备投入就可以完成。

2. 集成性与综合性

4PL的特点之二是提供了一个综合性供应链解决方案，以有效地适应需方多样化和复杂的需求，集中所有的资源为客户完善地解决问题。综合供应链解决方案包括以下方面。

（1）供应链再造。3PL为供应链提供服务多数是间断的、不完整的，即使能提供完整的供应链服务，也只是小范围的、局部的，只有4PL才能提供真正意义上提供完整的供应链集成服务。4PL对供应链进行全局性的规划与实施，利用独立的供应链参与者之间的合作，提高规模和总量。4PL通过再造供应链改变了传统管理模式，将商贸战略与供应链战略连成一线，创造性地重新设计了参与者之间的供应链，使之达到一体综合化标准。

（2）功能转化。主要是销售和操作规划、配送管理、物资采购、客户响应以及供应链技术等，通过战略调整、流程再造、整体性改变管理和技术，使客户间的供应链运作一体化。4PL从传统的保证服务链完成功能已经发展到了引导、监控、优化和重塑服务链的功能上来，这一转化是经营理念的发展，是物流行业成熟的表现。随着功能的转化，物流的重点也从单一的实体货物运输扩展到信息和人力资源的有目的转移上来。这一变化趋势无疑将推动物流和其相关产业的融合。

（3）业务流程一体化。这就是将客户与供货商信息和技术系统一体化，把人的因素和业务规范有机结合起来，使整个供应链规划和业务流程能够有效地贯彻实施。实现业务流程再造是4PL的核心内容，如何调整服务链最大程度上实现对客户的全方位服务是决定4PL业务流程再造的关键内容。在业务流程再造过程中，4PL将系统论和优化技术用于物流的流程设计和改造，融入新的管理制度之中，分析企业核心流程，找出流程中的障碍，抓住重点重新设计，循序渐进地再造物流企业业务流程，消除行业发展"瓶颈"。4PL通过开展多功能、多流程的供应链再造，将其范围远远超出传统外包运输管理和仓储运作的物流服务。企业可以把整条供应链全权交给4PL运作，4PL可为供应链功能或流程提供完整的服务。

3. 低成本与高收益

4PL的特点之三是通过影响整个供应链，来获得价值链上的客户，带来较好的收益。

第一，增加利润。4PL的利润增长将取决于服务质量的提高、实用性的增加和物流成本的降低。由于4PL关注的是整条供应链，而非仓储或运输局部效益，因此其为客户及自身带来的综合效益会出现惊人的进展。这些增长的利润来源于"无缝"的供应链，原来那些供应链各环节连接上的成本消耗将被降到最低。

第二，降低运营成本。通过整条供应链外包功能过渡到提高运作效率、降低采购成本的目的。流程一体化、供应链规划的改善和实施，将使运营成本和产品销售成本降低。

第三，降低工作成本。采用现代信息技术、科学的管理流程和标准化管理，使存货和现金流转次数减少，工作成本大幅度降低。

第四，提高资产利用率。客户通过4PL减少了固定资产的占用，提高了资产利用率，使得客户通过投资研究设计、产品开发、销售与市场拓展等获得经济效益的提高。

4. 规范化与标准化

物流的标准化是指以物流为一个大系统，制定系统内部设施、机械装备，包括专用工具等的技术标准、包装、仓储、装卸、运输等各类作业标准，以及作为现代物流突出特征的物流信息标准，并形成全国以及与国际接轨的标准化体系。规范化和标准化对于提高供应链的运作效率、减少运作费用、增加顾主双方的收益、降低交易成本有着重要的作用。物流管理的规范化和标准化可以大大方便各个物流企业之间和各个物流功能主体之间的相互协作和配合,避免物流管理主观随意化和标准不统一所引起的矛盾和浪费,降低交易失败的风险。对于整个物流行业来说,需要用标准化、规范化的方式将"供方—干线物流—配送—需求方"等物流环节有机连接起来。如果没有相适应的物流接口标准,很难想象其链接的难度和成本。物流行业的规范和标准,还应对有关细节做出明确规定,如物流用语、计量标准、包装标准、装卸标准等。对物流企业来说,标准化是提高内部管理水平、降低成本、提高服务质量的有效措施;对消费者而言,享受标准化的物流服务是消费者权益的体现。企业应积极采取国际通用的标准,如国际物品编码协会(EAN)成员国通用的基于互联网的电子数据交接(EDI)技术等。

对于4PL来说,由于4PL的交易多重性,物流管理的规范化和标准化就有着更加重要的意义。物流管理的规范化和标准化是4PL顺利运作的前提和保证。物流管理的规范化主要包括程序规范化和实务规范化,如作业流程规范化、功能衔接规范化、方案设计规范化、业务操作规范化、意外处理规范化等。物流管理的标准化主要是指技术措施的统一和质量标准的统一,如资料信息的标准化、设备设施的标准化、质量考核的标准化等。4PL的发展加速了整个物流行业标准化和规范化的进程。整个供应链提供和服务过程的标准化和规范化与物流信息平台,将是建立和发展4PL企业的硬件基础。

在整个供应链再造过程中,整合的联合剂就是标准化和规范化。行业规范和标准就是要对有关细节做出明确的规定,这些事情虽然细小,但无论是对整个物流行业、物流企业还是消费者而言,其作用是不容低估的。对于物流企业来说,标准化是提高内部管理水平、降低成本、提高服务质量的有效措施;对于消费者而言,享受标准化的物流服务是消费者权益的体现。

5. 国际化

4PL是在经济全球化的大趋势下出现的,因此其自身的国际化将是不可避免的。4PL的国际化主要表现在以下几个方面。

(1) 物流市场国际化。当今世界各国之间的物资、原材料、零部件与制成品的进出口运输,无论是数量还是质量都发生了较大变化。跨国采购、跨地区采购已经成为生产和销售领域最活跃的部分之一。为适应这一变化,各国物流行业不断地向国外市场延伸。在持续扩张的过程中,物流行业的国际竞争日益激烈。现在的物流市场已经不是封闭的,而是发展到了国与国之间的综合性的物流市场,因此,要想在国际物流市场上保持优势,单靠3PL已经力不从心了。同时,跨国公司为了自身的发展必须依靠4PL为其设计全新的供应链,依靠符合企业自身特点的供应链为其进行原材料的补给和产品的运输。

(2) 服务需求国际化。随着全球服务贸易的迅速发展,越来越多的跨国公司将核心业务从货物贸易扩展到服务贸易领域,成为国际物流需求的主要来源。大型物流公司通过全球统筹规划的服务定位与覆盖全球的发送中心网络,通过各国并购活动,不但扩大了公司的生产与经营规模,延长了物流供应链,还使物流服务在全世界范围内展开,使全球性资源配置效率得以迅速提升。美国的TJR公司代表着世界运输和速递业务的最高水平,它运用先进的物流和计算机技术,建立起覆盖全球的速递网络。德国邮政集团对瑞士丹沙货代公司的购买则使德国邮政集团远远超过其他所有的欧洲物流供货商,营业额达275亿德国马克,其物流部分现由瑞士丹沙公司经营,丹沙公司则除空运、海运和陆运外,还给尤莱尼弗、强生等其他公司提供物流服务。国际化的生产和销售不但要求物流服务范围更广、功能更强大，而且要求及时准确。一个成功的4PL提供者的客户多数是具有国际化生产经营背景的，跨国公司全球的生产与服务网络提升了物流服务的附加值，使物流服务形成一个国际化的良性循环系统。

（3）物流支持系统国际化。物流支持系统包括运输系统、信息系统、标准系统、包装系统、人力资源系统、物流技术系统和流通加工系统等。其中，运输系统、信息系统和人力资源系统的国际化最为明显，4PL必须有国际化信息系统的支持。国际化信息系统建立的难度较大，一是管理困难，二是投资巨大。而且，由于世界上有些地区物流信息水平较高，有些地区较低，所以会出现信息水平不均衡，使信息系统的建立更为困难。建立4PL信息系统，一个较好的办法就是与各国海关的公共信息系统联网，以及时掌握有关各个港口、机场和联运线路、站场的实际情况，为供应和销售物流提供决策支持。

在运输方面，国际物流以远洋运输为主，并由多种运输方式组合。4PL运输方式有海洋运输、铁路运输、航空运输、公路运输，以及由这些运输手段组合而成的国际复合运输方式等。国际运输方式的选择和组合，不仅关系到物流交货周期的长短，还关系到物流总成本的大小，运输方式选择和组合的多样性是4PL的一个显著特征。海运是物流运输中最普遍的方式，特别是远洋运输是国际物流的重要手段，谁能提高远洋运输效率、降低远洋运输成本，谁就能在国际物流竞争中占有优势地位。反过来，国际物流可以促进远洋运输技术的发展。空运是近几年来国际物流运输中发展很快的方式。海运的特点是运输时间较长，但运输费用低、运量大；空运的特点是迅速及时，但运费高。在物流运输中，门到门的运输方式越来越受到货主的欢迎，使得能满足这种需求的国际复合运输方式得到了快速发展，逐渐成为国际物流中运输的主流。全球复合运输方式的目的是追求整个物流系统的效率化和缩短运输时间，我国的中远运输公司、美国FedEx、欧洲DHL、日本邮船公司等世界有名的运输公司在向货主提供门到门运输服务方面走在了前列。

（4）供应链管理国际化。国际化的供应链必须有国际化的管理与之配套。供应链管理国际化包括管理思想国际化、管理人才国际化以及管理体制国际化等。其中，管理人才国际化是供应链管理国际化的核心。现代管理开放性的一个表现是迅速国际化的趋势，或者说国际化是当今政治经济发展所造成的一个客观的管理环境。特别是现代交通、通信、技术等的迅速发展促成了全球经济一体化，世界市场开始生成，国界正在一定范围内失去原有的意义，这些都迫使管理者不得不把自己所在的管理系统放置在国际的大环境之中，面对瞬息万变的国际条件和激烈的国际竞争，在灵活、迅速的反应中寻求组织生存的机遇。管理国际化是一个普遍问题。几乎一切管理领域都面对着环境的扩大化，许多国内管理也需要把国际环境纳入所需考虑的内容之中，一些原先不可能与国际关系有任何联系的领域也受到变动着的国际环境的影响。这样一来，就需要管理者具有国际意识，以适应现代管理的要求。这里，管理国际化的具体含义特指跨国公司管理。跨国公司是全球经济一体化的产物，或者说由于全球经济的一体化，促进了公司组织的发展，出现了跨国公司及复合企业。跨国公司的主要特征就是：一个企业可以跨地区、跨国界经营，也可以同时进入不同的市场及互不相干的行业。随着全球经济的迅速发展，这种趋势有增无减，这类组织则呈现出其独有的组织特点，最为突出的就是管理的国际化。正如海尔集团的首席执行官张瑞敏所讲："现在有很多企业说自己用的管理是国际化的,实际上那只是一种手段。我认为管理的国际化不是一个管理模式,是人,是人的国际化,就是企业把人变成企业有价值的资产,使人能够成为创新的资源,员工的创新就是最有价值的资产。比如设备、资金是靠什么增值?靠人,只要人有创新的能力,就可以使设备发挥出最大的能力,甚至可以超出它的能力。所以这个管理就是人,不在于控制人的行为,而在于给人一种创新的空间。"4PL 尤为如此,由于它涉及面广,而且是利用极为综合的资源,精确地控制供应链整个流程,因此需要全面的、国际化的、信息化的管理。在管理人才的运用上,要在国际化的基础上向专业化发展,注重人才的合理搭配。

(5)企业文化国际化。企业文化是企业在长期的创业和发展过程中培育形成的最高目标、价值标准、基本信念和行为规范等。营造国际化管理的企业文化模式,是 4PL 企业发展的内在要求。

由于 4PL 企业具有跨国经营的特点,经营地点不同,人力资源来源也千差万别,因此必须充分考虑物流项目所在国的地域文化特征。在尊重当地文化传统和风俗习惯的前提下,正确处理好本土员工与当地员工不同思维模式、行为方式和价值取向之间的冲突,建立和谐、包容、积极向上的多元化文化氛围。

通过明确企业发展目标,在员工中努力营造"我们都是同一企业的成员,我们将与企业共同成长"的组织氛围。在实践中,引导当地雇员了解企业发展目标,参与企业管理,要敢于把那些工作能力强、经营业绩突出、对企业忠诚的优秀当地员工选拔到重要的岗位上去,使他们对企业未来和个人发展充满信心和希望,这样才能有效激发全体雇员的工作积极性和创造性。在营造国际化的物流企业文化模式过程中,还要特别重视倡导团队精神,鼓励员工群策群力、团结协作、取长补短,使每个人在充分发挥自身能力的同时,达到团队利益的最大化,共同完成一个又一个富于挑战性的项目。

二、第四方物流的价值

4PL 与 3PL 相比,其服务的内容更多,覆盖的地区更广,对从事货运物流服务的公司要求更高,它们必须开拓新的服务领域,提供更多的增值服务。4PL 最大的优越性是它能保证产品更快、更好、更廉价地送到需求者手中。在当今经济形势下,货主/拖运人越来越追求供应链的全球一体化以适应跨国经营的需要,跨国公司也要集中精力于其核心业务而必须更多地依赖于物流外包。基于此,它们不只是在操作层面上进行外协,而且在战略层面上也需要借助外界的力量,昼夜都能得到更快、更好、更廉价的物流服务。它可以通过对整个供应链的影响力,提供综合的供应链解决方案,也为其顾客带来更大的价值。显然,4PL 是在解决企业物流的基础上,整合社会资源,解决物流信息充分共享、社会物流资源充分利用问题。第四方物流的价值主要体现在以下方面。

1. 供应链管理功能

4PL 作为供应链管理的一种新的模式,它的出现是市场对物流外包的必然产物。4PL 在复杂的供应链管理中担负着主要的任务,是供应链外部协作的重要组成部分。它对供应链的物流进行整体上的计划和规划,并监督和评估物流的具体行为和活动的效果。对于供应链的管理来说,4PL 是对包括 4PL 服务商及其客户在内的一切与交易有关的合作伙伴的资源和能力的统一。4PL集成了管理咨询和3PL服务商的能力,更重要的是,一个前所未有的、使客户价值最大化的统一技术方案的设计、实施和运作,只有通过咨询公司、技术公司和物流公司的齐心协力才能够实现,4PL集成商们利用分包商来控制与管理客户公司的点到点式供应链运作。

2. 一体化物流的功能

一体化物流(integrated logistics)是20世纪末最有影响的物流趋势之一,其基本含义是指不同职能部门之间或不同企业之间通过物流上的合作,达到提高物流效率、降低物流成本的效果。一体化物流或物流的一体化包括三种形式:垂直一体化物流、水平一体化物流和物流网络。一个4PL服务商能够帮助客户实施新的业务方案,包括业务流程优化、客户公司和服务供货商之间的系统集成,以及将业务运作交给4PL的项目小组。项目实施过程中,人的因素往往是4PL成败的关键。最大的目标是避免使一个设计得非常好的策略和流程实施得非常不理想,因而限制了方案的有效性,影响了项目的预期成果。业务流程一体化、供应链规划的改善和实施,将使运营成本和产品销售成本降低。4PL向用户提供更加全面的供应链解决方案,并只有通过3PL企业、信息技术企业和咨询企业的协同化作业来实现,使物流的集成化一跃成为供应链一体化。4PL提供客户全面的供应链解决方案,使上下游产业连接起来。

3. 供应链再造,整合上下游产业的功能

供应链再造是指为了增加市场份额、销售收入,增强竞争优势,供应链集成商根据货主/托运人在供应链战略上的要求,及时改变或调整战略战术,使其经常高效率地运作。供应链再造是一个有效的手段,能够扩大市场份额,增进顾客忠诚度,获得持久竞争优势。

4PL最高层次的方案就是再造。供应链过程中真正显著的改善要么通过各个环节计划和运作的协调一致来实现,要么通过各个参与方的通力协作来实现。再造过程就是基于传统的供应链管理咨询技巧,使得公司的业务策略和供应链策略协调一致;同时,技术在这一过程中又起到催化剂的作用,整合和优化了供应链内部和与之交叉的供应链的运作。改革供应链集中在改善某一具体的供应链职能,包括销售和运作计划、分销管理、采购策略和客户支持。在这一层次上,供应链管理技术对方案的成败至关重要。领先和高明的技术,加上战略思维、流程再造和卓越的组织变革管理,共同组成最佳方案,对供应链活动和流程进行整合和改善。

由于4PL关注整个供应链系统,而不仅仅停留在提高仓储效能或最大限度地减低运输成本上,因此可以大幅度提高客户服务质量;通过提高运作效率、改进操作流程以及节省资源,降低15%的营业成本,通过发挥供应链职能中的整体"外包"职能,可实现对整体资源的节省;贯穿于供应链合作者活动中的同步化行为可以减低营业成本,并且由于加工流程的集成、编制计划的改进以及供应链行为的同步化使得出售的商品成本更低,通过减低库存,缩短资金周转期,可以降低30%的运营成本,在缩短资金周转期的同时还能提高产品的效能;资金流动和资产转让的效能的提高导致固定资本的降低。4PL中的物流服务商将仅拥有有形资产的所有权,不再强调资金的归属,这将允许代理机构将资金只投资于其核心职能部分,比如研究设计、产品开发、销售、营销等,而不是"小而全""大而全"。

在最复杂的层次上,4PL 可以与整个制造企业的供应链完全集成在一起。例如,在实施供应链最基本功能的层次上,一个第四方物流公司可以通过确定和安排一批货物的最佳运输方式来增加价值。在这种情况下,4PL 为制造企业设计、协调和实施供应链策略,通过提供增值信息服务更好地管理其核心能力,并能通过利用 4PL 降低物流费用。

三、第四方物流的运作模式

4PL 组织有较大的柔性,根据成员组织的约定和目标,它能够适应不同的组织,反过来也能够被行业结构和行为所塑造,组成灵活的运作模式。4PL 主要有以下几种运作模式。

1. 协同运作型

由 4PL 为 3PL 提供其缺少的资源,如信息技术、管理技术、供应链策略和战略规划方案等,并与 3PL 方共同开发市场,而具体的物流业务实施则由 3PL 在 4PL 的指导下完成,它们之间的关系一般是商业合同的方式或者战略联盟的合作方式(见图 15-7)。

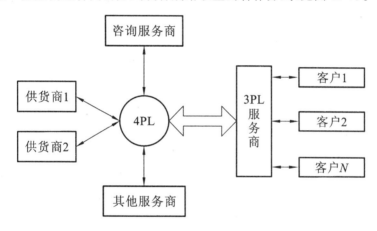

图 15-7 协同运作型

在这种模式中,4PL 服务商为实力雄厚的 3PL 服务商提供供应链战略方案、技术、专门项目管理等补充功能,并主要通过 3PL 为多个客户提供全面物流服务,其特点是:具有雄厚的物流配送实力,提供最优的解决方案,业务范围多集中在物流配送管理方面,针对性强、灵活性大。如中远货运公司依托中远集运,在美国西海岸至上海之间为通用公司提供汽车零配件的集装箱陆运、海运、仓储、配送等一条龙服务。又如铁行渣华物流和马士基物流也是依托其船队和物流中心提供这种模式的服务。

2. 方案集成型

由 4PL 服务商为客户提供运作和管理整个供应链的解决方案,并利用其成员的能力和技术进行整合和管理,为客户提供全面的、集成的供应链管理服务。在这种方式中,通常由 4PL 和客户成立合资或合伙公司,客户在公司中占主要份额,4PL 作为一个联盟的领导者和枢纽,集成多个服务供应商的资源,重点为一个主要客户服务(见图 15-8)。如中远货运公司在广州与科龙电器公司合资成立的安泰达物流公司,就主要是为科龙集团服务的。又如通用汽车和 CNF 在 2000 年 12 月成立的维可多供应链管理公司,则主要为通用公司服务。

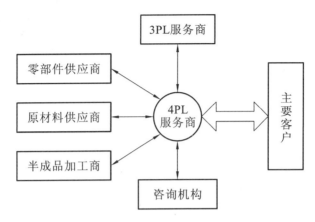

图 15-8 方案集成型

这种模式的运作一般是在同一行业范围内,供应商和加工制造商等成员处于供应链的上下游和相关的业务范围内,彼此间专业熟悉、业务联系紧密,有一定的依赖性。4PL 以服务主要客户为龙头,带动其他成员企业的发展。执行该模式的好处是服务对象及范围明确集中,客户的商业和技术秘密比较安全。4PL 与客户的关系稳定、紧密而且具有长期性,但该模式运作的重要前提条件是客户的业务量要足够大,使参与的服务商对所得到的收益较为满意,否则大多数服务商不愿把全部资源集中在一个客户上。

3. 行业创新型

4PL 通过与各种资源、技术和能力的服务商进行协作,为多个行业的客户提供供应链解决方案。它以整合供应链的职能为重点,以各行业的特殊性为依据,领导整个行业供应链实现创新,给整个行业带来改革和最大利益,如图 15-9 所示。

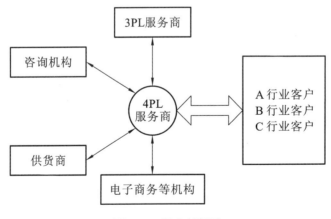

图 15-9 行业创新型

这种模式是以 4PL 为主导,联合 3PL 公司等其他服务商,提供运输、仓储、配送等全方位的高端服务,给多个行业客户制定供应链解决方案,如美国卡特彼勒物流公司从起初只负责总公司的货物运输,发展到后来为其他多个行业的客户如戴姆勒-克莱斯勒公司、标致公司、爱立信公司等大企业提供供应链解决方案。

实行该模式要求4PL资源非常丰富、人员素质较高、服务方案最优而且各具特色，否则会出现顾此失彼、影响服务效果的情况。

4. 动态联盟型

动态联盟是由一些相对独立的服务商（如3PL、咨询机构、供应商、制造商、分销商）和客户等，由市场机会所驱动，通过信息技术相连接的、在某个时期内结成的供应链管理联盟。它的组成与解散主要取决于市场的机会存在与消失，以及企业可利用的价值。这些企业在设计、供应、制造、分销等领域里分别为该联盟贡献出自己的核心能力，以实现利润共享和风险分担。它们除了具有一般企业的特征外，还具有基于公共网络环境的全球化伙伴关系及企业合作特征，面向经营过程优化的组织特征，可再构、重组与可变的敏捷特征等，能以最快速度完成联盟的组织与建立，优势集成，抓住机遇，响应市场，赢得竞争。

动态联盟也有其核心企业担任倡导和协调的作用，一般由咨询机构或3PL担任。参加动态联盟的各成员企业的组织、资源等内部特征都可由自己来决定，而其外部特征则需要达到动态联盟的要求。由于企业业务的拓展和市场竞争的加剧，企业对收益的渴望日益加强，对资源的需求日趋多元化。一个企业可以同时以不同的角色加入多个4PL联盟，在贡献资源的同时得到自己所需要的、更多的资源（见图15-10）。如美国物流咨询公司Accenture在欧洲与菲亚特的子公司New Holland合资成立New Holland Logistics S.P.A 4PL机构，专营配送服务，此外又和英国泰晤士水务的子公司Connect 2020进行了4PL的合作，主要为Connect 2020进行包括采购、订单管理、库存管理和分销管理等供应链管理服务。一旦市场机会消失，或成员企业发现参与某个4PL联盟的价值或意义枯竭，即可根据合约有序退出，这种运作模式是比较高级的运作模式。它所服务的行业和客户众多，其兼容性、灵活性、适应性更强。

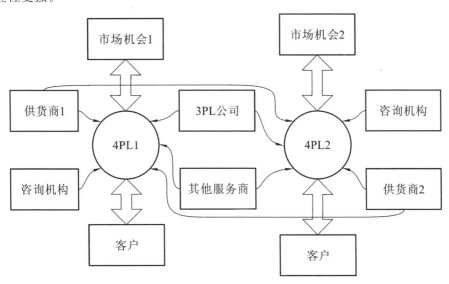

图15-10 动态联盟型

实施此模式的主要条件如下。①参加4PL动态联盟的服务企业本身资源丰厚，使其有能力同时参与不同的4PL联盟组织的运作。②4PL动态联盟有科学的管理机制，联盟成员能有序地参与和退出；有得力的商业保密安全措施，联盟的抗风险能力强。

以上是4PL的几种主要的运作模式，应该指出的是，供应链管理理论和实践活动非常丰富且不断发展，因此应不断地研究、创新和推广新的4PL运作模式，以适应物流业和社会经济发展的需要。

总之，4PL的基本组织结构是其运作的基础，由它演变出来的几种主要运作模式适应了市场的客观变化，更具针对性和可操作性，增强了4PL的活力。企业不管采取何种运作模式，都要坚持4PL的本质特征。①多方共同接口的特征。一方面与客户协调，顺利实施管理方案，并力求在深度介入进行重组再构时，要尽量避免或减少对客户内外产生震荡和波动，取得满意的效果；另一方面与各个分包服务商协调，组织完成实际的物流活动，使联盟成员既有较强的向心力和约束性，又要有一定的灵活度及独立性。②整合资源、高端服务的能力。4PL突破了3PL的局限性，具有许多3PL所不具备的功能，这些功能真正体现了供应链综合管理的功能，而不仅仅是物流处理的功能。它要求最大范围地进行资源整合，设计最优解决方案，通过高质量、低成本的运作，达到"多赢"的效果。

【经典案例】

智能简化复杂的工业制造供应链[①]

一、客户挑战与诉求

C客户是世界500强科技集团的核心单位，主要从事精密模具设计制造、手机/平板/电脑产品机构件、自动化设备、自动化机器人、精密刀具、光学产品等的研发与制造。随着国内人力成本的不断攀升，以及集团工业互联网的快速推进，C客户面临着招人难和调整人才结构的双重挑战，并希望不断通过科技手段来实现提质、增效、降本、减存的目标。这是千万中国制造企业面临的共同现状。

作为中国制造业典型代表的C客户，在全国拥有7处保税工厂。除了外包部分国内、国际运输和VMI(vendor managed inventory)仓储业务外，仍自营厂内物流、关务、CMI(customer managed inventory)仓储、线边仓等作业。相关人力将近500名，年度直接人力成本超过5000万元，这是一笔不小的固定投入。业务量上升，人力成本会随之上升，但业务量下降，人力成本却并无多大变化。而且对于人员、设备、场地管理的边际成本也居高不下。由于一直处于自营的状态，C客户很多供应链管理模式和作业方法沿用已久，缺乏创新。入厂供应链、生产供应链、交付供应链、售后供应链等网络纷繁复杂。系统化程度低、流程冗繁，不但拖累了作业效率，偶尔的差错风险也给生产制造带来巨大的损失隐患。目前，C客户还面临着库内作业自动化、供应链管理系统升级改造的需求，这也将是一笔不小的投资。

---

① 来源：中国物流与采购网，2020-07-29。编者摘引。

JUSDA是富士康科技集团唯一授权的供应链管理平台服务公司,具备国家AAAAA级综合型物流企业资质,AEO企业高级认证、世界货运联盟等多项主要企业资质。是全球C2M2C(component to manufacture to consumer)全程供应链整合服务先行者。JUSDA的核心竞争优势是其面向工业制造型企业及3C制造商的端到端精益供应链管理服务实力,为客户提供端到端的全程供应链管理服务,为客户打通制造、供给、商贸的关键环节,连接从供应商、制造商、品牌商、经销商到客户的闭环供应链生态圈。因此,他们希望JUSDA能够为其解决这一痛点。

二、JUSDA BPO 解决方案

JUSDA在领先的制造业供应链管理基础上,以具有竞争力的增值和创新的供应链产品服务,以及平台化的运营模式整合供应链生态圈资源,创新不同区域特色的产业集群服务体系,构建工业4.0科技时代下以DT(data technology)大数据运营为基础的智慧供应链实时协同平台。基于成熟的天网、地网、垂直骨干网的布局,JUSDA为生产制造企业打造的BPO"供应链业务统包解决方案"完美契合C客户的需求。相对于3PL关注过程流的运营服务,和4PL关注物流资源整合的服务,JUSDA凭借服务制造业的丰富经验,通过BPO的供应链统包解决方案将供应链条上的角色和过程融为一体,以科技手段和信息技术,打造大数据驱动的C2M2C智能化供应链。JUSDA将自己定位为企业的战略合作伙伴,其BPO统包供应链解决方案旨在简化复杂的供应链,相较于4PL概念更大。

(1)更全面:不但链接过程,更链接产业链条上的不同角色。

(2)更透明:六流合一,数据更完整;端到端整合,可视化程度更高。

(3)更智能:供应链大数据+行业Know-how,打造智能供应链。

JUSDA综合利用大数据分析、云平台建设、物联网信息系统集成应用为一体的综合信息网络,自主研发信息系统平台,为客户提供可视化、可共享、可集成、可监控的全网综合信息分析与处理,全面支持内部和外部客户的供应链管理和运营服务,实现端到端的全智能化系统平台协同运作。依托平台化定位、全球化布局、一体化实力和科技化驱动,JUSDA围绕核心企业,链接上游供应商、下游客户,及产业链上不同合作伙伴,打造客户制造业的供应链生态圈,借助供应链大数据,预测、预警、预判,实时协同,打造高效的智慧化供应链服务体系。为了简化复杂的供应链,JUSDA单一窗口对接C客户,为其提供供应链统包管理、六流合一、精益优化的BPO服务。

三、JUSDA统包方案实施

根据C客户的诉求,重新梳理了其C2M2C的供应链全景,并根据自身精益管理的经验和实力,提出了组织融合、系统整合、流程聚合的优化方向。

(1)组织融合:秉持"专业的事让专业的人干",运用JUSDA既有的服务网络和组织,将C客户重复的职能岗位进行合并,使得C客户不再承担过多作业人力,也将固定的人力成本转变为淡旺季可变可控的变动成本,优化企业管理。

(2) 系统整合:使用 JUSDA 成熟完善的智慧物流管理系统,并与 C 客户 ERP 对接,尤其是其并不完善的仓储管理系统和关务操作系统,全方位采集人流、物流、过程流(三实)、讯流、金流、技术流(三虚)六流合一的运营和业务数据,实现实时可视。

(3) 流程聚合:将现有作业流程进行精益优化和聚合再造,减少不同组织之间的重复作业和往复交接环节,提升运营效率,降低作业成本,提高服务质量。

具体业务层面如下。

(1) 关务。导入 JUSDA 一站式关务系统平台,并与海关系统对接。通过系统基础数据的维护,最大程度减少纸质单证流转,系统化取代人力作业,提高作业效率和准确率。此外,借助 JUSDA 全球化网络布局和区域化深耕,还为其提供贸易合规政策咨询和规划服务。

(2) 物流。有效契合产销协同,并提前锁定运力资源,利用 JUSDA 规模化采购,降低运力成本。同时,利用 JUSDA 控制塔,规划全球采购、交付和服务运输网络,根据订单需求,选择性价比最优的运输方式,并通过路由规划、配载规划等持续优化运作成本。

(3) 仓储。整合 VMI、CMI、线边仓等,通过系统管控物权及原物料、成品、服务备件等库存和订单。同时,将线边仓作业前置,直接送料上线,集中管理,集中作业,提升仓库和设备利用率,减少交接和重复作业,提升员工作业效率。另外,围绕仓储管理,向上延伸供应商管理,提供采购执行、订单管理、Min/Max 库存管控、结算管理等服务。

(4) 系统。在实施智慧物流管理系统的基础上,逐步上线 JUSDA 实时供应链协同平台 SCCP(supply chain collaboration platform),对接供应商、生产制造、终端客户数据,打通制造链和分销链条中的信息孤岛,产生以 C 客户为核心的工业大数据,为推进工业互联网奠定基础。

为了保障 BPO 项目的有效推进,我们在原本"调研、承接、上线、优化"四部曲的基础之上,将 BPO 服务升级至战略合作。为了保障客户 BPO 战略的行之有效,JUSDA 还提供"组织划转"和"合资公司"的解决方案。

(1) 组织划转:依据企业供应链 BPO 的战略规划,JUSDA 在 BPO 服务基础上,可以承接企业供应链/物流管理团队的适当组织划转。JUSDA 专业管理供应链物流相关的人和业务,规模化提升个人贡献和效率;同时,让企业的固定成本变为随业务量起伏的变动成本,更加可控。

(2) 合资公司:依据企业供应链发展战略,JUSDA 可以和企业成立合资公司,承接并保障供应链/物流 BPO 的有序推进。以此有效保障长期有序的战略合作和持续精益优化,规避 BPO 风险;并且可以叠加外部业务,将企业供应链/物流相关成本中心转型为利润中心。

在 C 客户的方案中,JUSDA 使用 C 客户既有团队进行过渡承接,输出管理人力,并逐步进行组织融合和人力优化。最终,C 客户将原本供应链管理的冗余人力分流到生产制造,不但保障了其生产人力供给,还提供了组织汰换的优化机遇。

为了简化对账、结算流程,JUSDA BPO 同样一改传统分服务段计费、分服务主体计费、分服务/承运商计费、分服务内容计费、分报价格式计费等按流量计费的模式,转变为"固定管理费用+优化利润分享"的结果导向计费模式,提高了供应链管理服务成本的透明度,更提高了对账结算的效率,一扫之前隐藏成本高、结算流程长的问题。

四、JUSDA MDS 解决方案

在供应链关务、仓储、运输业务统包的基础上,只能初步满足 C 客户增效、降本的短期目标。为了契合其集团工业互联网的建设需要,JUSDA 除了推介实时供应链协同平台,还为其度身定制 IOT 自动化集成方案,帮助企业从标准化、数字化向全球化、平台化发展,并建立可持续优化的战略发展机制。

JUSDA 拥有自己的智链实验室,专注 IOT 设备的研发和硬件+软件的自动化集成,以前沿科技提升供应链管理效率,从而打造智慧供应链。科技实力本身就是 JUSDA 打造 BPO 服务的基础。以"实时供应链协同平台"为前台,"智能化+六流可视化"为中台,"数字化+自动化"为后台,JUSDA 以生产制造企业的视角为主轴,打造了的"制造业数字化供应链解决方案",即 MDS(manufacturing digital supply chain management)。JUSDA 作为工业互联网中顶尖智能供应链平台,旨在以便捷的商业模式赋能全球企业。MDS 更是精准定位,致力于为制造业,尤其是中小企业赋能。MDS 是一个完整的体系,也可以模块化输出。客户只需关注协同平台的前台呈现,便捷做出智能的商业决策。中台的运营管理和后台的操作执行,尽由 JUSDA 统筹完成。

针对 C 客户的 MDS 方案规划如下。

(1) 后台(操作执行):JUSDA 根据 C 客户既有业务流程和服务资源,全盘承接仓储、关务、物流业务,渗透厂内制造物流,并通过系统实时和 IOT 设备规划,实现全流程数字化。

(2) 中台(运营管理):JUSDA 通过专案项目团队和控制塔统筹运营管理,单一窗口对接 C 客户,并延伸对接供应商、客户、承运商等。还通过网络优化、流程优化、库存优化等精益管理的持续优化理念,在智能可控的基础上,逐步规划并实施优化方案。

(3) 前台(协同决策):通过六流数据的采集,JUSDA 实时供应链协同平台不但为 C 客户各级管理层定制化 Dashboard 和报表,还在数据协同的基础上,实现任务协同,实时解决并记录任何异常,实现全过程可追溯。

针对 C 客户业务情况,我们率先针对其原物料的采购执行环节上线了供应链协同平台。

上线前,该部分业务由采购、供货商、货代、运输、关务、仓库等多方角色参与,包含 25 个不同作业环节,存在着如下诸多挑战:人工操作环节较多,出错率

高,工作效率低,人力成本高;邮件传输慢,有时甚至无法正常发送、接收邮件,严重 Delay 作业;需要多次电话跟催各环节状况,浪费时间;信息不够透明化,作业时间较长。

JUSDA 协同平台实施上线后,通过订单采购执行、运力协同、关务协同、资源协同,流程节点压缩为 7 个,通过协同对接,在信息共享的基础上实现任务协同,并最大限度地无纸、E 化作业,客户获取了巨大收益:跨系统对接,任务协同,信息共享,提高工作效率 60%;实现办公室无纸化作业,降低管理成本 30%;最大限度地优化作业流程,操作稳定性提升 70%;作业流程节点从 25 个优化到 7 个节点;节省了 40% 的人力,加快 50% 的沟通效率;运力布局和网络节点可视化程度从无提升至全网可视、可查、可共享、可分析。

在此基础上,JUSDA 还特意为 C 客户管理层部署"战情室",通过软件(供应链实时协同平台)+硬件(电子屏)的结合,及现场联合办公的模式,助力客户实时掌控供应链全貌,适时协同解决风险问题,高效体验六流合一的智慧供应链服务。

五、项目效益评估

凭借自身的优势,JUSDA 提出的 BPO 供应链统包解决方案可谓占尽天时地利。

(1) 丰富经验。JUSDA 拥有长期服务于富士康、夏普等全球大型制造业的 BPO 供应链管理服务经验,可对标并赋能其他制造企业。

(2) 专业人才。JUSDA 拥有来自生产制造、供应链管理等领域的全球专业服务团队,有完善的行业知识体系。

(3) 资源整合。JUSDA 长期为制造企业提供一体化物流服务采购和管理服务,拥有完善的资源管理体系,甚至包括供应商管理(SRM)和客户关系管理(CRM)体系。

(4) 科技实力。JUSDA 专业 MDS 服务平台,融数字化、自动化于一体,提供数据采集、集成与端到端可视化,打造智能化的供应链体系。

(5) 全球网络。JUSDA 自有可共享的全球网络,结合 4PL+3PL 的服务模式,为整合资源管理做有效补充和必要的应急。

(6) 持续优化。JUSDA 拥有制造业精益管理基因,专门做减法,杜绝浪费。与此同时,全球领先的专业供应链与物流解决方案能力也有效保障了持续优化的有效推进。

由此,让企业外包非核心业务,而聚焦其核心竞争力的发展,我们可以给客户供应链创造全方位的价值。

(1) 增加营收。通过提升服务质量和客户满意度、加速产品上市时间、保障产品供给等,助力企业增加盈利能力。

(2) 降低成本。通过规模化降低采购成本、优化流程、提升效率等,降低直接作业成本。

（3）减少运营资本投入。通过降低库存（要货有货,不要货零库存）、压缩 Order-to-Cash 周期、减少应收账款等,减少运营资本投入,提升企业现金流。

（4）减少固定资产投入。通过设备外包、资产转移、提高利用率和嫁动率等,减少企业固定资产投入。

在 C 客户的案例中,除了价值主张,JUSDA BPO 带来的量化价值体现在：供应链服务人力成本优化 70%；物流采购成本优化超过 20%；作业和沟通效率提升 50%；订单交付时效提升约 30%；作业准确率提升至接近 100%。

案例思考题

1. 作为中国制造业典型代表的 C 客户面临的主要痛点是什么？
2. JUSDA BPO 解决方案主要发挥什么作用？
3. JUSDA MDS 解决方案主要发挥什么作用？

【本章关键术语】

1. 单周期库存模型（single period model）
2. 多周期库存模型（multi-period model）
3. 经济批量模型（economic order quantity model）
4. 供应商管理库存（vendor managed inventory, VMI）
5. 联合库存管理（joint management inventory, JMI）
6. 第四方物流（forth party logistics, 4PL）

【本章思考与练习题】

1. 怎样理解供应链环境下物流管理特征？
2. 什么是第四方物流？它有哪些特征？
3. 如何理解第四方物流所具有的功能？
4. 怎样理解 VMI 和 JMI 库存控制策略的基本思想？
5. 第四方物流有哪几种运作模式？各自的主要特点是什么？

参考文献

[1] 马士华,林勇. 供应链管理[M]. 2版. 北京:机械工业出版社,2006.

[2] 吴清一. 现代物流概论[M]. 北京:中国物资出版社,2005.

[3] 崔介何. 物流学概论[M]. 北京:北京大学出版社,2006.

[4] 汝宜红. 物流学导论[M]. 北京:清华大学出版社,2004.

[5] 王魁林,刘明菲. 物流管理学[M]. 武汉:武汉大学出版社,2002.

[6] 王之泰. 新编现代物流学[M]. 2版. 北京:首都经济贸易大学出版社,2008.

[7] 周启蕾. 物流学概论[M]. 2版. 北京:清华大学出版社,2009.

[8] 张宗成. 物流信息管理学[M]. 广州:中山大学出版社,2006.

[9] [英]WATERS D. 库存控制与管理[M]. 2版. 李习文,李斌,译. 北京:机械工业出版社,2005.

[10] 甘卫华,尹春建,曹文琴. 现代物流基础[M]. 2版. 北京:电子工业出版社,2010.

[11] 王国华. 中国现代物流大全——物流系统及典例[M]. 北京:中国铁道出版社,2004.

[12] 崔介何. 企业物流[M]. 2版. 北京:北京大学出版社,2008.

[13] 汝宜红. 现代物流[M]. 北京:清华大学出版社,2005.

[14] 钱东人,朱海波. 新编现代物流学[M]. 北京:中国物资出版社,2006.

[15] 王转,张庆华,鲍新中. 物流学[M]. 北京:中国物资出版社,2006.

[16] 季建华,邵晓峰. 物流案例[M]. 北京:高等教育出版社,2008.

[17] 张理. 现代物流案例分析[M]. 2版. 北京:中国水利水电出版社,2008.

[18] 邓永胜,向曦,马俊生. 物流管理案例与实训[M]. 北京:清华大学出版社,2008.

[19] 刘志学. 现代物流手册[M]. 北京:中国物资出版社,2001.

[20] 汪应洛. 系统工程理论、方法与应用[M]. 2版. 北京:高等教育出版社,2002.

[21] 李苏剑. 企业物流管理理论与案例[M]. 北京:机械工业出版社,2003.

[22] [美]JOHNSON J C,WOOD D F,WARDLOW D L,等. 现代物流学[M]. 张敏,译. 北京:科学文献出版社,2003.

[23] [美]BALLOU R H. 企业物流管理——供应链的规划、组织与控制[M]. 王晓东,胡瑞娟,译. 北京:机械工业出版社,2002.

[24] 汝宜红,宋伯慧. 配送管理[M]. 北京:机械工业出版社,2004.

[25] [美]STOCK J R,LAMBERT D M. 战略物流管理[M]. 邵晓峰,译. 北京:中国财政经济出版社,2003.

[26] [美]道格拉斯·兰伯特. 物流管理[M]. 张文杰,译. 北京:电子工业出版社,2003.

[27] 魏宏森. 系统论——系统科学哲学[M]. 北京:清华大学出版社,1995.

[28] 王转,程国全,冯爱兰. 物流系统工程[M]. 北京:高等教育出版社,2004.

[29] 黄君麟. 物流学导论[M]. 北京:人民交通出版社,2007.

[30] 梁金萍. 现代物流学[M]. 大连:东北财经大学出版社,2003.

[31] 胡延松. 现代物流概论[M]. 武汉:武汉理工大学出版社,2007.

[32] 翁心刚,魏新军. 论现代物流服务与企业竞争力[J]. 北京物流通,2008(1):1-4.

[33] 陈方健. 浅释现代物流服务新理念[J]. 商品储运与养护,2005(1):10-11.

[34] 杨静. 第三方物流服务质量综合评价与实证研究[D]. 南京:南京航空航天大学,2006.

[35] 薛鹏. 物流服务指标及服务水平评价体系研究[D]. 昆明:昆明理工大学,2006.

[36] 金真. 全面认识物流服务[J]. 流通经济,2006(6):20-22.

与本书配套的二维码资源使用说明

　　本书部分课程及与纸质教材配套数字资源以二维码链接的形式呈现。利用手机微信扫码成功后提示微信登录，授权后进入注册页面，填写注册信息。按照提示输入手机号码，点击获取手机验证码，稍等片刻收到4位数的验证码短信，在提示位置输入验证码，成功后再设置密码，选择相应专业，点击"立即注册"，注册成功（若手机已经注册，则在"注册"页面底部选择"已有账号？立即注册"，进入"账号绑定"页面，直接输入手机号和密码登录）。接着提示输入学习码，需刮开教材封面防伪涂层，输入13位学习码（正版图书拥有的一次性使用学习码），输入正确后提示绑定成功，即可查看二维码数字资源。手机第一次登录查看资源成功以后，再次使用二维码资源时，只需在微信端扫码即可登录进入查看。

图书在版编目(CIP)数据

物流学导论/沈小平,卢少平,聂伟编著.—2版.—武汉:华中科技大学出版社,2021.9
ISBN 978-7-5680-7532-9

Ⅰ.①物… Ⅱ.①沈… ②卢… ③聂… Ⅲ.①物流-高等学校-教材 Ⅳ.①F252

中国版本图书馆 CIP 数据核字(2021)第 184820 号

物流学导论(第二版)
Wuliuxue Daolun(Di-er Ban)

沈小平 卢少平 聂 伟 编著

策划编辑:陈培斌　周晓方
责任编辑:余晓亮
封面设计:刘　卉
责任校对:张汇娟
责任监印:周治超

出版发行:	华中科技大学出版社(中国·武汉)	电话:	(027)81321913
	武汉市东湖新技术开发区华工科技园	邮编:	430223

录　　排:武汉正风天下文化发展有限公司
印　　刷:武汉开心印印刷有限公司
开　　本:787 mm×1092 mm　1/16
印　　张:18.25　插页:1
字　　数:422 千字
版　　次:2021 年 9 月第 2 版第 1 次印刷
定　　价:58.00 元

本书若有印装质量问题,请向出版社营销中心调换
全国免费服务热线:400-6679-118　竭诚为您服务
版权所有　侵权必究